生态产业链系统构建研究

A Research on Construction of Eco-industrial Chain(EIC) System

韩玉堂／著

吉林出版集团股份有限公司

图书在版编目（CIP）数据

生态产业链系统构建研究 / 韩玉堂著. -- 长春 ：吉林出版集团股份有限公司，2015.12（2025.4重印）

ISBN 978-7-5534-9821-8

Ⅰ. ①生… Ⅱ. ①韩… Ⅲ. ①生态经济—产业链—研究—中国 Ⅳ. ①F124.5

中国版本图书馆 CIP 数据核字(2016)第 006762 号

生态产业链系统构建研究

SHENGTAI CHANYELIAN XITONG GOUJIAN YANJIU

著　　者：韩玉堂
责任编辑：杨晓天　张兆金
封面设计：韩枫工作室
出　　版：吉林出版集团股份有限公司
发　　行：吉林出版集团社科图书有限公司
电　　话：0431-86012746
印　　刷：三河市佳星印装有限公司
开　　本：710mm×1000mm　1/16
字　　数：228 千字
印　　张：13.25
版　　次：2016 年 4 月第 1 版
印　　次：2025 年 4 月第 3 次印刷
书　　号：ISBN 978-7-5534-9821-8
定　　价：56.00 元

前言

生态工业是指人类仿照自然生态系统物质循环的方式来规划工业生产系统的一种经济发展模式。生态工业园（Eco-industrial Parks，EIPs）是生态工业的重要实践形式。EIPs中的生态产业链（Eco-industrial Chain，EIC）系统构建是工业生态学理论的重要研究领域。面对日益严峻的资源短缺和工业污染问题，人类的工业活动应当模仿自然生态系统，使工业系统和谐地纳入自然界物质循环和能量流动的大系统中，一个生产过程的废物或副产品成为另一个生产过程的原料，使整个工业体系“进化”为各种资源（物质、能源、水和原料）循环流动的闭环系统（Closed-loop Circle），实现经济效益、环境效益和社会效益的有机统一。

本书从EIC的链接及其生态效率、EIC系统构建、EIC系统运营的稳定性评价等3个维度，对生态工业园中的生态产业链系统的构建及稳定性问题进行了比较系统的研究。

工业生态学理论是园区生态产业链的重要研究基础，它所涉及的内容非常广泛，循环经济理论、清洁生产和绿色制造理论、生态工业园区的理论与实践等，都与生态产业链的研究有着密切的联系。通过对相关领域理论和实践的研究发现，基于工业生态学理论指导，作为区域层面的循环经济实践的载体——生态工业园区的建设，从生产领域到消费领域都必然要求贯彻以清洁生产和绿色制造为核心内容的循环经济理念。

生态工业园是建立在一定地域上的、由生态产业链系统内相互链接的制造企业和服务企业共同形成的企业社区。在该社区内，各成员单位通过共同管理环境事宜和经济事宜来获取最大的环境效益、经济效益和社会效益。生态产业链系统是在生态工业园区内，结合区域经济发展的实际，基于成熟的产业规划基础上，借鉴并运用自然生态规律，人为构建起来的，以废物和副产品为纽带，最终实现资源、能源等在区域范围内循环流动，经济效益、环境效益和社会效益最大化的工业生态系统。

搜寻成本、信息成本、谈判成本、讨价还价和决策成本等事先的交易成本，以及履约成本、风险成本等事后的交易成本，都不利于生态工业园中的生态产业链企业稳健发展，且增加了互利共生的成本，是摩擦力，因此，弄清楚这些交易成本及其成因，对于园区生态产业链系统的构建及稳定性研究具有重要的理论意义。

针对园区生态产业链链接的不同发展阶段，分析产业链企业净收益和社会净收益的变化趋势；基于环境资源的公共物品属性，分别从生产者、消费者角度分析生态产业链下和线性生产链下的市场供求状况，研究表明，生态产业链下的产品供给量小于线性生产链下的产品供给量，生态产业链下的产品需求量小于线性生产链下的产品需求量；资源利用效率的比较体现产业链企业采用循环经济技术较传统线性经济所带来的效益变化情况。

要实现园区生态产业链上游至下游的顺利链接，即博弈结果为"下游接受，上游提供"，除了政府在这个过程中扮演重要角色、起着不可忽视的作用外，上、下游企业之间废物或副产品利用的一些具体因素都将影响企业决策。

依据生态工业系统中物质、能量、信息流动的规律和各成员之间在类别、规模、方位上的匹配，实现物质、能量和信息的交换，完善资源利用和物质循环，构建 EIC 系统；在已有的研究基础上补充并完善了 4 种 EIC 系统模式：依存型（单中心、多中心）EIC 系统，平等型 EIC 系统，混合型 EIC 系统，虚拟型 EIC 系统。基于 EIC 系统的核心企业与围核企业研究，分析甘肃金昌河西堡工业园 EIC 系统构成。

EIC 系统运营风险包括：EIC 企业之间的投机行为导致的风险；EIC 系统内的结构性风险；EIC 系统内的关系风险；企业的文化背景与地域习惯差异导致的风险。因此必须加以切实有效的防范和控制。那种将园区 EIC 系统过于理想化的观点是不现实的。为此，根据生态学理论，在参考国家有关标准基础上，综合考虑评价指标体系的建立原则、筛选方法，在已有的研究基础上构建生态产业链系统稳定性的评价指标体系。该指标体系主要分为：外部影响指标、生态产业链企业指标、生态产业链系统整体指标等 3 类一级指标；国家宏观政策、市场环境、企业竞争力、企业应变力、企业效益水平、系统信息化水平、系统柔韧性等 7 类二级指标；21 个三级具体指标。其中，三级指标包括定性指标和定量指标，具体在进行园区规划时可根据实际情况和特殊条件而定。

以 Kalunborg 和青啤为例，通过对 EIC 系统的稳定性研究得到以下结论：一个园区内生态产业链系统网络的结构越复杂，越完善，其稳定性就越强；生态产业链系统稳定性的特征表现为，它是一种开放的稳定性，动态中的稳定性，整体的稳定性；单中心依存型 EIC 系统是一种容易达到系统稳定状态的 EIC 系统，是生态工业园区的一种理想的工业共生模式；单条 EIC 的长度越短越稳定。

基于上述有关理论，对海尔工业园区生态产业链系统的稳定性、青岛新天地静脉产业园区生态效率评价体系等作了实证研究，并针对两个园区存在的共同问题，提出进一步发展的对策和建议。

由于作者的能力和水平有限，书中不足之处在所难免，恳请专家和读者批评指正。

韩玉堂

2014 年 12 月于青岛孤芳斋

目 录

第一章 绪 论

本章在介绍研究背景基础上提出研究的问题，阐述本书的研究目的和意义、研究方法和内容，以及本书的研究框架。

第一节 研究背景

传统工业经济既掠夺式地从环境中获取资源，又将生产和消费过程中产生的废弃物排放到环境中。这种典型线性经济发展，一方面，导致资源日益减少，甚至最终枯竭；另一方面，导致环境污染加剧。这两者都直接威胁人类可持续发展。传统工业经济过分强调增长，而不顾及生态成本与环境容量。从本质上讲，传统工业经济违背了物质循环和再生利用的生态学原理，忽略了资源与生态环境的稀缺性（Scarcity）、经济活动总体效率（Efficiency）的经济学原理，漠视了“天人合一”（人与自然和谐共生）的合乎规律的生态伦理观，使有限的资源、环境变得更加“有限”，是一种短视的、不可持续发展的经济模式。循环经济模式则建立在辩证唯物观基础之上，认为现行的生产方式如果离开物质循环就不会有未来。一方面，矿藏资源等在可预见的未来将耗尽；另一方面，社会又在大量填埋废弃物。循环经济模式以资源再循环为原则，减量化使用资源，将回收报废产品中的原料再加工利用（静脉产业[①]），基本形成无污染排放。因此，在全球可持续发展背景下，基于学界和政界对生态、环境与社会经济协调发展的反思及探索，我国把经济发展置于全球视野，将循环经济纳入科学发展观。作为一种新型的经济模式，循环经济成为国家贯彻可持续发展理念的一个重要导向，具有广泛而深刻的现实意义。

---

① 一般将传统的制造业叫作动脉产业（Arterial Industry，AI）；将以生产、流通、消费、废弃过程中产生的固体废物作为二次资源而建立的产业，称之为静脉产业（Venous Industry or Recycling Industry，VI or RI）。参见：全浩等．发展静脉产业是解决废弃物问题的根本途径．黑龙江大学自然科学学报，2005（4）：150.

一、生态工业园区建设已经成为国际社会贯彻实施循环经济的大势所趋

20世纪70年代，丹麦建立卡伦堡（Kalundborg）工业共生体，经过几十年的发展，现已成为国际上生态工业园区的成功典范。20世纪90年代中期，北美、欧洲地区一些发达国家对于生态工业园区的研究与实践取得长足进展，其中美国最为突出。1995年，美国可持续发展总统委员会（President's Council on Sustainable Development，PCSD）指定了4个生态工业示范区进行实际应用研究（罗宏，2001；David，et al，2005）。目前美国已经有20多个生态工业园区。欧洲的奥地利、瑞典、爱尔兰、荷兰、法国、芬兰、英国、意大利、德国等国家也在迅速开展生态工业园的建设规划。例如，荷兰的生态工业园项目设在鹿特丹港（Rotterdam Port）的一个包括各大中型企业的工业园，其目标是建成以石油工业和石油化工业及其支持行业为核心产业的生态工业园，该项目是由荷兰著名的鹿特丹伊拉斯姆斯大学（Erasmus University）领导，走典型的产、学、研合作道路。

生态工业园区同样受到亚洲各国的关注。日本、印度尼西亚、菲律宾、泰国、印度等国家正在积极开展生态工业园区项目的规划。日本是最早关注产业与生态关系的国家之一，较为著名的是生态城镇（Eco-Town）项目，是日本推动生态产业发展最成功的政策项目之一（Jill Grant，1997），至今已建成近30个生态城镇项目；同时日本也大力发展生态工业园。印度尼西亚、印度、泰国等国家的生态工业园项目规划和改造都得到德国技术援助组织（THW）的资助。泰国的生态工业园项目隶属泰国工业园管理局，受到国家的高度重视。印度尼西亚的生态工业园区设在首都雅加达市郊区，目前正在研究建立物质交换网络的可能性。印度在纳罗达工业区正在兴建类似我国广西贵糖集团模式的、以制糖业为基础的生态工业园。菲律宾通过对传统工业园项目进行生态化改造，使生态工业园区组成一个生态产业链系统，取得很大成效。此外，南美洲、澳大利亚、南非和纳比米亚等地也建立了许多生态工业园项目。

表1-1、表1-2和表1-3分别列示了当今欧洲及其他地区、北美地区、亚太地区的主要生态工业园区及其特色。

表 1-1 欧洲及其他地区的生态工业园区及其特色

Table 1-1 The EIPs and their features in Europe and other parts

名 称	背 景	特 色
Kalundborg EIPs	企业为了节省成本，自发地形成几个共生单元而成	几家企业为了节省成本，自发地运作形成共生单元，并结合其下游企业利用其产品、副产品以及可利用的废弃物，实现物尽其用的循环经济效益
Tunweni Brewery EIPs	邻近于 Tunweni 酿造厂，利用其固体、液体废弃物，作为生产菇类以及养猪、养鱼的原料	
Hyacinth Threat on African River Ecosystems	风信子杂草用于堆肥、养虫（喂鸡用）；干燥后的风信子杂草可以用来编制篮子或作造纸用的原料	
Jubail EIPs	利用石油炼制中多余的甲烷气来发展形成石油工业的共生网络，而且形成炼油业的产业链接。炼油业过程中的废物可供下游厂商作为肥料、水泥和炼钢需用的原料	
Chem City EIPs	与南非沙索化学公司联合成立。沙索化学公司希望其下游公司除利用其产品及副产品外，再利用其可用的废料，而且鼓励下游公司相互利用其可利用的废料	
Nahar EIPs	Punjab 为印度的农业重镇。以农业废弃物资源化为诉求	

资料来源：北京华经纵横经济信息中心，2008 年；笔者有所完善。

表 1-2 北美地区的生态工业园区及其特色

Table 1-2 The EIPs and their features in north America

名 称	背 景	特 色
Port of Cape Charles Industrial Park，USA	面临严重的经济、社会问题	为解决经济、社会问题，促进当地产业互动，造就链接关系，有效地利用能源与资源的循环，并借此改善周围居民的生活质量
Chattanooga/Hamilton，Tennessee，USA	美国主要的制造中心，也是污染最严重的城镇之一	
East San Francisco Bay，USA	由经济发展商业联盟（EDAB）宣布完成东旧金山湾生态化工业园区可行性研究	
Burnside Industrial Park，Canada	拥有 1200 家中小型企业，包括 30 种行业	
Fairfield EIPs/Baltimore，Maryland，USA	具有优越的港口、铁路以及洲际公路优势	

资料来源：北京华经纵横经济信息中心，2008 年；笔者有所完善。

表 1-3 亚太地区的生态工业园区及其特色

Table 1-3 The EIPs and their features in Asia-Pacific region

名　称	背　景	特　色
Tallawarra eco-energy zone	由原有的 Tallawarra 煤田发电厂发展而成	为节省产业成本、发展技术以及能源和资源有效利用，企业自发建立生态循环体系
Steel River Project EIPs	由废弃的钢铁工业掩埋场发展而成	
Montfort Boys City EIPs	利用酿造厂的废弃物，作为简单的农业循环利用活动	
Bukit Kemuning EIPs	将电路业迁入此生态工业区内，集中处理园区内企业的废弃物和废水	
Cyberjaya EIPs	建设节水节能、资源回收及下水污泥再利用等公共设施	
Pulau Indah Kleen Center EIPs	将供给电镀、化学、纺织及印刷业的工业废水处理后再利用	

资料来源：北京华经纵横经济信息中心，2008 年；笔者有所完善。

二、循环经济理念快速被我国政府倡导及社会各界接受

世界自然基金会（WWF）和联合国环境规划署（UNEP）联合发表的《2000 年地球生态报告》指出，人类若以目前的速度消耗地球资源，地球上所有的自然资源将在 2075 年前耗尽。联合国环境规划署 2002 年在巴黎发布的《全球环境综合报告》以“日益恶化的全球环境呼唤循环经济”为题，着重指出：“过去 10 年，传统的线性经济方式进一步导致环境退化和灾害加剧，对世界造成 6080 亿美元的损失——相当于此前 40 年中的损失总和。最新气候模型表明，除非大大减缓资源使用，推行循环经济模式，否则到 100 年后的 2100 年，地球温度将比现在上升 6℃，必然导致气候变暖、生物多样性减少、土壤贫瘠、空气污染、水极度缺乏、食品生产减少和致命疾病扩散等全球性重大环境问题。”

我国在传统线性经济发展模式下，社会经济发展对资源的依赖性很强，资源开采量大，消耗速度快，综合利用水平低，再生资源回收利用率不高，资源进口依赖大，加剧了资源总量及人均资源占有量小与资源消耗数量巨大之间的矛盾。与此相伴，我国生态及环境问题突出。从总体上看，我国生态与环境恶

化的范围在不断扩大，程度在逐渐增强，危害在日益加重，生态与环境形势非常严峻。

面对国际趋势及国内日益严峻的资源和环境形势，根据我国国情，变革传统经济模式，发展循环经济，构建节约型和谐社会，已经成为我国社会、经济可持续发展的必然选择。为此，学术界就我国如何发展循环经济作了积极研究和探索，并取得了许多适合国情的成果用以指导实践。诸大建等学者在考察德国废弃物管理的实践后，于 1998 年最先引入循环经济的系统概念（诸大建，1998a，1998b，1998c）。从 1999 年开始，循环经济理念很快得到国内环境保护部门以及从事环境、生态、资源工作的专家、学者、实际工作者和高层领导的重视，并从概念进入国家决策层面，继而变为实践。2002 年 10 月16 日，江泽民同志在全球环境基金第二届成员国大会上的讲话，标志着循环经济开始进入我国经济发展的战略层面。党的十六届三中全会提出“以人为本，全面、协调、可持续发展”的科学发展观，是我国全面实现小康社会发展目标的重要战略思想。胡锦涛总书记指出：“要加快转变经济增长方式，将循环经济的发展理念贯穿到区域经济发展、城乡建设和产品生产中，使资源得到最有效的利用，最大限度地减少废弃物排放，逐步使生态步入良性循环。”党的十六届四中、五中全会决议中明确提出要大力发展循环经济，把发展循环经济作为调整经济结构和布局，实现经济增长方式转变的重大举措。温家宝总理在 2005 年《政府工作报告》中强调，要大力发展循环经济，从资源开采、生产消耗、废物利用和社会消费等环节，加快推进资源综合利用和循环利用，积极开发新能源和可再生能源。国务院先后下发《国务院关于做好建设节约型社会近期重点工作的通知》（国发〔2005〕21 号）和《国务院关于加快发展循环经济的若干意见》（国发〔2005〕22 号）等一系列文件，推进循环经济工作。温家宝总理在十届全国人大四次会议上进一步强调，在经济建设中充分利用资源，提高资源利用效率，减少环境污染，在全社会进一步树立节约资源、保护环境的意识，形成有利于节约资源、减少污染的生产模式和消费方式，建设低投入、高产出，低消耗、少排放，能循环、可持续的国民经济体系和资源节约型、环境友好型社会。可以说，目前世界上还没有哪个国家把循环经济的地位和作用提到这样的高度来认识（解振华，2005）。《中华人民共和国国民经济和社会发展第十一个五年（2006—2010 年）规划纲要》把大力发展循环经济，建设资源节约型和环境友好型社会列为基本方略。党的十七大报告又提出“节能减排”“使循环经济形成较大规模，可再生能源比重显著上升”的新目标。2008 年 8

月 29 日，第十一届全国人民代表大会常务委员会第四次会议通过，并于 2009 年 1 月 1 日起正式实施《中华人民共和国循环经济促进法》，发展循环经济被纳入法制轨道。从此，发展循环经济、提高资源利用效率、保护和改善环境、实现可持续发展均已有法可依。

循环经济理念在我国能够快速被政府大力提倡和社会各界接受，主要有两个方面的原因：一是我国面临繁重的发展任务，同时又面对巨大的资源短缺和环境压力；二是循环经济恰恰是一种可以实现经济发展和环境改善双赢的经济发展模式，从而成为解决我国经济发展面临的资源与环境突出矛盾的可能途径。而从 21 世纪初开始，随着我国经济的多年持续高速增长，发展中的资源约束和环境污染问题日渐突出，更加快了人们对循环经济的接受和推崇。

三、全国进行生态工业园区规划的地区日益增多

国家在大力推进循环经济建设的进程中，也开始了基于循环经济理念的生态工业园区建设的实践，先后创建了一批国家级生态工业示范园区，例如：新疆石河子（纸业）集团、广西贵港（制糖）集团、内蒙古包头（铝业）集团、山东鲁北（化工）集团、天津泰达（城市资源运营）集团等。2008 年4 月25 日，广西南宁市政府与联合国工业发展组织（UNIDO）签订了“合作建设生态工业园区项目合作纪要”，目前正在积极筹建中；中国与新加坡合作的中新天津生态城于 2008 年10 月28 日，在天津滨海新区正式开工。这些园区正在努力探索适合我国区域层面可持续发展的生态工业模式，打造新型工业化及生态工业示范基地，积极树立循环经济典范。与此同时，国内一些比较成熟且有良好经济基础的工业园区正在积极酝酿进行生态工业园区的规划和改造，如：浙江衢州沈家经济开发区、辽宁大连经济开发区、天津经济开发区、山东烟台经济开发区、江苏苏州经济开发区等的生态工业园区改造项目也已经启动。此外，广东清远生态工业园区、广东三镇市三水港生态工业园区、广东湛江坡头官渡生态工业园区、江西宜春市靖安县生态工业园区、江西赣州市沙河生态工业园区、湖南长沙县黄兴镇生态工业园区等，都将成为我国开展生态工业园区建设实践的试点园区。由此可见，近年来我国进行生态工业园区规划的地区正在逐渐增多。

第二节 课题的选择

国内学术界对于工业生态学理论及其在生态工业园区内的规划实践领域的研究主要有如下重要成果：生态工业园工业共生网络研究（王兆华，2002）；生态工业园建设中的企业耦合研究（程金香，2004）；基于循环经济的生态工业理论研究与实证分析（冯久田，2005）；面向可持续发展的生态工业园建设理论与方法研究（边均兴，2005）；生态工业园建设的物质和能量集成（郭素荣，2006）；我国产业生态系统稳定性影响因素研究（邓华，2006）；生态工业园区产业链设计及其系统稳定性研究（童莉，2006）；生态工业园工业共生系统的构建与稳定性研究（张艳，2006）；工业园生态效率测度与评价（商华，2007）；生态工业园区工业共生研究（甘永辉，2007）；生态工业园系统的演化与调控（秦荪涛，2007）；工业园生态化建设方法与应用研究（马俊杰，2007）等等。这些研究对于促进我国生态工业园区建设具有重要的理论意义和实践价值。

本书在前人研究的基础上，结合对个别园区的实地调研，深感规划建立生态工业园区的核心内容是，如何从区域的实际出发，科学构建园区生态产业链系统，并对其稳定性做出适度评价，以此拉动并促进区域经济又好又快发展；这样既可以进一步拓展对于生态工业学的研究，也可为我国生态工业园区的规划实践提供些许参考。基于此，笔者选择本课题进行研究。

第三节 研究目的和意义

一、研究目的

本课题将根据循环经济和工业生态学理论及生态工业园区（以下简称园区）建设的国际实践经验、交易成本理论等，对生态工业园中的生态产业链系统构建进行比较全面的研究，主要基于以下几个目的：

（1）探讨园区生态产业链形成的动力机制。基于纳什均衡分析产业链企业之间的博弈关系，阐述政府在实现园区生态产业链上游至下游的顺利链接，即博弈结果为“下游接受，上游提供”这一过程中扮演重要角色、起着不可忽视的作用；对生态产业链链接的生态效率进行评价。

(2) 阐述生态产业链系统构建的原则和步骤，补充并完善生态产业链系统模型，为园区生态产业链系统的规划实践提供理论依据和决策支持。

(3) 分析生态产业链系统的运营风险，确定生态产业链系统的稳定性评价指标，对生态产业链系统的稳定性和安全性进行评价，并讨论生态产业链链接的多样性与生态产业链系统的稳定性之间的关系。

(4) 结合以上的研究，分析海尔工业园区和青岛新天地静脉产业园区的生态建设实践及生态产业发展绩效。基于生态工业园区基本结构的分析，揭示两园区存在的共同问题，分别提出其发展的对策及建议，以期为青岛生态工业园区建设实践提供一些参考。

总之，通过本课题的研究，期待为我国区域循环经济发展提供一定的理论与方法，更期望能够为我国生态工业园区的规划实践提供一些决策借鉴和政策支撑。

二、研究意义

(一) 理论意义

生态工业是发展循环经济的有效解决方案，开展生态工业园区建设是建立生态工业体系的重要步骤。一般而言，生态产业链系统是指人类模仿自然生态系统，依据工业生态学理论，以恢复和扩大自然资源存量为宗旨，以提高资源基本生产率为目的，从社会需要出发，对两种以上产业的链接进行设计或改造，并开创为一种新型产业系统的系统创新活动。它主要通过产品体系规划、元素集成以及数学优化方法，构建材料、产品、副产品及废物的工业生产链，实现物质的最优循环和利用（苏伦·艾尔克曼，1999）。生态产业链系统的构建是生态工业园区建设的核心内容，它必将成为今后学术界研究的热点问题之一。本书将研究的重点集中于循环经济在区域层面上的具体实践——生态工业园的研究上，通过对生态工业园中的生态产业链系统的构建及稳定性评价研究，力求为我国的工业生态学理论研究和具体实践提供一些补充和借鉴，因而具有明显的理论意义。

(二) 实际应用价值

其一，为我国生态工业园区的规划研究和实践提供一些比较科学有效的决策参考，增强我国生态工业园区建设的科学性，提高我国生态工业园区实际工作的效益。

其二，实例研究成果可以直接为青岛生态工业园区的规划和发展提供一点政策建议，增强青岛循环经济发展政策的科学性，促进青岛生态工业园区良性发展。

（三）现实意义

目前我国防治工业污染的主要措施是加强对企业的技术改造、推广清洁生产和绿色制造。然而清洁生产和绿色制造过于重视在单个企业内部开展系统化的资源削减和污染预防工作，却忽略了不同企业之间的合作。对于一个地区来说，环境污染和生态破坏是一个系统问题，仅从单个企业着手而不考虑整体预防是无法实现区域范围内整体环境和生态改善的。狭义的清洁生产和绿色制造的提倡者，往往不能从不同产业组成的工业系统的高度来审视系统内部不同成员之间的物流和能流关系，这种缺乏一体化的思想导致大量有用的资源和能源白白浪费，并且往往忽视工业发展与周围自然环境之间的和谐问题。而以循环经济理念和工业生态学为理论基础建立生态工业园，既考虑了单一企业的清洁生产和绿色制造问题，又鼓励园区内生态产业链企业之间相互交换废弃物和副产品，从一体化的角度建立工业共生系统，提高园区的经济效益、环境效益和社会效益。因此，积极建立生态工业园区并科学构建生态产业链系统，无疑是实现我国工业和社会可持续发展的可行途径。

我国倡导发展循环经济和建设生态工业园区是在学习并借鉴国际先进实践经验基础上开展起来的。目前这一领域的研究基础还非常薄弱，可以说，还处在积极探索阶段。因此，根据循环经济理论和可持续发展理念适时地建立中国特色的生态工业示范园区，加强生态产业链系统的构建研究，对促进我国生态工业园区的循环经济实践也具有重要的现实意义。

第四节 研究方法和内容

一、研究方法

本书采用以下科学研究方法，对生态工业园中的生态产业链进行了较为系统的研究。

（一）理论与实践相结合

本研究属于应用性研究，因而，首先要尊重实践，理论联系实际。马克思主义认为，实践的观点是辩证唯物主义认识论首要的基本的观点。循环经济实践经验，尤其是国际经验，是循环经济理论产生和发展的基础。我国目前的循环经济实践还刚刚起步，需要我们不断地认识新问题、分析新问题和解决新问题，需要从理论上不断地对实践经验做出高度概括，用以指导实践。这样才能更准确、更全面、更深刻地反映循环经济的本质。

（二）定性分析与定量分析相结合

科学研究中的定性分析，就是区别事物的不同性质（本质）及其发展变化，决定不同的政策及其发展变化。马克思主义认为，一切事物的质的规定性，总是由一定的量变为参数，量变引起质变。因而对于科学研究不仅要作定性分析，还要做定量分析。本书对于生态工业园区中的生态产业链构建的研究，其中的定性分析主要运用归纳和演绎、分析与综合以及抽象与概括等方法，对获得的各种材料进行思维加工，从而对研究对象进行“质”的方面的剖析；定量方法主要运用趋势外推分析法、因果预测分析法等统计分析方法。如果只进行定性分析，而缺乏必要的定量分析，就不可能得到完整科学的结论。当然也不能认为数量一定直接代表质量。因为有些社会现象目前（将来也许有可能）尚无法直接通过数字反映出来，或者只能从数字上间接地、很不充分地表现出来。

（三）均衡分析

均衡（Equilibrium）最早是物理学的一个概念。现代西方经济学中的均衡可分为局部均衡和一般均衡，并广泛运用局部均衡分析、一般均衡分析方法，来研究经济事物、经济问题。马歇尔（Mashall）提出局部均衡分析方法，只涉及整个经济系统的一部分，把研究范围局限在某一时期的某一市场、某一经济单位或个人，并假定所考察的这一市场、这一经济单位或个人在与其他所有市场、经济单位或个人彼此互不影响的条件下，各自达到均衡。利昂·瓦尔拉斯（Walras，L）在局部均衡分析基础上提出一般均衡分析，他把整个经济体系视为一个整体，从市场上所有各种商品的价格、供求是互相影响、相互依存的前提出发，考察了各种商品的价格、供求同时达到均衡状态下的价格决定问题。

（四）能值分析法、层次分析法、线性加权法

能值分析法（Emergy Analysis，EA）是美国著名生态学家 H. T. Odum 等人于 1981 年提出的。它是以太阳能焦耳为基准，把不同种类、不同能值、不可比较的能量转换成同一标准，建立反映生态经济特征的指标体系的方法。层次分析法（Analytic Hierarchy Process，AHP）是美国运筹学家 A. L. Seaty 教授于 1977 年提出的，是一种定性分析与定量分析相结合的多目标决策分析方法。它是把由众多因素构成的复杂且缺乏定量数据的系统，分解为多目标、多层次指标体系，通过分层定性评价确定指标权重的建模工具。线性加权法（Linear Weighting Method，LWM）是一种最简单也是最基本的评价函数法。这种方法的指导思想是，根据各个目标在问题中的重要程度，分别赋予它们一个值并把这个值对应地作为各个目标的系数，然后把这些带系数的目标相加起来构造评价函数。它是多指标综合评价方法的一个基本模型。

另外，在文献综述部分，主要采用的是文献述评的方法，力图将国内外该领域的最新研究成果详加梳理，其中，当然有笔者的一些拙见。最后，通过实证研究与规范研究，运用对比分析方法，对青岛市两个具有代表性的生态工业园区作了实证研究，期待推动青岛市循环经济发展和生态工业园区的建设实践。

二、研究内容

本书的研究内容由四部分构成：第一部分是绪论、文献述评，即第一章和第二章；第二部分是理论与方法研究，包括第三章至第五章，这是本书的研究重点；第三部分即第六章是实例分析；第四部分即第七章是总结与讨论。

各章的主要内容分别是：

第一章 介绍本书的研究背景，提出研究的问题，并说明本研究的目的、意义、方法和内容及研究框架，阐明本书选题的科学性。

第二章 工业生态学理论是园区生态产业链的重要研究基础，它所涉及的内容非常广泛，循环经济理论、清洁生产和绿色制造理论、生态工业园区的理论与实践、交易成本理论等，都与园区生态产业链的研究有着密切的联系。本

章分别对国内外相关领域的理论研究进展以及生态工业园区建设的国际实践进行综述和评析。

第三章　针对 EIC 的链接及其生态效率评价问题展开研究，内容包括 EIC 链接的生态学基础、EIC 系统的概念、EIC 链接的动力机制、EIC 链接分析、基于纳什均衡的 EIC 企业博弈分析、EIC 链接的生态效率评价。

第四章　针对 EIC 系统构建问题展开研究，内容包括 EIC 系统构建原则、EIC 系统构建步骤、EIC 系统的模型构建与具体分析，并以甘肃金昌为例，对金昌 EIPs 中的 EIC 系统内的核心企业与围核企业作实例分析。

第五章　基于 EIC 系统运营风险的稳定性问题进行研究，内容包括 EIC 系统运营风险分析、EIC 系统稳定性评价、EIC 系统稳定性评价指标体系、EIC 系统稳定性评价模型。最后以 Kalunborg 和青啤 EIC 系统为例，对其稳定性作出评价。

第六章　案例研究。首先介绍海尔工业园区、青岛新天地静脉产业园区的生态建设实践及生态产业发展绩效；依据前几章的有关理论，对海尔工业园区 EIC 系统稳定性作简单模糊分析，对青岛新天地静脉产业园区生态效率作简要评价；基于生态工业园区基本结构的分析，指出两个园区发展存在的共同问题，并结合园区实际，分别提出其发展的对策及建议。以期为青岛生态工业园区建设实践提供一些参考。

第七章　总结本书的主要结论、创新点，指出本书的研究局限和不足，期待今后进一步研究和努力的方向。

第五节　本书研究框架

首先进行文献检索、阅读和梳理，阐述研究背景，提出研究问题、研究目的和意义。对相关领域的理论研究与实践作了较为系统的述评，并结合实地调研，确定本书研究的核心内容：生态产业链（EIC）的链接及其生态效率；EIC 系统构建；EIC 系统运营的稳定性评价。运用有关理论，对海尔工业园区和青岛新天地静脉产业园区进行实例分析。最后对全书作了总结与讨论。

本书研究框架如图 1-1 所示。

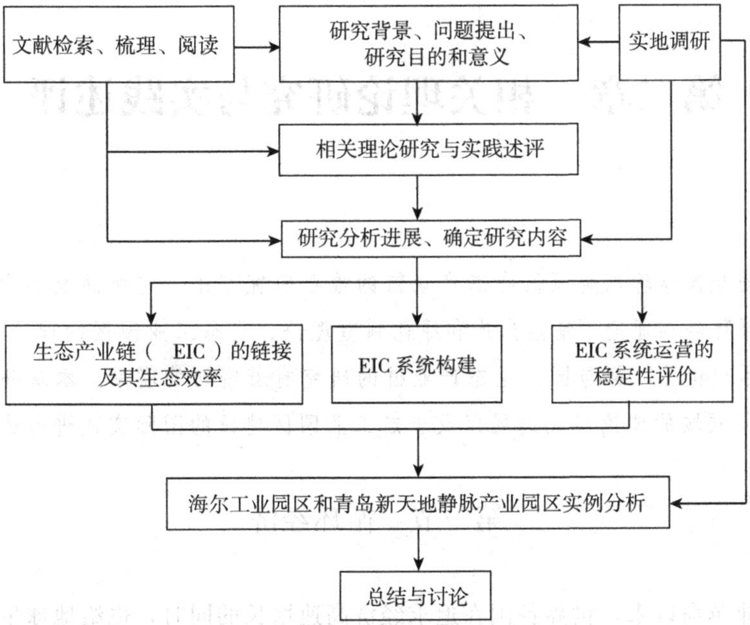

图 1-1　本书研究框架

Figure 1-1　The framework of this book

第二章　相关理论研究与实践述评

工业生态学理论是园区生态产业链的重要研究基础，它所涉及的内容非常广泛，循环经济理论、清洁生产和绿色制造理论、生态工业园区的理论与实践、交易成本理论等，都与园区生态产业链的研究有着密切的联系。本章分别对国内外相关领域的理论研究进展以及生态工业园区建设的国际实践进行述评。

第一节　循环经济

工业革命以来，世界各国在追求经济高速增长的同时，也给地球生态与环境造成巨大损害。面临着巨大的资源、环境及生态压力，人类社会开始反思以高投入、高消耗、高排放、不协调、难循环、低效率为特征的传统经济增长模式。破旧立新呼声日高，改革探索实践渐行。发达国家的有识之士率先研究探索，创立了新的经济运行模式——循环经济发展模式，期望从根本上消解长期以来资源、环境与经济发展之间的尖锐矛盾，实现人类可持续发展。循环经济理念的产生只有几十年，人们对循环经济的内涵和目标还存在不同认识。但从总体上看，由于循环经济诞生伊始便肩负着解决资源和环境冲突问题的使命，其理论体系虽然仍处在发展中，却已经对各国实践产生了较强的指导作用。循环经济理论与实践是互促共进、密不可分的。

一、国外研究与实践

（一）理论研究进展

对国外循环经济理论研究拟分 3 个方面总结：循环经济理论发展历程；循环经济研究主要成果；循环经济相关科学研究。

1. 循环经济理论发展历程

循环经济模式是国际社会在追求可持续发展过程中倡导的一种可持续生产

和消费的理念。从理论渊源上看，最早系统分析生产过程中废弃物循环利用的是马克思。在分析资本循环与利润率变化时，马克思认为，生产废料再转化为同一个产业部门或另一个产业部门的新的生产要素，即所谓生产排泄物再回到生产从而消费（生产消费或个人消费）的循环中，是生产条件节约的一个途径；“原料的日益昂贵，自然成为废物利用的刺激”；“对生产排泄物和消费排泄物的利用，随着资本主义生产方式的发展而扩大。”虽然马克思没有使用“循环经济”一词，但从他的一系列分析中可以得到三点理论启示：一是废弃物的循环利用是资本循环过程中的生产条件节约行为；二是废弃物的循环利用应该建立在规模经济的基础之上；三是废弃物的循环利用是一种资本逐利的行为。显然，马克思是从节约资源从而节约资本和提高利润率的角度来认识资源与废弃物循环利用的，并没有把循环利用废弃物与环境保护和减少污染联系起来。我们可以把这种以节约为目的的资源与废弃物循环利用定义为古典循环经济。恩格斯在《自然辩证法》中也深刻地揭示了人类因对自然的破坏而招致的惩罚：“我们不要过分陶醉于我们对自然的胜利。对于每一次这样的胜利，自然界都报复了我们……美索不达米亚、希腊、小亚细亚以及其他地方的居民，为了得到耕地，把森林都砍完了，但是他们梦想不到，这些地方今天竟因此成为荒芜不毛之地，因为他们使这些地方失去了森林也失去了积聚和贮存水分的中心。”1904 年，原苏联矿物学家、地球化学奠基人之一维尔纳茨基（Владимир Иванович Вернадский）提出，将来人类为了在地球上生存，不仅要为社会的命运负责，也要为整个生物圈的命运负责，因为在那时，生物圈的发展将由人类的活动决定。随着 20 世纪 60 年代环境污染问题在先期工业化国家的凸显，人们对于环境污染的关注大大超越了对于资源耗竭的担忧。美国生态学家蕾切尔·卡逊（Rachel Carson，1962）出版了专著《寂静的春天》（*Silent Spring*），用触目惊心的案例和振聋发聩的语言阐述了大量使用杀虫剂对人类与环境造成的危害，提出“我们必须与其他生物共同分享我们的地球”，给人类盲目追求经济的持续高速增长而忽视资源与环境的行为敲响了警钟。其后，各国开始反思工业发展的负面影响，逐渐采取带有强烈“末端治理”特征的污染治理与控制的措施和手段。美国经济学家肯尼思·E. 鲍尔丁（Kenneth Ewert Boulding，1966）在其论文《即将到来的宇宙飞船经济学》（*The Economics of the Coming Spaceship Earth*）中，开创性地提出了“用能循环使用各种资源的循环式经济代替过去的单程式经济”的循环经济观点。随后他出版了《一门科学——生态经济学》（*A Science: Ecological Economics*）的著作，首次提出生态经济学的概念及著名的地球宇宙飞船理论，被学界公认为是早期循环经济理念的萌芽。鲍尔丁指出，地球就像浩渺星空中的宇宙飞船一样孤立无援，人类要想在地球上生存更长的时间，就必须努力提高地球资源的循环利用能力。他还告诫人们最终必须面对这样一个事实：人是生态系统中的一种生物，生存能力依赖于具有闭路循环特征的世界生态系统上所有的元素和人的共生关系。虽然鲍尔丁的循环经济思想仍然没有超出马克思古典循环经济思想的范畴，但他的独创性在于提出变单程式经济（线性经济）为循环式经济，不是基于资本的节约，而是基于地球上不可再生资源的有限性和环境保护，同时也把循环经济提高到了技术经济范式的层次。

循环经济思路一经提出，立即唤醒并启发了人们对于资源和环境问题的国际经济研究。罗马俱乐部[①]（1968）提出人类经济增长的极限问题。它指出，人口、经济、粮食、污染和资源是5个对人类生存发展起决定作用的因素，其中后3个因素组成的“有限制的系统”与前两个因素组成的“增长的系统”的冲突不可避免，将会造成“生态萎缩”，由此标志人类社会首次认识到经济增长的极限，主张采取“零增长”经济发展战略。1970年，在美国举行的保护地球环境游行中，标志着人类开始高度关注地球环境问题。随后，美国麻省理工学院教授丹尼斯·L. 米都斯[②]（Dennis L. Meadows）等人（1972）发表了《增长的极限》（*The Limits to Growth*），提出了一系列全球性问题，警告人口、粮食生产、工业产出、资源消耗以及环境污染的增长都存在极限，超过极限人类社会将面临崩溃的危险。其中第3章专门撰写了“人均资源利用”，阐明资源循环问题。这份研究报告第一次对经济增长与人口、自然资源、生态环境和科学技术进步间的关系进行了系统的考察。同年，联合国发表《人类环境宣言》，郑重声明：“只有一个地球，人类在开发利用自然的同时，也承担着维护自然的义务。”

进入20世纪70年代，国际社会逐步开始了有组织的环境治理运动，随着对环境问题的深入认识，产生了循环经济思想。这一时期，巴里·康芒纳

---

① 1968年，来自10个国家的30多位专家和学者在意大利著名企业家、经济学家A. 佩切伊的倡导和主持下集会罗马，探讨人类面临的全球问题，成立了著名的罗马俱乐部。它是由科学家、经济学家和企业家共同组成的民间学术组织。参见：张连国．广义循环经济学的科学范式［M］．北京：人民出版社，2007：9.

② 米都斯博士是美国麻省理工学院（Massachusetts Institute of Technology，MIT）研究小组成员、指导者。本书由罗马俱乐部（The Club of Rome）、波托马克学会（Potomac Society）和麻省理工学院研究小组联合出版；由麻省理工学院研究小组（17名成员）具体担任研究工作。它是罗马俱乐部提交给国际社会的第一个报告。书中选择了5个对人类命运具有决定意义的参数：人口、工业发展、粮食、不可再生的自然资源、污染。

（Barry Commoner）出版了著作《封闭的循环——自然、人和技术》（*The Closing Circle*：*Nature*，*Man And Technology*），提出了“封闭的循环”的概念：解决环境问题要遵循生态学的规律，在人类生产的技术方式上，建立一种封闭的机制，从而减少人类物质财富生产对自然系统的污染和破坏。他从生态学角度揭示了现代技术对生活环境的副作用，并警告人们要珍爱自然，避免人类环境危机和生存危机。80 年代至 90 年代中后期，随着人口急剧增长、资源过度消耗和污染的加重，人们开始关注生态环境与经济增长相互作用和影响的关系、自然资源和环境容量的有限性等问题。联合国世界环境与发展委员会撰写的总报告《我们共同的未来》中，专门撰写了“公共资源管理”，探讨通过管理来实现资源的高效利用、再生和循环问题。美国环境保护主义理论家比尔·麦克基本（Bill Mckibben，1989）出版了《自然的终结》，认为环境问题首先是一个观念问题。当人类意识到“地球已经不再是足够大的时候，我们没有理由依旧用宇宙无限的观念去理解空间。”为此，麦克基本提出全球变暖的“反馈循环圈”观点。尤其值得关注的是，英国环境经济学家戴维·皮尔斯（Pearce，D W）和图奈（Turner，R K），[①] 在其著作中最早使用“循环经济”（Circular Economy）这一名词[②]。他们指出，废物是可以循环的，并提出自然资源管理的两个规则：一是可再生资源的开采速率不大于其可再生速率；二是排放到环境中的废物流不大于环境的同化能力。针对资源存量的特点，他们还提出：可耗竭资源的减少应当由可再生资源的增加来补偿（亦即可持续性），达到一定的生活标准就要减少可耗竭资源或可再生资源存量（亦即提高资源使用效率）。

与此同时，一些专家、学者开始以敏锐的眼光和前瞻的视野，尝试运用生态学理论揭示循环经济，试图找到实现人类可持续发展的更加有效的方案。美国通用汽车公司研究部首席研究员罗伯特·福罗什（Robert Frosch）和尼古拉斯·加洛布劳斯（Necolas Gallopoulos）在《加工业的战略》一文中，根据企业实践首次总结提出了工业生态学（Industrial Ecology，国内也有人译为生态工业或产业生态）的概念，认为工业生态系统应该向自然生态系统学习，建

---

① 皮尔斯和图奈于 1990 年出版的《自然资源和环境经济学》（*Economics of Natural Resources and the Environment*）一书的第 2 章的标题就是“循环经济”（The Circular Economy）。

② 循环经济实践性的概念出现于德国在 1996 年生效的《物质闭路循环与废物管理法》。关于该法的名称有 3 种翻译版本：《循环经济和废物处置法》《促进闭合物质循环废物管理和保障环境无害化垃圾处置法》《物质闭合循环型经济及废物管理法》。目前，第 1 种名称在国内较为流行；第 2 种、第 3 种称谓比较得到德国相关专家的认同。不管怎么翻译，从该法的条文看，所谓的循环经济在立法初期是指“物质闭合型的垃圾经济”。参见：任勇．中外循环经济比较［N］．中国环境报，2004-6-24.

立模仿自然生态系统的工业生态系统。即通过将产业链上游的“废物”或副产品，转变为下游的“营养物”或原料，从而形成一个类似于自然生态系统的“工业生态系统”（Frosch，Gallopoulos，1989）。它一度成为循环经济发展的指导理念，并引发了各国对于生态经济理论是循环经济的理论基础的广泛讨论与探索。美国国家科学院与贝尔实验室（1990）共同组织了全球首次“工业生态学”论坛，基本形成了工业生态学的概念框架，并首次引入了经济学观点。美国全球研究计划召集的IE暑期研究（Summer Institute，1992），为工业生态学的系统研究奠定了基础。从1992年起，美国科研机构及基金的资助使工业生态的研究在美国迅速普及。联合国召开的里约热内卢环境与发展会议（1992）提出了可持续发展倡议，指出可持续发展是有限、整体稀缺的生态环境资源约束下的发展。世界可持续发展商业理事会（WBCSD）在向联合国环境与发展大会（UNCED）提交的一份报告《改变航向：一个关于发展与环境的全球商业观点》（1992）中，正式提出生态经济效率概念，就是指“既要提供价格上有竞争优势的产品或服务，以满足人类的基本需求，提高生活质量，又要逐步降低对生态的影响和资源消耗强度，使之与地球大概的承载能力相一致。”[①] 换言之，这里的生态经济效率有两层含义：在资源投入不增加甚至减少的条件下实现经济增长；在经济产出不变甚至增加的条件下，向环境排放的废弃物大大减少。从而有力地推动了循环经济在企业层次上的实践。德国沃佩韬（Wuppertal）气候、能源和环境研究所前副所长布利克（Bleek，1994）提出，在一代人时间内将资源效率提高10倍，在不降低发达国家生活水平的条件下，缩小贫富差距，使我们的子孙后代在地球上持续生存和发展。国际10名人（f－10）俱乐部也向世界各国政府和产业界领袖发表了“卡诺勒斯（Camoules）宣言”，提倡在一代人的时间内，“实现能源和资源效率的10倍跃进”。1996年，作为区域层面的循环经济实践，生态工业园的创建活动在世界范围内展开。经过十几年的发展，工业生态学在循环经济的研究和探索实践中得到越来越广泛的应用。

20世纪90年代后期以来，知识经济研究给循环经济赋予高科技、产业化的内容。随着可持续发展理论的进展，尤其是可持续发展战略的推进，各国更加重视从生产和消费的源头去预防污染产生，并且重视通过改变经济发展模

---

① WBCSD（World Business Council for Sustainable Development）. *Getting Eco-efficiency*：*How can business contribute to sustainable development*? *Proceedings of the first Antwerp eco-efficiency workshop*. Antwerp，November 1993，organized in Association with the Industry and Environment Office of the United Nations Environment Programme and the Commission of the European Communities，Directorate-General Ⅺ，1993.

式，提高经济增长的效率，降低经济增长的资源、环境和生态成本。德国等欧洲国家首先提出了循环经济战略，并得到其他发达国家的积极响应。1997 年，美国麻省理工学院和耶鲁大学联合出版了全球第一本《工业生态学》杂志，探讨工业生态学理论与实践。其基本做法是将生态学的理论和方法运用到工业生产体系的设计中，将工业生产过程类比成生态系统中的一个封闭体系。它从局部、地区、全球等 3 个层次上系统地研究产品、工艺、产业部门和经济部门中的能量与物流。其焦点是研究产业界对于降低产品生命周期过程中的环境压力的作用，产品生命周期包括原材料采掘与生产、产品制造、产品使用和废弃物管理。在对大量观点和研究成果继承与批判分析的基础上，美国经济学家罗伯特·奈尔斯（1998）主张，资源廉价而劳动力稀缺的“牧童经济”是一种过去的事物，我们必须快速转向资源被重复使用的“飞船经济”，这需要做出重大努力（政府必须扮演重要的领导角色）来封闭物质循环。莱斯特·R. 布朗（2002）用生态经济学原理审视循环经济，认为生态经济（Eco-economy）是指遵循生态学规律的经济，既能够满足我们的需求而又不会危及子孙后代满足其自身之需的能持续发展的经济。日本颁布的《建立循环经济型社会基本法》（2000）第二条的定义称：“本法所称‘循环型社会’是指，通过抑制产品成为废物，当产品成为可循环资源时则促进产品的适当循环，并确保不可循环的回收资源得到适当处置，从而使自然资源的消耗受到抑制，环境负荷得到削减的社会形态。”[①] 至此，循环经济的概念正式确立，并为国际社会所关注。

综上所述，国际上循环经济研究和探索经过了“循环经济理念萌芽—循环经济思想初步形成—循环经济概念提出—基于生态经济效率的循环经济理念—基于工业生态系统的循环经济理念—（西方）循环经济战略”这样一个大致的历程。并且，理论研究与实践齐头并进，互资借鉴。

2. 循环经济研究主要成果

在循环经济思想指导下，各种对策研究相继出现，比较著名的有米都斯的“零增长理论”，库普斯的“资源高价理论”“消费限制理论”，史密斯和柯尔姆等人的“生态问题技术解决论”，戴利的“稳态经济理论”，托宾等人的“福利经济指标体系理论”。生态问题技术解决论者认为，生产力水平的提高和科学技术的发展能保证人们享有不受自然环境制约的生命活动能力，因而他们对克

① 日本于 2000 年 6 月 2 日正式颁布了《建立循环型社会基本法》，又译作《促进循环型社会形成基本法》。参见：小柳秀明．日本循环经济法规体系介绍．北京中日技术合作循环经济政策法规高级研讨会材料，2003.

服生态危机的途径寄希望于科技上的新突破。其代表性的观点是：英国的爱德华·史密斯从人们的生态需求出发，提出改革后工业社会生态系统不能支撑经济持续增长的“平衡稳定的社会论”；法国的柯尔姆提出以取缔污染和有效治理生态环境为目的的“环境使用税理论”。稳态经济理论最引人注目。1996年，美国马里兰大学（University of Maryland）公共事务学院教授、著名生态经济学家赫尔曼·E. 戴利（Herman E. Daly）出版了著作《超越增长——可持续发展的经济学》。他在书中提出了稳态经济理论，以应对工业化以来环境危机对人类文明的挑战，被认为是对传统经济学发起“哥白尼式革命”的最卓越的倡导者。戴利所阐发的可持续发展的中心理念包括3个方面。一是关于可持续发展的革命意义。戴利把可持续发展看作是对传统经济学具有变革作用的革命性科学。他强调，增长是一种物理上的数量性扩展，发展则是一种质量上、功能上的改善，而可持续发展就是一种超越增长的发展；强调可持续发展就需要对当前以增长为中心原则的数量性发展观进行清理，建立以福利为中心原则的质量性发展观。二是把经济是生态的子系统的观点作为发展观的核心理念。戴利指出，传统发展观的根本错误在于，它的核心理念是把经济看作是不依赖于外部环境的孤立系统，因而是可以无限制增长的；而可持续发展的核心理念在于强调经济只是外部的有限生态系统的子系统，因此宏观经济的数量性增长是有规模的，而不是无限的。在工业经济社会的开始，当人造资本是稀缺的限制性因素的时候，追求经济子系统的数量性增长是合理的（这也意味着发展中国家需要有一定规模的数量性增长）。但是，随着经济子系统的增长，当整个生态系统从一个“空的世界”转变为一个“满的世界”的时候，当自然资本替代人造资本成为稀缺的限制性因素的时候，经济子系统就需要从数量性增长转换为质量性发展。基于此，戴利强调经济成熟的发达国家首先需要为可持续发展做出改进。三是可持续发展是生态、社会、经济三方面优化的集成。戴利认为可持续发展的中心原则是，我们应该为足够的人均福利而奋斗，使能够获得这种生活状态的人数随时间达到最大化。可持续发展要求生态规模上的足够、经济配置上的效率、社会分配上的公平等3个原则同时起作用。足够，强调人均财富的目标是足够过上满足基本需求的好生活而不是物质消耗最大化；效率，是指对自然资本的有效利用能允许更多的人生活在足够的生活状态中；公平，是强调足够这样一种生活状态应该被所有人所拥有。不争的事实是，今天的世界，一些人的生活超过了足够，而另一些人则远远低于足够，因此是高度不平等的；同时，以日益增长的速度消耗资源和损坏自然资本，不能满足所有人基本需要的系统不能被认为是有效率的。

3. 循环经济相关科学研究

在循环经济科学研究领域，国外开展了关于经济增长极限的研究；在资源、能源生产和使用效率方面还有不少单项研究，如某行业或企业的废弃物（废纸、废塑料等）资源的再生循环模型；以及一些应用研究，如利用有机废物发电堆肥等；生态经济学得到发展；在经济学领域，对于物流代谢理论和投入产出模型的相关研究也取得一定成果并得到应用；Wulf-Peter Schmit 提出推行生态型经济，将生态设计、生命周期评价、资源合理利用、服务替代产品等一系列政策活动整合起来形成一种新型经济，并与旧的经济进行衔接，以达到实现可持续生产和消费的目的。

（二）国外成功实践

实践中，发达国家政府通过制度创新，在传统市场经济框架内引入环境规制和环境交易制度体系，把环境作为经济要素纳入市场经济循环之中，通过对循环利用资源和废弃物进行专项立法，进而发展到运用综合立法来促进循环经济发展，政府推进循环经济发展是以解决经济外部性——环境问题作为主要目标的。目前发达国家对于循环经济的推行已经成为经济社会发展中的一大主要趋势，并已经在企业、区域、国家等 3 个层面上成功付诸实践，形成循环经济实践的 4 种主要模式：①企业内部的清洁生产、绿色制造和资源循环利用，如美国杜邦化学公司模式；②共生企业间或产业间的生态工业网络，如著名的丹麦卡伦堡生态工业园；③区域或某领域（或行业）层面的废物回收和再利用体系，如德国的包装物双元回收体系（DSD）[①]；④社会循环经济体系，即社会层面的循环经济，如日本的循环型社会体系，其中，德国是发展循环经济的先驱国家。

（三）国外经验及启示

发达国家推行循环经济的成熟经验，对我国发展循环经济具有重要的启示作用。

---

① DSD 是一个专门组织对包装废弃物进行回收利用的非政府组织。其由产品生产厂家、包装物生产厂家、商业企业以及垃圾回收部门联合组成。它接受企业委托，组织收运者对他们的包装废弃物进行回收和分类，然后送至相应的资源再利用厂家进行循环利用；能直接回用的包装废弃物则送返制造商。DSD 系统的建立大大促进了德国包装废弃物的回收利用。

1. 完善法律、法规

依法推动循环经济的发展，重视循环经济法律法规保障体系建设，把循环经济全面纳入法制化轨道，为推行循环经济提供强有力的制度保障。这是国外的通行做法。

(1) 形成法律体系。以日本为例，日本政府适时地提出建立"循环型经济体系"，也是世界上循环经济立法最为完善的国家之一。为了建立循环型社会，日本还将 2000 年确立为循环型社会建设元年，同年日本国会通过了有关促进形成循环型社会的 6 项法案，形成了包含 3 个层面的法律法规体系：①基本法，即《促进循环型社会形成基本法》，以可持续发展为宗旨，将环境保护与资源节约融合到经济活动的各个层面，从而最终将立法提高到建立循环型社会的高度；②综合性法律，包括《废弃物管理法》《资源有效利用促进法》；③专项法规，包括《容器与包装再生法》《家用电器再生法》《建筑材料再生法》《食品再生法》《车辆再生法》等。这是迄今为止，世界上最成系统的循环经济法规体系。如图 2-1 所示。

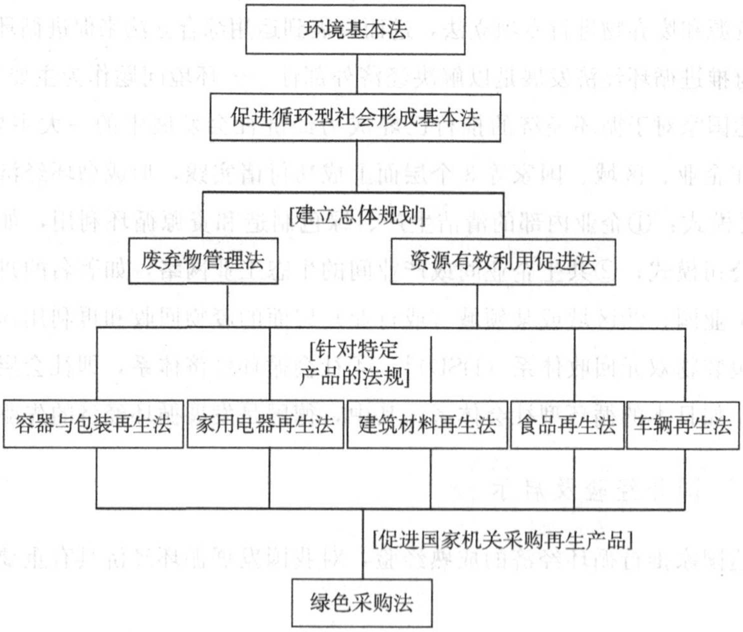

图 2-1 日本促进创建循环型社会的立法体系

Figure 2-1 The legislative system of promoting the creation of circular society in Japan

（2）法律规定具体制度。以欧盟及其成员国为例，现已制定了以下几方面的相关法律制度：

① 抑制废弃物产生制度。由于抑制废弃物形成的代价比废弃物再生利用成本要小得多，因而被许多国家的立法确立为基本的法律制度。

② 循环名录制度。包括强制循环和自愿循环两类。强制循环名录一般规定责任者的范围和再利用回收或再循环产品及材料的类型。

③ 法律义务和责任制度。为了保障环境和资源安全，防止进口资源致使资金大量流到国外，欧盟大多数成员国在法律中确立了资源再用、再生和循环利用，并规定了相关的强制实施机制。

④ 市场准入制度。循环经济的发展离不开市场的驱动，但市场必须符合相应的规则和环境保护方面的准入条件。例如，投资是否达到一定的数额，技术和设备是否符合国家规定，环境影响评价结果是否合格，进口的产品能否再用或再生利用，进口资源是否为有毒固体废弃物等。

⑤ 政府扶持制度。由于科技研发和前期投入很多，许多经营都是微利甚至不赢利的，因此要强调政府的扶持作用。欧盟国家的政府扶持措施主要为融资帮助、绿色采购、财政绿色补贴、环保专项基金支持、贴息贷款、增值税和所得税减免，鼓励绿色消费，照顾性地分配污染物排放总量指标，建立科技研究和中小企业发展基金，鼓励废弃物回收与再生企业投资、建设与运营的市场化，鼓励企业的股票上市，优先发行相关债券和彩票等。

⑥ 经济刺激制度。作为对直接管理手段的补充，经济刺激制度主要包括税费征收、许可证交易、押金退还、绿色补贴、价格支持等。欧盟非常注重经济刺激手段的有效性、管理可行性、成本最小化和措施的可接受性。

⑦ 市场运行制度。为解决生产企业本身难以在全国范围内履行回收义务的问题，一些国家的行业组织与会员协商组建回收与再生利用的专业公司。

⑧ 信息化建设制度。由于循环经济信息化的对象主要包括公众监督、企业环境绩效、区域环境信息评估等，因此有必要发挥政府信息建设和权威媒体的参与作用。

（3）法律确定循环经济的实施。以德国为例。德国在循环经济发展初期就以立法的形式明确政府、企业、个人的义务和责任，并系统地出台了有关专项法律规章，形成了完整的循环经济法律法规体系，逐步将循环经济思想从生产领域拓展到社会相关领域，对循环经济的发展和建设循环型社会发挥了至关重要的作用。德国于 1996 年实施《物质循环和废物管理法》这部发展循环经济的重要法律，并于1998年又作了修订。该法律全文共9章，主要内容包括：

① 明确立法目的“促进循环经济，保护自然资源，确保废物按有利于环境的方式进行处置”。

② 规定不同主体的原则和义务。该法律规定：第一，废物生产者、拥有者和处置者首先尽量避免或减少废物的产生，重点是减少废物的产生量及危害；第二，将已经产生的废物尽量加以利用或者用来获取能源。该法规定对废物处置的优先顺序是：避免产生—循环使用—最终处置。首先要减少源头的污染物产生量，对于不能削减又可利用的废物和经过消费者使用的包装废物、旧货等加以回收利用，使之回到经济循环中去；只有那些不能利用的废物，才允许作最终的无害化处置。该法还规定了生产者在产品生命周期管理中的责任，对于某些特定产品，只有具有明确的回收可能性时，才容许其投入市场。

③ 产品责任。法律规定，谁开发、生产加工和经营的产品，谁就要承担相应的责任。其中包括：开发、生产和使用能多次利用的、寿命长的产品；优先采用可利用的废料或次生原材料；对含有毒、有害物的产品要有明显的标志，并确保产品使用后的废物采取有利于环境的利用和处置方式；产品标志上要有回收、再利用的可能性和义务的说明以及抵押的规定。

④ 计划责任。法律规定，每年产生2吨以上需要特别监测的废物，或每年产生2000吨以上需要监测的废物产生者，必须制定避免、利用、处置的经济计划。废物循环利用计划作为内部计划的工具，根据主管部门的要求，对废物经济计划进行评估。法律明确规定了废物经济循环计划应该包括的内容。

⑤ 监测。法律规定废物的利用和处置要处于主管部门的监督之下。对来自商业或其他经济企业或公共机构废物的监测和处置，要按它们的种类、特性和数量以及在特殊范围内对空气和水的危害，易爆、易燃以及可能引起传染病等情况，要求接受主管部门的特别检查。

2. 政策的激励和约束

政策激励是循环经济发展的重要措施。从总体上看，世界各国促进发展与环境协调的政策措施是不断完善的。

(1) 奖励和激励政策。主要包括政府奖励、资源回收奖励、政府预算、政府优先采购。

(2) 税收优惠或征税。主要包括对循环再生产品实行税收优惠，征收原生材料税、征收生态税、征收填埋和焚烧税。

(3) 收费政策。主要包括收取污水治理费、废旧物资商品化收费、垃圾收费。

(4) 建立生产者责任延伸制度和消费者责任延伸制度。

① 生产者责任延伸（Extended Producer Responsibility，EPR）是指生产者对于产品的责任，扩展到产品生命周期的最后阶段，即产品的使用结束之后。生产者既要对产品的性能负责，又要承担产品从生产到废弃对环境影响的一定责任（费用负担）。这样，生产者必须考虑包括原材料的选择、生产过程的确定、产品使用过程以及废弃等各个环节对环境的影响。其结果是促使生产者自觉设计对环境负荷压力较小的产品，在生产阶段努力提高资源循环利用效率，积极配合政府实施循环经济，实现经济效益、社会效益和环境效益的有机统一。

② 消费者责任延伸（Extended Consumer Responsibility，ECR）要求某些商品的消费者，即使在不造成直接环境污染的情况下也应该承担一定的责任和义务，它体现环境保护人皆有责的公平原则。消费者责任延伸可以直接包含在商品价格中，也可以通过废旧物品和生活垃圾倾倒费或收集费的方式体现。

3. 通过计划采用市场机制加以推进

基于市场的主要政策和经济手段，如：政府奖励或补偿金激励、政府采购、押金返还制度，以及排污权交易、排污收费、生态税、资源税、规定制造商与进口商回收利用负责制等政策工具，都发挥了积极作用。

(1) 日本的推进计划。日本在制定和实施循环经济法律体系的同时，还制定了相关的指南措施和行动计划。这些指南措施和行动计划相当于有关政府部门颁布的法规，也是具体的实施方案。它们主要包括废物的处理与回收技术指南、报废车辆回收计划、促进废旧纸张回收计划。为促进回收利用体系的建立，法律规定了制造商、销售商、消费者都有回收、处理和再利用的义务，从而把消费者责任延伸制与生产者责任延伸制结合起来。

(2) 德国的包装物二元回收体系。现有两种运作模式：街头回收系统（Kerbside System）和上交式回收系统（Bring System）。前者的具体做法是，用黄袋子或回收箱回收轻型包装材料，如铝、铁皮、塑料和纸箱及软饮料包装。居民小区内往往放一些公用分类垃圾箱，免费回收居民不同颜色的玻璃瓶、纸、纸壳箱等。黄袋子在德国十分普遍，因为它是实现街头回收系统最简便易行的方式。无论是废物回收公司还是居民，都乐于接受这种回收方式。另一种模式是上交式回收。消费者必须将所有用过的包装物直接交到当地回收站。事实上，两种模式混合使用的效果更好，既达到满足废物分类的要求，又为当地政府和居民提供便捷的服务。需要指出的是，在一般家庭和公寓，人们还习惯于把垃圾倒在棕色的有机垃圾箱和绿色的无机垃圾箱中。由于使用自家向废物回收公司租用的垃圾箱需要付费，而街边的公共分类垃圾箱和黄袋子则是免费的，这就刺激了消费者支持“绿点”包装的回收，特别是分类回收的发展。

4. 促进环保科技进步

技术进步是促进循环经济发展的主要动力之一。为加速循环经济发展，各国采取的主要技术措施有：

（1）重新设计产品，使之容易拆卸和再循环利用。

（2）重新设计工艺流程，使其不产生或少产生废物。

（3）开发和使用需要较少材料的新技术等。德国的经验是，既加强循环经济关键尖端技术的研发利用，又非常重视普通适用技术的有机组合，相得益彰，成效显著。

5. 发挥公众主体的广泛参与作用

公众和企业都是实施循环经济的主体。发展循环经济，政府必须以主导地位在全社会大力倡导并加强宣传教育，提高公众的循环经济意识，积极提倡绿色消费和节约文明，营造良好的社会氛围。欧、美、日等发达国家政府十分重视公众参与的力量。一方面，利用大众传播媒体广泛宣传循环经济，采取各种手段加强公众对实现零排放或低排放的社会意识；另一方面，在中小学校加设环保课程教育，在高等学校积极培养生态环境保护和生态产业领域的专业人才。

二、国内研究与实践

（一）我国循环经济理论研究

1. 循环经济理论研究进展

20世纪90年代末，我国引入循环经济理念后，立即引起学术界和决策层在理论研究及实践领域的关注。虽然引入循环经济概念的时间不长，但是理论研究和实践探索却如火如荼，自2002年以来，循环经济研究文献如雨后春笋般迅猛增长（杨雪锋，2006）。2007年，中国人民大学书报资料中心收录有关循环经济论文多达500余篇。经过多年探索，国内关于循环经济的研究已经由理念传播、概念诠释阶段发展到理论体系建构阶段，并取得了多方面的成果。

（1）关于循环经济含义的多种界定

在研究过程中，学术界从资源综合利用、环境保护、技术范式、经济形态和增长方式等不同角度对循环经济作了多种含义的界定，大致可归结为狭义、广义、提升等3个层面的循环经济概念。

① 循环经济是一种经济形式（模式、范式）：狭义的循环经济。诸大建（2000）指出，循环经济是针对工业化运动以来高消耗、高排放的线性经济而言的……循环经济是一种善待地球的经济发展模式，它要求把经济活动组织成为“自然资源—产品和用品—再生资源”的闭环式流程，所有的原料和能源要能在不断进行的经济循环中得到合理的利用，从而把经济活动对自然环境的影响控制在尽可能小的程度。毛如柏（2003）认为，循环经济是与传统经济活动的“资源消费—产品—废物排放”开放（或者称为“单程”）物质流动模式相对应的“资源消费—产品—再生资源”闭环型物质流动模式。徐嵩龄（2004）主张将“环境”问题移植到经济内部，并将其核心化。解振华（2004）认为，循环经济是在生态环境成为经济增长制约要素、良好的生态环境成为一种公共财富阶段的一种新的技术经济范式，是建立在人类生存条件和福利平等基础上的以全体社会成员生活福利最大化为目标的一种新的经济形态。开放型物质流动模式转向为闭环型物质流动模式，仅仅是循环经济这种新经济形态的表面的技术范式方面的特征，其本质是对人类生产关系进行调整。马凯（2004）认为，循环经济是一种以资源的高效利用和循环利用为核心，以“减量化、再利用、资源化”为原则，以低消耗、低排放、高效率为基本特征，符合可持续发展理念的经济增长模式，是对“大量生产、大量消费、大量废弃”的传统增长模式的根本变革。段宁（2005）认为，循环经济是对物质闭环流动性经济的简称。任勇（2005）认为，循环经济是对社会生产和再生产活动中的资源流动方式实施了“减量化、再利用、再循环和无害化”管理调控的，具有较高生态效率的新的经济发展模式。

② 广义的循环经济：是指围绕资源高效利用和环境友好所进行的社会生产和再生产活动。有些学者持此种观点。

③ 对循环经济概念的提升。马世骏（1984）提出“社会—经济—自然复

合生态系统”理论，认为可持续发展问题的实质是以人为主体的生命与其栖息劳作环境、物质生产环境及社会文化环境间的协调发展，它们共同构成了社会—经济—自然复合生态系统。这一理论的提出，把现代生态学推向了一个几乎无限广阔、无所不及的时代。吴绍忠（1998）指出，作为循环经济，就是在人类的生产活动过程中，控制废弃物的产生，建立起反复利用自然的循环机制，把人类的生产活动纳入到自然循环中去，维护自然生态平衡。冯之浚（2004）指出，发展循环经济是一次深刻的范式革命，这种全新的范式与生产过程末端治理模式有本质区别：从强调人力生产率的提高转向重视自然资本，强调提高资源生产率，实现“财富翻一番，资源使用少一半”，即所谓“四倍跃进”。吴季松（2005）认为，循环经济就是在人、自然资源和科学技术的大系统内，在资源投入、企业生产、产品消费及其废弃的全过程中，不断提高资源利用效率，把传统的、依靠资源消耗线性增加发展，转变为依靠生态型资源循环发展的经济。张录强、张连国（2007）则把循环经济作为一个由经济系统与社会系统、经济系统与自然系统复合构成的“社会—经济—自然”的复杂的超巨系统进行研究，指出这个超巨系统不是纯粹自发地演化出来的，而是在把握了自然生态系统、经济循环系统和社会系统的自组织规律后，人为建构起来的人工生态系统。广义循环经济学就是要研究这个人工生态系统的自组织规律和物质、能量、信息循环规律的综合的知识体系。2008 年 8 月 29 日通过、自 2009 年 1 月 1 日起施行的《中华人民共和国循环经济促进法》（*Circular Economy Promotion Law of PRC*），即所称循环经济，是指在生产、流通和消费等过程中进行的减量化、再利用、资源化活动的总称。

本书所用的循环经济概念关注民众认知，并认为公众广泛接受和积极参与是中国顺利推行循环经济的前提与根本保证。

(2) 关于循环经济原则的探讨

多数研究者支持循环经济的“3R”基本原则：减量化（Reduce），即减少进入生产与消费过程中物质和能量的流量；再利用（Reuse），即延长产品和服务的时间强度；再循环（Recycle），即把废弃物再加工后变成为资源以减少最终处理量。也有专家、学者提出不同看法。徐匡迪（2005）提出“4R”原则：减量化、再利用、再循环、再制造（Remanufacture）；季昆森（2005）认为“4R”就是“3R”＋再思考（Rethinking）；崔和瑞（2005）提出“4R”就是“3R”＋再回收（Recovery）。任勇（2005）认为，在“3R”原则中，还需要增加“无害化”原则，即减量化、再利用、资源化、无害化。李赶顺（2002）甚至提出了“6R”之说：

“3R”＋可再生（Renewable）＋可替代（Replacing）＋可恢复重建（Recovery）。丁同玉（2004）提出新“3R”：算账（Reckoning）、调整（Readjusting）、重构（Reconstructing）。可以看出，循环经济原则的探讨对于丰富和发展循环经济理论与实践，都具有积极意义。

笔者认为，循环经济原则的实施必须以民众形成自觉意识并广泛参与作为社会基础。也就是说，循环经济发展应以在全社会首先普及循环经济意识为前提。盖因社会经济活动的主体是人，人决定经济活动行为。因此，笔者提出的循环经济实施原则是：民众认知（Recognization of People）＋“3R”。不妨也当作一个“4R”原则（民众认知，减量化、再利用、再循环），并且，第一个“R”处于统领的地位。

（3）关于循环经济本质的研究

① 循环经济本质上是生态经济。许多学者认为循环经济的本质是生态经济，其核心内容是提高生态环境的利用效率。曲格平（2001）认为，所谓循环经济，就是把清洁生产和废弃物的综合利用融为一体的经济，本质上是一种生态经济。段东平（2002）认为，循环经济的本质是一种生态经济，也就是说，在保持良好生态环境不被破坏的前提下，保持经济总量的持续发展。毛如柏（2003）认为，循环经济是与传统经济活动的“资源消费—产品—废物排放”开放（或者称为“单程”）物质流动模式相对应的“资源消费—产品—再生资源”闭环型物质流动模式，其技术特征表现为资源消耗的减量化、再利用和资源再生化，其本质是生态经济，其核心是提高生态环境的利用效率。还有李赶顺、王金南、余德辉等学者也都认为，循环经济在本质上是一种生态经济。

② 循环经济是运用（遵循）生态规律的经济：用生态学规律来指导人类社会的经济活动。曲格平（2001）、刘平宇（2002）、李赶顺（2002）、刘学敏（2004）、左铁镛（2005）等学者都持此种观点。

③ 循环经济与生态经济的区别。也有学者对循环经济的本质是生态经济的观点持不同看法。解振华（2004）认为，循环经济不必要求经济活动按生态经济规律进行，而是要运用经济规律来减少资源消耗和保护生态环境。生态经济学者们主张用生态学的规律来指导人类的经济活动，希望人类的活动能够按照生态学的要求进行，在完全不改变自然的情况下发展经济，但这是难以实现的。因为人类经济活动遵从的是经济规律，而不是生态规律。在商品经济社会中，每个经济人都在追求自身效用最大化。在生态环境可以作为免费的生产条件使用时，生产者总是倾向于违背生态学规律而使用它们创造更多的利润，生

态伦理和道德显得十分无力。李凤岐（2007）[①] 从结构、功能、行为、特性、规律、目的等6个方面对生态经济系统和循环经济系统作了翔实的比较分析，以阐述二者的异同：生态经济强调的核心是经济与生态的协调，注重经济系统与生态系统的有机结合，以及宏观经济发展模式的转变；循环经济侧重于整个社会的物质循环应用，强调循环和生态效率，资源被多次重复利用，并注重生产、流通、消费全过程的资源节约。生态经济原理体现着循环经济的要求，是构建循环经济的理论基础。

（4）关于循环经济实践价值的研究

① 经济价值。有些研究者着重探讨循环经济的经济价值。诸大建从经济发展的角度论述了循环经济的重要意义，认为发展循环经济是建设经济强国的需要。张凯论述了循环经济与市场经济的统一性，认为发展循环经济能够部分地消除环境外部不经济性，促进市场经济的规范有效。齐建国认为，循环经济是中国新兴工业化的最高形式。

② 环境价值。许多学者认为，循环经济理念的产生和发展是人类对人与自然关系深刻反思的结果，他们从保护环境的角度论述了我国发展循环经济的必要性和紧迫性。这实际上就是揭示了循环经济巨大的环境价值。

③ 社会价值。还有一些学者看到了循环经济深远的社会价值。吴季松认为，循环经济是综合国力和国际竞争能力与可持续发展能力的直接保障，同时也是社会主义民主和全民族素质提高的间接保障。诸大建认为，循环经济是对工业化运动以来经济、社会、环境三维分裂的发展模式到三维整合的发展模式的变革，它把经济发展、环境保护、社会就业统一起来，要求从三维分裂的发展走向三维整合的发展。潘岳则从实现社会公平的角度论述了循环经济的社会意义，认为发展循环经济可以为不发达地区和后代留下更多的资源与发展空间，有助于生态环境公平，进而有助于实现社会公平。

（5）关于循环经济理论基础的研究

生态学和生态经济学被多数学者视为循环经济的基础（朱铁臻，2005）。马世骏曾归纳出5条基本的生态学规律：相互制约的协调规律、物质循环转化规律、输入与输出平衡规律、生物生产力净值规律、生物发育演替规律，并从生态工程原理的角度提出整体、协调、循环、自生的生态学原理。王如松等提出了生态工程调控的开拓适应、竞争共生、连锁反馈、系统乘补、循环再生、

---

① 李凤岐．生态经济与循环经济（教案）．2007.

多样性主导性、结构功能、最小风险等8条生态工程设计原则。张录强在这些成果的基础上加以发展和创新，详细论述了与循环经济相关的生态学原理，具体分析和阐述了生态建设、环境保护、循环经济、社会和谐、文化进化、教育科技发展等相关的问题。陶火生认为，循环经济的本质内涵和建构原则是以一系列的生态原理和规则为依据的，是经济学和生态学的辩证结合。吴季松认为，循环经济的理论基础就是以系统论和生态学这两门新学科的理念重新审视传统经济学。徐大伟认为，循环经济的经济学基础是兼具微观、宏观和宇观思想的、以"生态—经济—社会"三维复合系统的矛盾及其运动和发展规律为研究对象的可持续发展经济学。冯之浚认为，循环经济的理论基础主要是从整体论、系统论、组织理论和协同理论的角度对循环经济理论基础的研究。他认为，循环经济不仅是一种经济增长方式，也是一种文化模式，并认为中国古代的天人调协的思想对当代的循环经济研究与建设无疑具有重要的作用。还有学者研究了循环经济的自然科学理论基础。金涌提出循环经济有五大自然科学基础：热力学第一定律、热力学第二定律、普力高津的耗散结构理论、近代信息学的发展、爱因斯坦的质能关系理论。

(6) 关于循环经济相关理论建设的研究

① 基于社会学视角。笔者认为，中国循环经济的顺利实施必须首先确保民众认知这一环节基本实现。离开这个前提，中国循环经济实践将成为无源之水，无本之木，甚至流于口号。也就是说，我国必须首先夯实推行循环经济的社会基础这一艰巨庞大的工作任务。

② 基于经济学视角。循环经济的研究离不开经济学的范畴，学术界对于循环经济作了多方面的评析。徐嵩龄（2004）论及了循环经济与传统经济学的关系，认为循环经济更新了环境在经济中的位置，将环境由经济外部的制约性因素提升为经济内部的新的生产要素。这里，除了对传统经济理论与制度的认同外，还产生相当大的不一致，因而要对传统经济理论和制度进行创新性、革命性的变革。杨雪锋（2006）认为，循环经济的运行机制与传统经济机制不同之处在于它是价值流、信息流和物质流的协同运行机制。

③ 基于生态学视角。刘思华（2004）把传统经济理论称为"生态环境外因论"，认为循环经济理论应该是"生态环境内因论"。吴玉萍（2005）认为循环经济的本质在于生态环境成为经济增长的重要内生变量。

④ 基于伦理学视角。佘正荣（2002）认为，中国生态伦理传统作为农业文明的产物，由于农业文明的一般局限，不能完全适应解决工业文明实践产生

的生态危机问题。解振华（2004）提出，循环经济理论研究应该包括以下几个方面：要加强循环经济的经济学解释，辨析循环经济发展的阶段、循环经济与效率、循环经济与生态经济的关系；还提出要加强循环经济伦理建设，并指出循环经济伦理既不同于市场经济伦理，也不同于现时的环境伦理，而应是市场经济伦理与环境伦理的结合。张燕（2007）认为，中国生态伦理传统强调通过社会自身内部来协调人与自然的关系，实现“天人合一”，忽视了人与自然的差异与冲突，忽视了社会内部不同部分的利益差别和竞争，不利于当今全球竞争条件下人类争取天人复合的理想目标的实践。另外，李兆前（2006）提出，要加强以下方面的理论建设：关于循环经济与社会主义市场经济的关系问题；循环经济的国家行为与市场的关系；循环经济与效率；循环经济与公平；循环经济与环境伦理等方面相关问题的研究。

总之，基于社会学、经济学、生态学、伦理学等相关理论对循环经济理论与实践进行研究考察，有助于推动循环经济健康发展，并有效解决现实问题。

(7) 关于循环经济发展战略的研究

国内学者是依据在国家宏观调控下，把市场作为配置资源的基础性手段的原理研究循环经济战略问题的，其基本理念是政府在循环经济的启动期发挥着决定性作用。因此，学术界从战略思想、战略目标、战略阶段、战略重点、战略对策等方面全方位地研究了我国循环经济的发展战略。马凯（2004），提出了我国发展循环经济的战略对策；齐建国（2005）、杨青平（2005）、谢旭人（2006）等学者，分别论述了我国发展循环经济的战略重点；诸大建（2006），比较了中外循环经济发展战略在战略定位、理论基础、体制安排、科技支撑等方面的不同，提出了我国发展循环经济的C模式；“中国循环经济发展战略研究”课题组（2006），提出了我国循环经济发展的战略目标和战略阶段。这些研究在借鉴国外经验的基础上，考虑了我国发展循环经济的特殊背景，为我国循环经济发展战略的总体定位和政府决策提供了重要依据。此外，学者们还结合区域特点，对地区循环经济发展战略进行了研究，如邢振刚（2005）对天津市、尚杰（2005）对黑龙江省、黄贤金（2006）等对江苏省、李炳武（2006）对长沙市、刘庆广（2007）对甘肃省、张燕（2007）对甘肃天祝藏族自治县的循环经济发展的研究等，这些研究对于普及循环经济理念，促进区域循环经济发展都产生了积极的作用。

(8) 关于循环经济研究方法的探讨

在研究方法上，有基于生态效率的工业生态学方法（孙启宏，段宁，

2005；冯久田，2006）；还有包括结构功能原理、自组织原理和系统控制论的系统科学方法（李长安，2005；吴季松，2005；张录强，2007）；系统科学的学者主要运用能值分析和系统分析方法；资源科学和环境科学学者主要运用价值分析和物质流分析方法；资源与环境经济学学者主要运用边际分析和均衡分析方法。在研究范式上，学术界分别运用系统分析（杜世勋，曹利军，2005；张连国，2007）、能值分析（蓝盛芳，2004）、物质流分析（陈效逑，2001）以及价值分析等方法，研究生态经济系统的生态流和经济流。

2. 简要总结与评价

从文献检索和梳理中可以发现，国内学术界在如何发展循环经济方面主要侧重于循环经济技术和制度上的研究，对循环经济理论与实践过程中所涉及的深层次问题研究较少，而针对某一个具体区域如何发展循环经济尤其是针对生态工业园区建设的研究更少。国内循环经济理论研究具体还存在以下问题：

一是在对循环经济原则内涵的认识和把握上尚欠科学，4R、5R 甚至 6R 原则的提出虽然有利于循环经济理论与实践的丰富和发展，也有利于实现多途径促进资源和环境的保护。但不足之处在于，这样的内涵阐释会给人一种错觉，即循环经济包罗万象，无所不能，从而弱化“循环”在循环经济中的地位，导致循环经济万能论。这显然与我国目前解决环境资源问题的实际技术需求不相符合。

二是循环经济的理论研究深度欠缺。当前对循环经济的研究主要还是从现实的资源和环境的实际状况这一实证的角度来论证其必然性，而较少从理论的层面对循环经济的必要性、合理性进行深层次剖析。从有关论著和文章来看，对于循环经济理论基础的研究主要还是简单介绍有关理论的基本内容和原理，并没有很好地把这些理论与循环经济之间的内在联系进行深入细致的分析，即没有充分说明为什么这些理论能够成为循环经济的理论基础。

三是在循环经济认识上存在误区：第一，过多地从环境角度去理解循环经济，忽略更加重要的循环经济对于国民经济增长和社会发展的积极意义；第二，过多地从物质回收利用角度阐述循环经济，忽略循环经济在物质消耗和污染排放上的源头预防和全过程的控制意义；第三，过多地从企业间的物质闭路循环角度去理解循环经济，忽略循环经济需要在企业、园区、社会（尤其是公众参与方面）等 3 个层面展开，实际上建设区域层面循环经济体系、发展生态工业园区显得更为重要；第四，过多地从生产环节的物质闭路循环角度去理解循环经济，忽略把重要的教育宣传普及与公众参与、消费环节、物质流通的其他环节纳入循环经济的视野。这些问题应该引起学术界的更多关注和探讨。

（二）国内实践的探索

1. 循环经济实践历程

我国循环经济发展经历了探索、转变、试点3个阶段。

(1) 探索阶段。1992年前，在全球环境保护潮流的影响下，我国开始认识到可以通过技术改造最大限度地把“三废”减少在生产过程中。但是对循环经济的运行机制仍处于探索阶段。

(2) 转变阶段。这一阶段是在环境压力下对循环经济理论认识的深化阶段。进入20世纪90年代，随着经济增长带来的环境问题日益突出，我国政府和人民的环境意识开始提升，治理环境污染开始由末端治理向源头治理转变，清洁生产和减少消耗成为环境保护部门关注的重要问题。2002年6月29日《中华人民共和国清洁生产促进法》（*Cleaner Production Promotion Law of PRC*）颁布，2003年1月1日起正式施行，有效地推进了清洁生产工作的开展。随后，各个行业的清洁生产标准也相继出台。这对于我国提高资源利用效率，减少和避免污染物的产生，保护和改善环境，保障人民健康，促进经济与社会可持续发展都起到了积极作用。从清洁生产的实践来看，主要是在农业、工业领域，而有关第三产业的清洁生产技术路径还处于探索之中。

(3) 试点阶段。自2002年以来，循环经济的理念已经开始为人们广泛接受。此时我国经济进入了新一轮高增长周期。经济发展与资源短缺、环境恶化的矛盾凸显，甚至危及国家经济安全和可持续发展。因此，我国开始加快了循环经济实践的步伐。2002年5月，辽宁省被国家环境保护总局批准为全国循环经济建设试点省（环函〔2002〕150号）。截至2003年10月，我国先后又有7个省（海南、吉林、黑龙江、福建、浙江、山东、安徽）被批准为生态省建设试点。其他一些省、市、自治区也开始进行循环经济发展规划的准备工作。一些市、县已经完成了循环经济规划工作；已经批准为生态经济试点省的7个省也都把发展循环经济作为生态省建设的核心内容加以推进。目前，我国已经建立了17个生态工业示范园区，取得了显著的经济、社会和环境效益；一些试点省市（如辽宁省、江苏省、贵州省贵阳市）的循环经济实践已取得良好成效，为今后的发展积累了经验，奠定了基础。但就总体而言，循环经济在我国的发展尚处于非常初级的阶段，全面发展循环经济还面临着诸多困难。

2. 循环经济实践发展的研究及讨论

学术界对循环经济实践发展的研究主要体现在以下几个方面：一是对循环经济评价体系（指标体系与支撑体系）的研究；二是对循环经济应用层次（企业层面、园区层面、社会层面）的研究；三是对循环经济与科技进步的研究；四是对循环经济与法律调整的研究。学者们对循环经济的实践价值的研究，依然主要局限于对其生态价值的认识，由此引致循环经济实践中存在的一个误区是，“纯技术论”者把发展循环经济等同于为一系列特定资源环境问题寻找实用技术、工艺流程等具体答案。诚然，生态价值是循环经济发展所带来的巨大的实践价值，也是人们共同期望的，但它并不是终极的，更不是唯一的。循环经济必将对人们的生产活动、生活理念乃至思维方式、家庭伦理观的改变产生广泛的社会影响，它对未来社会发展所带来的巨大的进步意义丝毫不会逊色于其生态价值。因此，对于循环经济的社会意义和价值的认识，理应引起学界足够的重视和深入的探讨。

循环经济实践发展中存在的认识偏差也值得引起重视。第一，过分地注意工业物品等的技术性还原系统，忽略开发和利用自然界本身具有的生态性还原能力；第二，过分地强调发展循环经济需要规划、法律等传统管制性手段的保障，忽略经济手段在循环经济发展中的激励和约束作用以及科学技术的核心作用；第三，过分地从传统的环境质量指标或修正的经济增长指标去衡量循环经济的评价标准，疏漏对基于生物物理或物质消耗的各种减物质化指标的深入；第四，过分地强调要建设循环经济的各种工程和项目，忽略对这些工程和项目的“成本—收益”分析，结果导致所谓的循环经济本身既不是经济的也不是环保的；第五，更有循环经济实践否定论者认为，通过经济的增长就可以改变目前所面临的资源环境困境而没有必要发展循环经济。这些认识都是片面的，因而是不正确的。

目前，我国循环经济的发展正逐步由理论借鉴阶段向实际应用阶段转变；我国推行循环经济的最大问题就是公众的观念障碍。我国长期以来“政府主导型”的环保工作模式，引致公众在环保领域有强烈的依赖政府行为的被动心理。认为环境属于公共物品，环境污染造成的“公地悲剧”[①] 是政府的责任，

---

① 1968 年，美国学者哈丁在《科学》杂志上发表了一篇名为《公地的悲剧》（*The Tragedy of the Commons*）的文章，介绍英国曾经有这样一种土地制度——封建主在自己的领地中划出一片尚未耕种的土地作为牧场（称为“公地”），无偿向牧民开放。这本来是一件造福于牧民的事，但由于是无偿放牧，每个牧民都饲养尽可能多的牛羊。随着牛羊数量无节制的增加，公地牧场最终因“超载”而成为不毛之地，牧民的牛羊最终全部饿死。因此，哈丁认为，资源枯竭或恶化是资源公有的必然结果，哈丁把这一必然结果称为“公地悲剧”。

应该由政府来承担并解决。另外，由于政府宣传和倡导力度不够等原因，公众对循环经济的概念缺乏认识，环保意识薄弱，普遍缺乏参与意识和社会责任感，致使我国发展循环经济的社会基础和实践基础都相当落后，国内起步晚，经验少；国际经验虽然可以借鉴，但与中国的国情与实际都有较大差距。因此，我国循环经济理论与实践发展中必然会遇到许多困难，产生误区，这都不可避免。关键在于，学术界不要把过多精力倾注于循环经济的必要性与可行性研究等的一般性论述上，而应更加关注针对区域和社会层面发展循环经济的实际状况，关注循环经济发展与市场作用的关系，关注生态工业园建设，关注公众参与对于我国循环经济发展的重要社会意义的深入研究，等等；以便为我国社会经济的可持续发展提供针对性、可操作性强的现实途径。这些才是迫切需要的。我国循环经济理论与实践的研究和探索任重而道远。

三、循环经济的主要特征

一是，新的系统观。循环是指在一定系统内的运动过程，循环经济系统是由人、自然资源和科学技术等要素构成的巨系统。循环经济观要求人在考虑生产和消费时不再置身于这一巨系统之外，而是将自己作为这个巨系统的一部分来研究符合客观规律的经济原则，将生态系统建设作为维持巨系统可持续发展的基础性工作来抓。

二是，新的经济观。在传统线性工业经济的各要素中，资本、劳动力在循环，而唯独自然资源没有形成循环。循环经济观要求运用生态学规律，不仅要考虑工程承载能力，还要考虑生态承载能力。在生态系统中，经济活动超过资源承载能力的循环是恶性循环，会造成生态系统退化。只有在资源承载能力之内的良性循环，才能使生态系统平衡地发展。

三是，新的价值观。循环经济观在考虑自然的价值时，不再像传统工业经济那样将其作为“取料场”和“垃圾场”，也不仅仅视其为可利用的资源，而是将其作为人类赖以生存的基础，是需要维持良性循环的生态系统；在考虑科学技术的价值时，不仅考虑其对自然的开发能力，而且考虑到它对生态系统的修复能力，使之成为有益于环境的技术；在考虑人自身的发展时，不仅考虑人对自然的征服能力，而且更重视人与自然和谐相处的能力，促进人的全面发展。

四是，新的生产观。传统线性工业经济的生产观念是最大限度地开发利用自然资源，最大限度地创造社会财富，最大限度地获取利润。而循环经济的生产观念是要充分考虑自然生态系统的承载能力，尽可能地节约自然资源，不断地提高自然资源的利用效率，循环使用资源，创造良性的社会财富。在生产过程中，循环经济观要求遵循“3R”原则：资源利用的减量化（Reduce）原则，即在生产的投入端尽可能少地输入自然资源；产品的再使用（Reuse）原则，即尽可能地延长产品的使用周期，并在多种场合反复使用；废物的再循环（Recycle）原则，即最大限度地减少废物排放，力争做到排放的无害化，实现资源再循环。同时，在生产中还要求尽可能地利用可循环再生的资源替代不可再生资源，如：利用太阳能、风能和农家肥等，使生产合理地依托在自然生态循环之上；尽可能地利用高科技，尽可能地以知识投入来替代物质投入，以达到经济、社会与生态的和谐统一，使人类在良好的环境中生产、生活，真正全面地提高人类的生活质量。

五是，新的消费观。循环经济观要求走出传统工业经济“拼命生产、拼命消费”的误区，提倡物质的适度消费、层级消费，在消费的同时就考虑到废弃物的资源化，建立循环生产和消费的观念。同时，循环经济观要求通过税收和行政等手段，限制以不可再生资源为原料的一次性产品的生产与消费，如：宾馆的一次性用品、餐馆的一次性餐具和豪华包装等。特别是要遏制炫耀性消费（Conspicuous Consumption）。

第二节 清洁生产和绿色制造

从技术上看，循环经济主要体现在清洁生产和绿色制造上。

一、清洁生产

清洁生产（Cleaner Production，CP）是近年来发展起来的、研究工业生产方式的一门新兴学科，是企业层面实现生态化的基本模式，是建立 EIPs 的前提和基础。清洁生产最初从少废、无废工艺和废物综合利用演化而来。清洁生产的核心是污染预防，实施“从摇篮到坟墓”的全过程管理，通过节能降耗和资源的循环利用，减少废物排放，实现经济效益、社会效益和环境效益的有机统一。

关于清洁生产，目前国际上还没有形成统一的定义，不同的团体从不同的角度出发有不同的表述。联合国环境规划署（United Nations Environment Programme，UNEP）和联合国工业发展组织（United Nations Industrial Development Organization，UNIDO）于 1989 年提出的定义比较有代表性：清洁生产是一种新的创造性思想，该思想将整体预防的环境战略持续应用于生产过程、产品和服务中，以增加生态效率和减少人类及环境的风险。UNEP 同时指出，清洁生产不包括末端治理技术，如空气污染控制、废水处理、固体废弃物焚烧或填埋，而是应用专门技术、改进工艺技术和改变管理态度来实现。Evans 和 Stevenson（2000）认为清洁生产追求的目标有 3 个：①对生产过程，要求节约原材料和能源，淘汰有毒原材料并在全部排放物和废物离开生产过程之前减少其数量和毒性；②对产品，清洁生产策略旨在减少产品在整个生命周期过程（包括从原材料提炼到产品的最终处置）中对人类和环境的影响；③对服务，清洁生产把对环境的关心与服务的设计及运输结合起来。清洁生产的定义明确规定清洁生产是一种整体预防的环境战略，其工作对象是生产过程、产品和服务。它注重生产的全过程控制，强调的是源削减，即削减的是废物的产生量。

清洁生产的基本目标就是提高资源利用效率，减少和避免污染物的产生，保护和改善环境，保障人体健康，促进经济与社会的可持续发展。

清洁生产实施的 5 项基本原则是：环境影响最小化原则，资源消耗减量化原则，优先使用再生资源原则，循环利用原则，原料和产品无害化原则。因此，实施清洁生产意味着工业生产方式将发生根本性的变革，即从传统粗放型的生产转向集约型的生产。

清洁生产实施的工具是清洁生产审计。清洁生产审计是一套系统的、科学的和操作性很强的环境诊断程序，这套程序反复从 8 条途径着手开展工作，即原材料和能源、技术工艺、设备、过程控制、管理、员工、产品、废物。这样有助于克服传统上生产、环保两张皮的现象，将污染消灭在产生之前。

清洁生产实施的主要途径和方法包括合理布局、产品设计、原料选择、工艺改革、节约能源与原材料、资源综合利用、技术进步、加强管理、实施生命周期评估等许多方面。这些途径和方法可单独实施，也可互相组合起来加以综合实施。应采用系统工程的思想和方法，以资源利用率高、污染物产生量小为目标，综合推进这些工作，并使推行清洁生产与企业开展的其他工作相互促进，相得益彰。

清洁生产既是一种战略，体现于宏观层次的总体预防，又可以从微观上体现于企业采取的预防污染措施。在宏观上，清洁生产的提出和实施使环境进入决策过程，如工业行业的发展规划、工业布局、产业结构调整、技术传播以及管理模式的完善等都要体现污染预防的思想。在微观上，清洁生产通过具体的手段、措施到工业全过程污染预防。如清洁工艺、环境管理体系、产品环境标志、产品生态设计、产品生命周期分析等，用清洁的生产工艺技术生产出清洁的产品。

有研究者（Jackson，2003）指出，清洁生产的研究内容应为以下 3 个领域：

（1）清洁的原料和能源。清洁原料指少用或不用有毒有害及稀缺原材料；清洁能源包括新能源开发、可再生能源利用、现有能源的清洁利用以及对传统常规能源采取清洁利用的方法。

（2）清洁的生产技术。生产中产出无毒、无害的中间产品，减少副产品，选用少废、无废工艺和高效设备，建设生产过程中的危险因素（如高温、高压、易燃、强噪声、强振动声），合理安排生产进度，物料实行再循环，使用简便可靠的操作和控制方法。

（3）清洁的产品。节能、节约原料，产品在使用过程中及使用后不危害人体健康和生态环境，产品包装易于回收、复用、再生、处置和降解，产品使用寿命和使用功能合理。

二、绿色制造

绿色制造（Green Manufacturing，GM），又称环境意识制造（Environmentally Conscious Manufacturing，ECM）、面向环境的制造（Manufacturing for Environment，MFE）等，是现代生产企业发展的必然趋势。从20 世纪 90 年代起，制造业界为了响应可持续发展的倡议，在生产中重视资源节约和环境保护，提出绿色制造概念。1993 年美国国家科学基金会（National Science Foundation，US）等联合成立绿色设计与制造协会，研究制造业中环境管理和污染防治问题，正式提出绿色制造概念。自 1996 年美国制造工程师协会（SEM）发表了绿色制造的专门蓝皮书——*Green Manufacturing*，绿色制造的研究在世界各地迅速兴起。美国加州大学伯克利分校（University of California，Berkeley）设立了关于环境意识设计和制造的研究机构，还在 Internet

上建立了可系统查询的绿色制造专门网页 Greenmfg；国际生产工程学会(CIRP) 近年来也发表了很多关于环境意识制造和多生命周期工程的研究论文。特别是近年来，国际标准化组织（ISO）提出关于环境管理的 14000 系列标准后，进一步推动了绿色制造研究的发展。

关于绿色制造，目前比较公认的一种定义是：绿色制造是一种综合考虑优化的资源利用和环境影响的现代制造系统，其目标是使产品从设计、制造、包装、运输、使用到报废处理的整个生命周期对环境影响最小，不损害人体健康，资源的利用效率最高。绿色制造所涉及的领域是 3 部分内容的交叉：一是制造问题，包括产品生命周期全过程；二是环境保护问题；三是资源优化利用问题（刘飞等，2001）。

从上述关于绿色制造内涵的研究来看，当前，国际上提出的清洁生产应是绿色制造的组成部分。因为前者仅仅是指产品生命周期中的具体制造生产或加工过程，而后者指的是商品的整个生命周期。

Van Luttervelt（2003）等认为，绿色制造的研究应该集中于以下几个方面。

（1）绿色原材料。绿色制造原材料的选择要求设计人员改变传统的宣传方法，在满足基本功能的前提下，要考虑具有良好的环境兼容性的材料，尽量选用无毒、低能耗、少污染材料，选用可再生及可回收材料，提高资源利用率。

（2）绿色设计。绿色设计是一种全新的设计理念，又称为生态设计（Ecological Design，ED）、环境设计（Design for Environment，DE）、生命周期设计（Life Cycle Design，LCD）、环境意识设计（Design for Environment Consciousness，DEC），是指在产品及其生命周期全过程的设计中，着重考虑产品环境属性（如节能性、可拆卸性、长寿性、可回收性、可维护性、可重复利用性等），将产品的生命周期延伸到“产品使用结束后的回收重用及处理处置”即“从摇篮到再现”的过程，使产品及其制造过程对环境的总体影响减少到最小。

（3）绿色生产。主要考虑绿色工艺、绿色生产设备和环境、绿色管理等。

（4）绿色包装。实施绿色包装设计，减少包装材料，考虑包装材料的回收、处理和循环利用；使用无毒、无污染、可以再生和降解的材料，使包装做到“3R”（Reduce 减量化、Reuse 再利用、Recycle 资源化）。

（5）绿色使用。充分利用人机工程学的原理，使产品在使用过程中舒适、省力、方便，并且令人愉悦，绝对保证使用过程的安全和无污染。

(6) 绿色回收和处理。要采用针对拆卸的设计、考虑回收中的后勤运输问题、回收产品状态的可能变化、一些零件被损害或腐蚀等问题。

绿色制造中的绿色设计是关键，有的研究者用“产品是设计出来的，不是制造出来的”来强调绿色设计在绿色制造中的重要地位，绿色设计在很大程度上决定了材料、工艺、包装以及回收处理的绿色性。实行绿色制造，首先是绿色产品设计，产品设计好了，对环境的影响也就定了。产品设计不能只考虑功能、成本和美学，还要考虑对环境造成的影响。选择经济、可行的回收处理产品的设计方法。要考虑产品结构的可拆卸性。绿色产品设计是并行工程思想的深化，它使并行工程扩展到产品的报废过程。

第三节 工业生态学（Industrial Ecology，IE）

工业生态学是发展生态工业以及建设生态工业园的重要理论基础。

一、工业生态学的发端

工业生态学并非全新的概念，20 世纪 60 年代的科技文献中已经时而出现这一个术语了，但是没有进行更为深入的研究。自 18 世纪以来，工业革命开创了机器大生产的新时代，现代工业机器的出现，使世界面貌发生了根本性的变化，为人类创造和发展了以巨大物质财富为主要特征的现代文明。然而，伴随着此过程，也出现了资源短缺、能源危机、环境污染和生态破坏等一系列全球性的严重危机。危机告诉人们，传统工业发展模式已难以为继，迫使人们对工业发展历程中传统的高投入、高能耗、高污染、低效益的工业发展模式进行深刻的反思。然而，在现实的选择中，人们并不希望限制或放弃工业化成果来谋求危机的解除。事实上，全球日增的人口及其对物质资源需求的刚性增长说明，这种想法也是行不通的。因此人们所希望的是，在创造和享受工业文明的同时，最大限度地减轻它的负面影响，从而达到持久实现福利增长和人与自然和谐相处的理想目标。在这种思想指导下，经济学家和工业界对工业的发展模式进行了大量的探索，当时称为工业共生现象。这便是生态工业的雏形。

二、国外研究进展

早在生态科学发展初期，伊夫林·荷奇森（Evelyn Hutchinson）、霍华德·奥德姆（Howard Odum）等先驱就已意识到“人类活动的生物物理基质同样服从于自然生态系统的规律”。但当时生态学者的目光更多地集中在与自然生态系统相似的农业生态系统的研究层面。直到20世纪80年代末，美国的Robert A. Frosch等专家模拟生物的新陈代谢过程和生态系统的循环再生过程所开展的“工业代谢”研究，才正式揭开了工业生态学研究的序幕。1989年9月，美国通用汽车公司研究部副总裁Robert A. Frosch和负责发动机研究的Nicholas E. Gallopoulos在享有盛誉的世界级高级科普月刊《科学美国人》（*Scientific American*）上发表了一篇题为“加工业的战略”的文章中，重新定义并正式提出“工业生态学”和“工业生态系统”的概念。他们强调指出，人类的工业活动应当模仿自然生态系统，使工业系统和谐地纳入到自然生态系统物资循环和能量流动的大系统中，建立一种新的工业形态，这就是工业生态系统。这一创造性的提法立即得到发达国家的高度重视，大批学者在该领域开展了深入、有价值的研究。通过理论研究和实际推广，学者们认为建立生态工业园是解决人类工业系统污染和提高环境资源配置效率的有效途径。此后，工业生态学走上了充满活力的发展道路。

1990年，美国国家科学院与贝尔实验室共同组织了首次“工业生态学”论坛，对工业生态学的概念、内容和方法及应用前景进行了全面系统的总结，基本形成了工业生态学的概念框架。它描述的是一种工业仿生系统，它通过模仿生态系统物与物之间的关系来实现工业系统的可持续发展，在该系统中一种工业活动的废物（产出）是另一种工业活动的原材料（投入）。在此之后，许多学者（Suren Erkman，1999；Allenby B R，Frosch R A，1991；Tibbs，Hardin，1993；Hawken，Paul，1993；Raymond P Cote，1995；et al）给出了不同的定义，但总体可以归纳为4类：①将工业生态学看作人类经济活动和它们相互关系的总和；②将工业生态学看作工业系统和自然系统的类似物；③将工业生态学视为循环、流动和网络化的分析框架；④将工业生态学看作产品和制造过程设计以及提高效率的一种途径。联合国工业发展组织（United Nations Industrial Development Organization，UNIDO，1991）提出了“生态可持续工业发展”（Ecological Sustainable Industrial Development）的概念，认为工业生态是一种对环境无害或生态系统可以长期承受的工业发展模式，是一种环境与发展兼顾的模式，并成为全球可持续发展在工业方面的具体体现。20世纪90年代初，美国总统可持续发展委员会（President's Council on Sustainable Development）曾多次召开会议，对工业生态学的概念、内容、方法和应用前景进行研讨，形成了工业生态学的基本框架。麻省理工学院（Massachusetts Institute of Technology，MIT）于1997年在全美首先开设了工业生态学课程，成立了跨院系的"技术、商业与环境项目"，致力于工业生态学和可持续发展的研究，并组织相关领域的各种定期和不定期会议，促进学术界、政府、公司之间合作网络的建立。康奈尔大学（Cornell University）的工作与环境创新研究中心以其公立学院——人类环境学院、工业与劳工关系学院为基础，并由其他私立学院如工程学院、旅馆管理学院等相关领域的专家加盟，其主要研究内容包括生态工业园、人力资源管理等，还完成了Brownsville生态工业园区的规划工作，康奈尔大学在2001年成立了美国国家生态工业发展研究中心。1997年，麻省理工学院和耶鲁大学（Yale University）联合创办了一份工业生态学杂志（*Journal of Industrial Ecology*），专门发表工业生态学的有关论文，探讨其理论与实践，将生态学的理论和方法，用到工业生产体系的设计中，将工业生产过程比成生态系统中的一个封闭系统，其中一个环节产生的"废物"或副产品，成为另一个环节的"营养物"或原料，这就出现了生态工业园——彼此相近的工业企业就可以形成一个相互依存、类似于自然生态中食物链的"工业生态系统"。从产出角度看，工业生态学追求的环境目标是"零排放"；从投入角度看，工业生态学追求的目标是"减材料化"（Dematerialization，有人译成"非物化"），其含义是指在产出的数量和质量不变的条件下减少物料的投放强度，同时不影响产品的质量；既要求产品变轻、变小、变薄，又要求其能够经久耐用。1998年，耶鲁大学还成立了工业生态学研究中心，该中心资助下的"工业和环境管理项目"的研究内容包括工业生态学的基础理论、生态工业化城市、相关政策等；普林斯顿大学（Princeton University）的能量与环境研究中心在生态工业研究中也取得了良好成果，如铅的工业生态代谢分析等。美国自然科学基金（National Science Foundation，NSF）于1998年10月资助了18项有关生态工业的基础研究课题，涉及内容很广。例如：在产品设计阶段如何贯彻模块化理念以使产品能在其生命周期末端被方便地分解并回收再利用（Reuse）；开发新技术以减少在集成电路制造的镀膜阶段中化学制品的使用等。2000年，在世界范围内成立了工业生态学国际学会

(International Society for Industrial Ecology, ISIE); 2001 年 11 月，在荷兰由工业生态学国际学会组织召开“生态工业的科学与文化”会议。目前欧美有 30 多所大学都设有工业生态学课程，工业生态学的理论研究与实践方兴未艾。

综观国外在生态工业方面的基础研究，有以下内容：研究可减轻工业对环境影响的具体技术措施，包括废物零排放系统、物质替代、非物质化和功能经济；研究对整个工业生态过程进行分析、检测和评价的方法，包括物流平衡分析、产品或过程的生命周期分析与评价、工业生态指标体系的建立等；研究可促使生态工业实现的制度，包括如何在市场规则、财务制度、法律法规等方面做出相应的调整以使生态工业的思想可以贯穿整个生产和生活过程（Gradel, Alzenby, 1995）。

三、国内研究现状

我国也有许多学者及学术团体，从不同的视角对生态工业进行了程度不同的研究。2001 年，清华大学化工科学与技术研究院成立了过程工程与生态工业研究中心，旨在倡导生态工业的理念，构建支持生态工业的关键技术平台。目前该研究中心在包括国家自然科学重点基金、清华大学环境学科重点基金等多项科学基金的资助下开展了工业生态系统规划、物质与能量集成、废物资源化、绿色工艺和原料节约工艺等的基础研究与开发工作及生态工业园区规划工作，例如：浙江衢州沈家工业园区规划、广东南海生态工业园区规划、工业生态系统的规划设计等。大连理工大学生态规划与发展研究所从 1999 年参加的、由加拿大滑铁卢大学主持的加拿大国际开发署资助的大学合作重大项目——“中国沿海社区生态规划与环境管理”预研开始，在生态规划和建设及发展方面开展了众多的国际合作，获得了国家自然科学基金和国家社会科学基金等多层次的纵向或横向研究项目，取得了许多研究和应用成果，如：“生态产业发展的定量化研究”（中德国际合作基金）、“我国生态工业共生网络构建及管理模式研究”（2002 年国家社会科学基金）以及天津开发区招标项目“天津开发区生态工业园规划”等等。上述两所高校还积极组织编写生态化工与工业生态学及生态工业园方面的教材和学术著作，极大地促进了工业生态学在国内的发展。此外，中国科学院过程工程研究所在湿法冶金的研究基础上，开拓了绿色工程化学与清洁生产技术的研究新方向；东北大学正在开展冶金行业的工业生态学研究；中国科学院生态环境研究中心正在积极开展产业生态学的研究；中国环境科学研究院正在进行生态工业园区的规划工作；2001 年 12 月，中国生态经济学会还成立了工业生态经济与技术专业委员会。另外，戴锦（2004）以生态经济学基本思想为指导，通过对生态经济型产业模式的理论概括，提出产业生态化的概念。商华（2007）运用生态效率理论研究了生态工业发展定量化评价的热点问题，系统分析了工业园的生态效率测度及工业园生态化评价方法，为我国工业园的生态设计和决策分析提供了新的理论依据和评价方法，并为现有工业园的生态化转型提供了分析工具和理论支持。

目前，国内的研究侧重于宏观政策和理念层面，具有代表性的学者有清华大学的钱易院士（2002）、中国环境科学研究院的段宁博士（2002）和王金南研究员（2002）等。他们都对工业生态学、循环经济和清洁生产以及工业共生系统的理念进行了介绍和评论，对我国工业生态学的研究和生态工业园的实践具有重要的理论指导意义。

四、总结与启示

工业生态学是针对工业化及其对自然系统的影响，通过运用生物系统原理和生态系统的结构、功能的基本模式形成了现代工业的管理思想和综合管理工具。工业生态学具有以下 3 个基本特点：①工业生态学是用一种全面的、一体化的视角来分析工业体系的所有组成部分及其同生物圈的关系问题。②工业生态学研究的范围是指与人类活动相关的物质和能量流动与储存的总体，与目前常见的学说不同，工业生态学的观点主要运用非物质化的价值单位来考察经济。③工业生态系统强调科技的推动力，亦即关键技术种类的长期发展进化，是工业体系的一个决定性（但不是唯一的）因素，有利于从生物系统的循环中获得知识，把现有的工业体系转换为可持续发展的体系。目前，工业生态学正在成长为一个由工程学、生态学和生物经济学等学科交叉构成的科学与技术的崭新领域。随着人们对它的认识和研究的不断提高和深入以及不断实践，工业生态学的内涵和实践将不断丰富和创新。

第四节　生态工业园（EIPs）

生态工业园（Eco-industrial Parks，EIPs）是目前工业生态学理论在实践中最成功的应用方式。国内外对于生态工业园的理论研究和实践探索都取得重要进展。以下分4个方面加以总结介绍：生态工业园概念由来、生态工业园的定义、生态工业系统、生态工业园建设的国内外实践。

一、生态工业园概念由来

生态工业园主要是一个实践范畴，因此对其理论基础的探究显得格外重要。Suren Erkman在其《工业生态学》一书中提出，生态工业园概念的形成，来源于生态学与工业活动相结合而产生的新兴交叉学科——工业生态学。只有借助工业生态学的有关原理组建生态工业园，才能实现工业化社会的可持续发展。而Pieter H. Pellenbarg通过对荷兰60个生态工业园发展政策及其经验的考察，得出了与上述不同的观点。Pellenbarg认为，生态工业园概念的形成是两个方面共同作用的结果：一是由于正在改变的区位趋势导致区位市场的分化；二是因为政府有目的地将经济与环境相结合的政策所致。Ernest lowes作为世界上较早提出生态工业园概念的学者，对生态工业园概念有着更深刻的理解。他认为，生态工业园概念是建立在过去十几年中所出现的十几个领域的成果和实践基础上的，这些领域包括工业生态学、清洁生产和可持续城市规划、可持续建筑及建设等。近年来，随着人类对环境污染与资源枯竭的深度关注，对可持续发展理论及循环经济研究的不断升温，国内许多学者认为，生态工业园概念来源于循环经济的设计理念与工业生态学系统化思维的有机结合。

综上所述，生态工业园概念来源于可持续发展理论、生产布局学和工业生态学三大理论体系。可持续发展理论为生态工业园概念的提出起导向作用，生产布局学为生态工业园概念应用于实践提供了方法论支持，而工业生态学为生态工业园概念的展开和阐述，提供了分析框架。

二、生态工业园的定义

（一）国外的几种代表性定义

1992年，美国靛青（Indigo）发展研究所首先提出了生态工业园的概念，并于1993年在美国环境管理委员会（EPA）上向全体会员介绍了这一概念（Cohen-Rosenthal，et al，1993）。1993年，受丹麦Kalunborg（卡伦堡）工业共生体的启发，美国商人Hawken在《商业生态学》（*The Ecology of Commerce*）一书中，也提出工业生态系统和生态工业园的问题。1994 年，加拿大新斯科舍省达尔湖西大学（Dalhousie University）的一个研究小组明确提出生态工业园区的设想；同时，美国康乃尔大学的学者也对工业园的发展进行了构思。下面介绍自生态工业园概念出现以来国外专家学者的几种代表性定义：

Indigo Development（1992）的定义是：生态工业园区是通过环境管理和资源，包括能源、水与材料等方面的协作，寻求改善环境和经济行为的一个制造业和服务业的社区。由于共同合作，整个社区寻求集体利益大于每个公司单独行为最大个别利益的总和。生态工业园区的作用在于改进园内公司的经济行为，把对环境的影响减低到最低程度。

Ernst Lowe（1993）的定义是：一个生态工业园区是一个由制造业企业和服务业企业组成的群落。它通过在管理包括能源、水和材料这些基本要素在内的环境与资源方面的合作来实现生态环境与经济的双重优化和协调发展，最终使该企业群落寻求一种比每个公司优化个体表现就会实现的个体效益的总和还要大得多的群体效益。

Cote 和 Cohenthal（1995）的定义是：生态工业园是一个保护自然和经济资源的工业系统，它通过降低在生产、使用原料和能源、安全保障以及加工处理过程中的成本来提高运营效率、产品质量、劳动者健康水平和公共形象，同时通过使用和销售废料来提供创造收入来源的机会。

Ernest Lowe，Moran 和 Holmens（1995）的定义是：生态工业园区是制造业和服务业的共同体，通过环境与资源管理方面的合作，这些制造业和服务业追求增强的环境和经济绩效。产业共同体通过合作寻求集体利益，这一利益大于每个公司使其各自利益最优化时实现的利益总和。

美国可持续发展总统委员会（US-PCSD，1996）的定义是：①生态工业园是一种为了高效地分享资源（信息、物资、水、能源、基础设施和自然居留地），而彼此合作且与当地社区合作的产业共同体。它将会导致经济和环境质量的改善，公平增加各产业和地方社区的人类资源。②生态工业园是一个计划好的原材料和能源交换的工业体系，它寻求能源、原材料使用以及废物的最小化，并建立可持续的经济、生态和社会关系。这一定义，既从整体上提高生态系统效率的角度强调生态工业园与社区合作的重要性，又从经济、生态和社会的可持续发展上对生态工业园作了描述，对更全面地了解生态工业园具有重要作用。

美国环保局（1998）的定义是：生态工业园是一种由制造业和服务业所组成的产业共同体，它们通过联合来共同管理环境与物资流动（包括能量、水和资源），从而致力于提高环境与经济绩效。通过联合运作，产业共同体可以取得比单个企业通过个体的最优化所取得的效益之和更大的效益。

在综合以上生态工业园定义的基础上，Ernest Lowe（2001）在亚洲银行项目“生态工业园介绍”（*Introduction to Eco-industrial Parks*）中对生态工业园的定义进行了全面总结，基本得到工业生态学者的普遍接受：生态工业园是一个由制造业企业和服务业企业组成的群落。它通过管理包括能源、水和材料这些基本要素在内的环境与资源方面的合作来实现生态环境与经济的双重优化和协调发展，最终使该企业群落寻求一种比每个公司优化个体表现就会实现的个体效益的总和还要大得多的群体效益。简言之，生态工业园区的目标就是要改善参与公司的经济表现，同时最大限度地减少其环境影响。Lowe的定义强调了：①生态工业园中企业进行合作的范围和内容；②生态工业园中企业创造的整体效益要大于单个企业之和；③生态工业园的首要目标就是为企业创造良好的经济效益，其次才是环境效益。它澄清了生态工业园中的一些模糊概念，提高了将该理念应用到实践中去和在各地进行推广的操作性。

（二）国内的几种代表性定义

段宁（2001）的定义：生态工业园是实现生态工业和工业生态学的重要途径，它通过园区内物流与能流的正确设计，模拟自然生态系统，形成企业间共生网络，一个企业的废物成为另一个企业的原材料，企业间能量及水等资源梯级利用。

耿勇（2002）的定义：生态工业园是建立在一块固定地域上的、由制造企业和服务企业形成的企业社区。在该社区内，各成员单位通过共同管理环境事宜和经济事宜来获取更大的环境效益、经济效益和社会效益。整个企业社区将能获得比单个企业通过个体行为的最优化所能获得的效益之和更大的效益。

钟书华（2003）的定义是：生态工业园是一种以追求更高物质利用率和能量转化效率，更少废物排放甚至零排放为目标的企业地域分布形式。

中国环境保护总局（2003）的定义：生态工业园区是依据清洁生产要求、循环经济理念和工业生态学原理而设计建立的一种新型工业园区。它通过物流或能流传递等方式，把不同的工厂或企业连接起来，形成共享资源和互换副产品的产业共生组合，使一家工厂的废弃物或副产品成为另一家工厂的原料或能源，模拟自然系统，在产业系统中建立“生产者—消费者—分解者”的循环途径，寻求物质闭环循环、能量多级利用和废物产生最小化。

甘永辉（2007）的定义：生态工业园区概念来源于循环经济理论、清洁生产和工业生态学三大理论体系。循环经济理论为生态工业园区概念的提出起导向作用；工业生态学为生态工业园区的概念和应用提供了理论基础和指导思想；而生态工业和循环经济的前提和本质是清洁生产，要实现生态工业的目的，就必须使工业生产从粗放型转向清洁型生产。或者说：生态工业园区是依据清洁生产要求、循环经济理念和工业生态学原理而设计建立的一种新型工业园区。

张彦素（2007）的定义：生态工业园是根据循环经济理论和生态工业学原理而设计成的一种新型工业组织形态。通过模拟自然生态系统来设计工业园区的物流和能流，园区内采用废物交换、清洁生产等手段把一个企业产生的副产品或废物作为另一个企业的投入或原材料，实现物质闭路循环和能量多级利用，形成相互依存、类似自然生态系统食物链的工业生态系统，达到物质能量利用最大化和废物排放最小化。

秦荪涛（2007）的定义：生态工业园区是指在一定时期和一定空间（包括虚拟）内由企业、工业剩余物、消费者和市场与其所在的自然环境、经济环境和社会环境组成的，按照自然生态系统物质循环和能量流动规律重构的经济系统。该系统具有一定的大小和结构，企业之间、企业与消费者之间通过市场进行物质循环、能量流通、信息传递、知识交流和技术扩散等，进而相互作用并形成具有自组织与自调节功能的、以互相消耗工业剩余物为目的的产业共生的食物循环链网系统。

本书认为，生态工业园（Eco-industry Park，EIPs）是建立在一定地域上的、由生态产业链（Eco-industry Chain，EIC）系统内相互链接的制造企业和服务企业共同形成的企业社区。在该社区内，各成员单位通过共同管理环境事宜和经济事宜来获取最大的环境效益、经济效益和社会效益。整个生态产业链能获得比单个企业通过个体行为的最优化所能获得的效益之和更大的效益。生态工业园的目标是在最小化产业链企业的环境影响的同时提高其经济效益。这类方法包括通过对园区内的基础设施和产业链企业（新加入企业和原有经过改造的企业）的清洁生产、绿色制造、污染预防、资源循环有效利用及生态产业链系统合作。生态工业园是区域循环经济发展的重要载体，肩负着带动区域经济发展和提高人民生活水平的重任。

（三）简要总结

综合上述定义，虽然国内外学者的侧重点和视角有所差异，但究其实质，都是将生态环境保护理念、可持续发展思想融入工业发展中，以实现园区的经济效益、生态效益和社会效益的统一。具体地说，其共同点如下：

一是，强调互相合作与整体利益。生态工业园区是由制造业和服务业构成的社区，通过产业链企业之间的合作，可以取得环境效益、经济效益和社会效益的同时实现。

二是，强调系统理念的重要性。通过对物质流、能量流、信息流的系统集成从而改善园区的运作效率，实现基础设施的共享。

三是，强调工业生产的生态化和环境友好性。按照自然生态的机理来规划和设计整个工业生产过程，使得工业生产能有机地融入整个自然系统之中，与环境更加和谐。

四是，强调可持续性。生态工业园区通过资源的循环运作和能源的梯级流动实现资源使用的最小化和环境保护的最大化，因此它是一种可持续发展的模式。

三、生态工业系统

（一）国外相关研究

20世纪七八十年代，美国地球化学家 Preston Cloud 及其后来的 Frosch 和 Nicholas 都曾撰文强调，人类的产业活动应当模仿自然生态系统，将产业系统和谐地纳入自然生态系统物质循环和能量流动的大系统中，建立一个新的产业生态系统。

随着产业生态学的迅速发展，大批学者在该领域开展了深入、有价值的研究。具代表性的有法国著名环境管理学家 Ayers U. Robert 教授、美国康奈尔大学 Cohen Rosenthal 教授、加拿大达尔湖西大学 Raymond P. Cote 教授、美国 RPP 首席科学家兼 Indigo 产业生态研究中心主任 Ernest Lowe 教授，以及 Tibbs，Ehrenfeld，Alzenby 和 Gradel 等。通过理论研究和实践推广，他们认为建立“工业共生”是解决人类产业系统污染和提高环境资源配置效率的有效途径。

Tibbs（1992）认为，工业生态系统是“以对自然生态系统的直接类推为基础的……这时含有可供利用能源和有用材料的东西都不会失去。自然系统倾向于使废物的产生最少化，营养物从一种生物传递给另一种生物，物质和能源不断地循环和转变，在不同的行动者之间既允许合作也允许竞争。工业生态学则是按照自然系统来塑造工业系统，一家企业的产出成为另一家企业的投入，并使每一个过程的效益最大化。这样可以把若干相互作用的企业视为工业生态系统。”

瑞士著名工业生态学专栏记者 Erkman Suren（1997）认为，工业生态学是一个比污染控制和清洁生产都有价值的概念。实际上，工业生态学包含了这两个概念并将它们结合起来形成了一种新的实践活动，即工业生态学是工业系统和生态系统沟通的桥梁，它是纠正原来二者“相互隔绝”现象的一种有效手段。同时 Erkman 认为，尽管工业生态学具有很多优点，但以此为基础建立的工业生态系统在模仿自然生态系统消除对环境负面效应方面还存在很多不足。

Cote Raymond（1998）认为，与自然生态系统相比，工业生态系统更趋于强调企业之间的相对独立性和竞争性。企业作为供应和消费链条中的一个组分与自然生态系统中所发生的现象是基本相似的。此外，工业生态系统的生产活动是依靠其所处环境中的可利用资源来维持的，这些资源包括土地、建筑物、用于能源供应的碳氢化合物、加工或冷却用水以及供人和设备所需的空气。总之，各独立企业以及它们的集合体都是系统的一部分，它们依赖于其他企业并且必须与其他企业合作才能生存下去。因此，我们可以将工业生态系统作为自然系统的一部分进行研究，即工业系统的生产和消费可以作为生态系统中的新陈代谢问题来对待。

Dappe 等学者（2000），从规划者的角度提出了生态工业园区网络可能涉及的相关领域。Cote 和 Cohen-Rosenthal（1999）对生态工业园区与传统工业园进行了比较，指出生态工业园区具有一系列特征，如共生、层叠、回用、再生、循环以及网络体系等；Lowe 和 Warren（2001）指出生态工业园区最本质的特征在于企业间的相互作用以及企业与自然环境间的作用，对于生态工业园区的主要描述是系统、合作、相互作用、效率、资源和环境。很多文献资料（Robert，2002；Christensen，Jorgen，2000；Ehrenfeld，Chertow，2002）探讨了丹麦哥本哈根的 Kalunborg 生态工业园，研究了体系中的厂商生态整合中的产业结构、产业规模的发展特点、物质能量流动的规律、生态产业链的特点等。Lowe 等学者（2002）指出生态工业园区的规划和设计内容包括选址、园区的基础组织、单个设施和共享支持服务等，具体设计包括能源、物质流动、水流动和管理与支持服务系统等。工业生态学家 Matton（2003），对于生态工业园区的实施途径提出两种不同的思路：自上而下方法和自下而上方法。Gradel 和 Alzenby（2004），研究了部分设计和开发产业共生系统中资源输入流和输出流的协同性指标：物种丰富度指标 S 和关联度指标 C，并进行了相对简单化的计算。

（二）国内相关研究

近年来，我国学者对于工业生态系统的研究大多出现在介绍工业生态学和循环经济相关文章中，比较有代表性的学者有清华大学的钱易（2004，2005），金涌，李有润，冯久田（2003），中国环境科学研究院的段宁（2001，2004）和王金南（2002）等。在他们关于工业生态学、循环经济和清洁生产以及废弃物处理的相关著作中都对工业生态园和工业共生网络的理念进行了介绍和评论，对我国生态工业共生建设具有重要的指导意义，也为今后对生态工业系统的研究奠定了基础。

武春友教授（2000）与南京大学、海南省国土资源环境厅和加拿大滑铁卢大学（University of Waterloo）合作成功申请了加拿大国际开发署重大课题——CIDA Tier 1—中国沿海社区生态规划与环境管理，开始通过国际合作研究生态规划与环境管理，并为中国两家最大的经济开发区——天津经济开发区和大连经济开发区进行生态化改造和规划。赵永新（2001）研究了我国第一个由国家批准正式启动的广西贵港国家生态工业（制糖）示范园区的情况。李有润教授等（2001）利用 LINGO 编制了工业系统各企业模块，并对 3 个方案构造了各自的连接模型，如网络的拓扑结构、物流的流量、每个成员的利润等。邓南圣教授等（2002）对于工业生态学的基本理论体系、物质减量化、生态效益、生态工业园区的基本概念与特征、生态工业园区的规划设计等进行了研究。王兆华（2002）就工业共生网络的运作管理进行了深入研究：模仿自然生态系统中的生产者、消费者和分解者构建生态产业链结构模型，从价值链角度分析了其中的资源流动；提出了生态产业链活性因子的概念，并运用这一概念对生态产业链的形成机理进行分析；基于副产品交换的特点，提出四种工业共生网络运作模式：依托型共生网络、平等型共生网络、嵌套型共生网络和虚拟型共生网络；通过对工业共生网络中资源流动的分析，揭示了副产品交换规律。元炯亮等（2003）提出了生态工业园区的评价指标体系框架，包括经济指标、生态环境指标、生态网络指标和管理指标，但没有进一步定量评价的方法。王灵梅等（2003）运用生态学理论——关键种、食物链以及食物网、生态位以及生态系统多样性理论，对生态工业发展中如何构筑企业共生体、构筑生态产业链、提高企业的竞争力和工业生态系统的稳定性提出了见解。程金香（2004）进行了生态工业园建设中的企业耦合研究：生态工业园建设中的企业耦合，就是通过模仿自然生态系统，建立工业系统内的“生态链”结构，通过高效的物质循环和能量的优化利用，达到资源和能源利用效率的最大化，使工业社会能与自然界一样稳定发展，不断进化。张艳（2006）围绕生态工业园区工业共生体系的结构构建和稳定性分析，构建了生态工业园区工业共生系统的结构模型，提出提高生态工业园区工业共生系统稳定性和结点企业遴选与匹配的方法，建立了生态工业园区工业共生系统理想的运作模式及风险体系。秦荪涛（2007）用复杂适应性理论研究循环经济的可持续发展模式，探求在非完全理性下多主体系统在生态工业园区系统中的建模技术理论与方法。甘永辉（2007）结合江西省循环经济及生态工业园区发展实际，对生态工业园区工业共生问题进行了深入的研究：所谓工业共生，在某种程度上可简单地理解为就是企业间副产品的交换，即一组企业寻求利用彼此的副产品（包括所谓的废弃物），而不是将其作为废物处理掉——这样使整个工业体系转变成各种资源（能源、水和原材料）循环流动的闭环系统，做到经济、社会、环境的和谐发展。

四、生态工业园建设的国内外实践

目前，国内外对于循环经济和生态工业园区的关注重点基本集中在园区的规划和建设等实践环节上，并取得了很大成就。

（一）国外的实践

自20世纪90年代以来，世界上许多国家相继开始了生态工业园区的探索与实践。具有代表性的国家是：丹麦、美国、加拿大、斐济；以日本为代表的亚洲各国也先后开始了积极的探索与实践。下面加以简要归纳介绍。

1. 丹麦

虽然生态工业园概念的提出是20世纪90年代初的事情，但企业相互交易副产品的活动却早已有之。

肇始于20世纪70年代的丹麦卡伦堡（Kalunborg）工业共生体可谓生态工业园的先驱，目前已成为世界上工业生态学中的经典范例，也是迄今为止，被引用最多的一个经典案例，至今仍在成功地运行着。该园区发展至1985年已经初具规模，以火电厂、炼油厂、制药厂、石膏制板厂为核心企业，上游企业的废物或副产品都能通过园区内部贸易的方式被下游企业用做投入品或原材料，依次建立工业共生和生态产业链系统，不仅减少了废物产生量和处理的费用，还产生了良好的经济效益和环境效益，形成了经济发展与环境保护的良性循环。如图2-2所示。

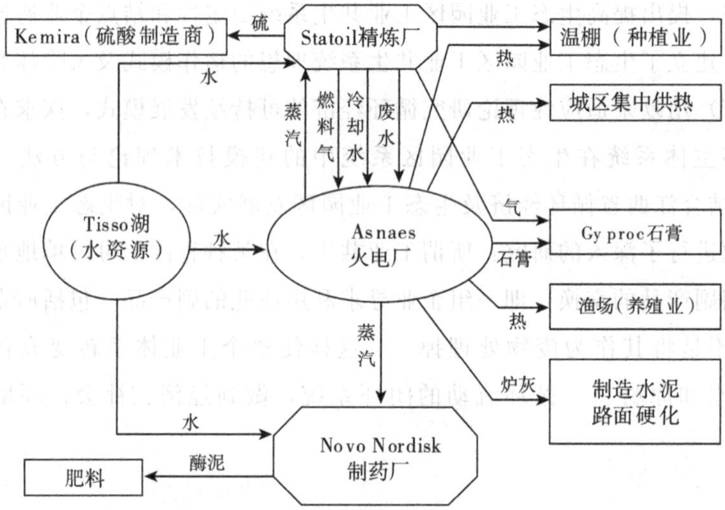

图2-2 1985年丹麦卡伦堡工业共生产业链循环示意

Figure 2-2 The industrial symbiosis EIC of Kalunborg in Danmaik in 1985

资料来源：［瑞士］苏伦·艾尔克曼．徐兴元译．工业生态学［M］．北京：经济日报出版社，1999.

从图2-2中可知，火电厂位于产业链系统中心，向炼油厂和制药厂提供发电过程中产生的蒸汽，使两厂获得生产所需的热能；通过地下管道经由卡伦堡市政府为居民供热，这一举措取代了约3500个燃油炉，大大减少了空气污染源，极大地提升了空气质量；为附近农场供应中低温的循环热水，用于农田大棚生产绿色蔬菜；将余热供给渔场养鱼；还将粉煤灰出售，供生产水泥产品和筑路之用。这样，不仅热能实现了多级使用，还对副产品和废物进行了综合利用。炼油厂产生的火焰气通过管道供石膏厂用于石膏板生产的干燥之用，减少了火焰气的排放；进行酸气脱硫生产的稀硫酸供给附近一家硫酸厂；脱硫气则供给电厂燃烧。园区还进行了水资源的循环利用，炼油厂的废水经过生物净化处理，通过管道向火电厂输送，每年输送电厂 70 万立方米的冷却水，整个园区由于进行水循环的使用，每年减少 25%的需水量。一直以来，卡伦堡生态工业园努力致力于为产业链企业营造良好的创新环境。在卡伦堡，企业之间既存在竞争，又进行着各种非正式的交流和合作，一旦某种副产品具有了新的用途，就会带动新的产业发展。卡伦堡欢迎成功，但也接受失败，具有完善的保障体系，所以新的创意不断涌现，新的机会不断产生，从而有新的企业不断加盟，对创业者、企业有着强大的吸引力。因此，在 1985—2000 年间，卡伦堡生态工业园区又有许多企业加入生态产业链系统中，如图 2-3 所示。

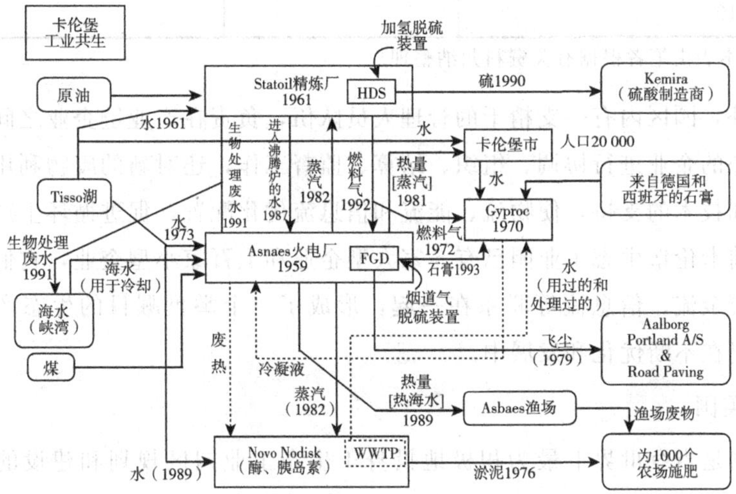

图 2-3　1995 年丹麦卡伦堡生态工业园中的生态产业链系统

Figure 2-3　The EIC system of Kalunborg EIPs in Danmaik in 1995

资料来源：王兆华，2002。

据统计，过去 20 年间卡伦堡生态工业园共投资了 16 个废料交换工程项目，总投资额约为 6000 万美元，投资平均折旧时间短于 5 年，取得了巨大的环境效益和经济效益（见表2-1）。Kalunborg 现在已经成了区域不同产业之间链接起来的模版（Andrews，1999；Chertow，2000；Schlarb，2001）。

表 2-1 丹麦卡伦堡生态工业园产业链企业每年的环境效益与经济效益

Table 2-1 The annual environmental and economic benefits of EIC enterprises in Kalunborg EIPs

副产品或废物重新利用量（万吨）	节约资源量（万吨）	减少污染物排放量（万吨）
粉煤灰：7	油：4.5	二氧化碳（CO_2）：1.75
硫：0.28	煤：3	二氧化硫（SO_2）：1.02
石膏：20	水：60	
淤泥中的氮：80	燃料气：0.8	
磷：0.06	蒸汽：21.5	
飞灰：20	燃气：8.5	
废热：36.5		
淤泥：110		

注：本表由笔者根据有关资料归纳整理。

另外，园区内有一支精干的管理人员队伍，负责在产业链企业之间以及对园区以外的企业进行协调、组织、结算、监督工作，还对新的废物利用项目予以资金和技术的支持，使物流、能流和信息流优化配置，促进循环生产有序进行。目前卡伦堡生态工业园已有 6 家大型企业和上百家小型企业，它们通过废物流、资金流、信息流等联系在一起，形成了一个举世瞩目的生态产业链系统，并仍在不断优化和发展中。

2. 美国

美国是当今世界上最为积极地投身于生态工业园区规划和建设的国家之一。早在 20 世纪 90 年代，生态工业园区作为一个新兴的工业生产理念在美国就引起了政府、科研机构及工商企业界的高度重视。1991 年，美国国家科学院（National Academy ofSciences，US，NAS）举办了第 1 届关于生态工业的研讨会。为了促进生态工业园区的发展，美国政府在可持续发展总统委员会（President's Council on Sustainable Development，PCSD）下面还专门设立了“生态工业园区特别工作组”，负责为全国开展的生态工业园项目提供技术、政策和资金的咨询服务。从 1993 年开始，美国有 20 个城市的市政府与大公司合作规划建立生态工业园区。1994 年，美国环境保护局与生态工业园区特别工作组一起指定了 4 个社区作为生态工业园区的示范点，其中包括马里兰州（Maryland）的费尔菲尔德（Fairfield）、弗吉尼亚州（Virginia）的查尔斯角

(Cape Charles)、得克萨斯州（Texas）的布朗斯维尔（Brownsville)、田纳西州（Tennessee）的恰塔努加（Chattanooga)。这些示范园区对生态工业园的设想和侧重点各不相同，往往既是一个包含着许多工业企业，也包含着农业、居民区等的区域系统。在生态工业园区内，各个企业内部都要实现清洁生产，以减少废物源，而在各个企业之间实现废物、能量和信息的交换，以达到尽可能完善的资源利用和物质循环以及能量的高效利用，使得园区对外界的废物排放趋于零。Fairfield 生态工业园区属于现有改造型园区，它通过对现已存在的工业企业作适当的技术改造，在区域内进行废物和能量的交换，园内所有企业都采用可持续性生产方式制造可持续性产品，园内建立的生物燃料发电设备完全能向园区企业提供电力，这样园区企业就不再需要依靠化石燃料发电。Cape Charles 生态工业园区属于全新创建型园区，它主要吸引那些具有“绿色制造技术”的企业入园，并创建一些基础设施使得这些企业间可以实现废水、废热等的交换。Brownsville 生态工业园区属于虚拟型园区，园区内的产业链企业不一定位于同一地区，它通过建立计算机模型和数据库，在计算机上建立起成员间的物料或能量联系。Chattanooga 生态工业园区则重视与区域可持续发展规划的联系，其设计覆盖了该区域的工业、服务业、旅游业以及住宅等多个产业。另外，美国俄克拉荷马州的 Choctaw 生态工业园也是一个典型的全新规划型园区。该园区采用高温分解技术将州内大量的废轮胎资源再资源化为工业用炭黑、塑化剂和废热等产品，进一步衍生出不同的产品链。这些产品链与辅助的废水处理系统一起构成了一张生态工业网。

目前世界上有数十个生态工业园区，其中多数在美国。全美已建有约 20 个生态工业园区，其典型园区的分布情况参见表 2-2。

表 2-2 美国典型生态工业园区的分布与基本特征

Table 2-2 The distribution and its basic characteristics of typical EIPs in America

生态工业园区	位 置	基 本 特 征
Fairfield Ecological Business	Baltimore, Ma-ryland	利用循环性产业的运作来消除当地原有的工业废物并增加地区经济效益
Brownsville Eco-Industrial Park	Brownsville, Texas	利用港口运输的便利条件与资源能得到快速利用的优势，开发成一个循环产业园区
Riverside Eco-Industrial Park	Burlington, Vermont	位于城市的农业生态工业园，利用当地热能、太阳能、生物能等资源，发展农业经济

续 表

生态工业园区	位　置	基本特征
Port of Cape Charles Sustainable Technologies Industrial Park	Cape Charles, Virginia	以环保能源或可永续利用的天然能回收能源作为工业发展的基础，以达无污染排放的工业园区目标
Civano Industrial Eco-Park	Tucson，Arizona	以新产业取代原有传统产业，增加经济利益与环境效益
The Volunteer Site EIP	Chattanooga, Hamilton, Tennessee	内城区和原军用制造设备重新改造，改善当地环境质量，成为商业与环境技术中心
East Shore Eco-Industrial Park	Oakland, California	基于资源回收的工业园，利用优美的循环经济产业提升经济资源
Green Institute Eco-Industrial Park	Minneapolis, Minnesota	以绿色产业作为发展重心，带来了居民的就业机会和环境的改善
Raymond Green Eco-Industrial Park	Raymond, Washington	在次生森林内的新园区，固体、液体废物的循环利用，成功维护工业发展与生态平衡
Skagit County Environment Industrial Park	Skagit County, Washington	发展工业与循环型的资源回收设施，增加环境效益和经济效益
Shady Side Eco-Business Park	Shady Side，Maryland	将当地的产业、社会、经济相结合，成为良好的互动模式
Stonyfield Londonderry Eco-Industrial Park	Londonderry, New Hampshire	以资源或环境监控技术提高循环产业效率
Trenton Eco-Industrial Complex	Trenton, New York	发展循环型产业网络，形成良好的资源循环利用
Plattburgh Eco-Industrial Park	Plattburgh, New York	成功地结合邻近地区资源，创造出良好的循环运作，提高废物回收率
Franklin Environment Industrial Park	Youngsville, North Carolina	具有可更新能源和环境技术的贸易复合体

注：本表由笔者根据有关资料归纳整理。

3. 加拿大

加拿大政府高度重视生态工业园区的建设。1995 年以来，在加拿大多伦多（Toronto）市 Portland 工业区，一直都在进行生态工业园区的研究工作。这期间，位于东部新斯科舍省哈利法克斯（Halifax）市的伯恩赛德（Burnside）生态工业园区，由当地 Dalhousie 大学协助领导开发，参与企业以会员制的方式，提供本身的资源与情报，以利于资源循环利用，现已发展成为占地面积 10 余平方千米（2500 英亩）、拥有 1300 多家生态产业链企业和 30 多种行业、雇员总数为 1.8 万人的大型园区，并已经成为加拿大生态工业园中致力于改善环境绩效的典范。园区内产业链企业分属于印刷、石油、化学、计算机制造、机械和金属加工行业，同时园区内还有很多食品服务、健康服务、通信、建筑、零售和交通部门，物资从多个公司流入和流出。这些业务不属于同一个行业，存在多种原材料、产品和副产品，在园区内总能找到一家企业成为其上、下游的合作伙伴，在客观上促进了生态产业链系统的形成。现在仍有许多新的产业不断进入伯恩赛德生态工业园区，使得不同产业领域内的企业相互利用副产品的机会增大。为了鼓励和促进新企业进入园区，使生态产业链系统更加完善，园区内建立了企业环境孵化器，专门扶持中小企业的发展，如纸浆厂、造纸厂、建筑板厂、石油炼制厂以及一些相关深加工高科技企业等。此外，园区的经营者和当地政府鼓励企业为副产品寻求新的用途，并制定相关政策帮助企业利用其他企业的副产品。经过十几年的发展，园区副产品交换网络已经比较完整，各企业之间已基本建立起平等互利型的生态产业链系统，能量的梯次流动和废物的循环利用在园区内已经实现。

目前，加拿大约有 40 个生态工业园区开展了建设工作，并且有几个生态工业园区项目正在运行，核心产业包括化学工业、发电、造纸、苯乙烯和生物燃料等。表 2-3 列示了加拿大一些具有代表性的生态工业园区及其产业发展情况。

表 2-3　加拿大典型生态工业园的分布及其核心产业

Table 2-3　The distribution and its core industries of typical EIPs in Canada

园区所在省	园区内的核心产业
Vancouver，British Columbia	火力发电厂，纸浆厂，包装厂
Fort Saskatchewan，Sask	化学品，动力生产，苯乙烯，PVC，生物燃料
Sault SteMarie，Ontario	动力生产，钢铁厂，纸浆厂，胶合板厂
Nanticoke，Ontario	供热站，炼油厂，钢铁厂，水泥厂
Cornwall，Ontario	能源，纸浆厂，化学品，食品，电子设备，塑料，混凝土构件

续 表

园区所在省	园区内的核心产业
Becancour，Quebec Co-generation Plant	化学品（H_2O_2，HCl，Cl，NaOH，烷基苯），镁，铝
Montreal East，Quebec Co-generation Plant	石化产品，精炼厂，压缩空气，石膏板，金属精炼，沥青
Saint John，New Brunswick	发电厂，纸浆厂，炼油厂，啤酒厂，制糖厂
Point Tupper，Nova Scotia Generating Station	纸浆与造纸厂，构件厂，炼油厂

资料来源：Cote，Ellison R，et al. Designing and operating industrial parks as ecosystems［C］. Hali-fax（Nova Scotia）：School for Resource and Environmental Studies，Dalhousie University，1995.

4. 斐济

太平洋岛国斐济（Fiji）的首都苏瓦（Suva）市的生态工业园建设也引起人们关注。苏瓦位于斐济群岛维提岛的东南沿海，临苏瓦湾，并与相距 20 千米的瑙索里合为大苏瓦市。它三面环水，一面靠山，市中心靠海。苏瓦市成功地开发了一个生态工业园项目，在该园区内不到 1 平方千米的范围内形成了完善的生态产业链系统。该项目主要目的是利用酿酒过程中剩余的废谷物，否则这些谷物将被倒入海中，覆盖珊瑚礁，污染海水（Chertow，et al，1999）。该产业链系统如图 2-4 所示。

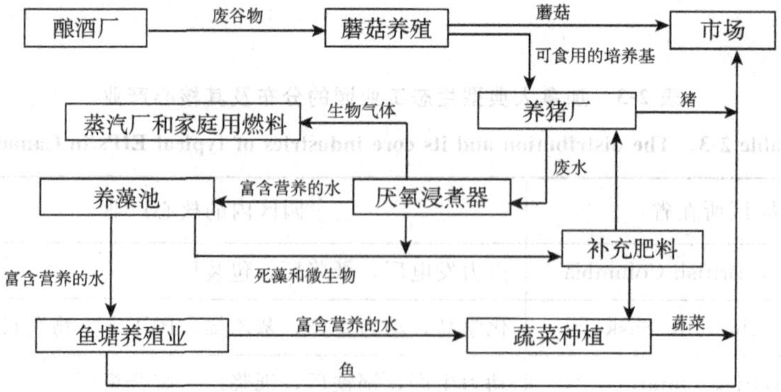

图 2-4 斐济生态工业园中的生态产业链系统结构

Figure 2-4 Network structure of adjacent enterprises in Fiji

资料来源：Chertow，Marian R，1999；笔者作了校订。

斐济生态工业园区内的生态产业链系统关系流程为：酿酒厂的废物作为培养基来种植蘑菇；蘑菇分解废物，使之成为高价值的猪饲料；养猪产生的废物用厌氧浸煮器处理，处理后的废物通过管道运送到鱼塘，使水体富含营养物，从而产生4个营养层的鱼类所需要的食物。同时，废物也为蔬菜种植提供了肥沃的土壤。这种综合了农业和工业的项目被称为综合生物系统。该项目的成功得益于建立产业链企业的较近距离，不必考虑运输成本和建立昂贵的管道系统，有利于维持园区生态产业链系统的稳定性。

5. 亚洲各国

日本是最早关注产业与生态关系的国家之一（如图2-5所示），提出与生态工业园区类似的零排放社会的概念。日本生态工业园区的设置即来自零废弃物（Zero Emission）的构想，也就是所有产业所产生的废物均能活用作为其他领域的原料，实现废物等于零的资产回收循环型产业社会。例如：川崎零排放工业园区，主要是利用湿地进行废水处理并再利用，将废物转化为能源，建立日光温室，灰渣及其他废物则用于水泥和陶瓷的制造。

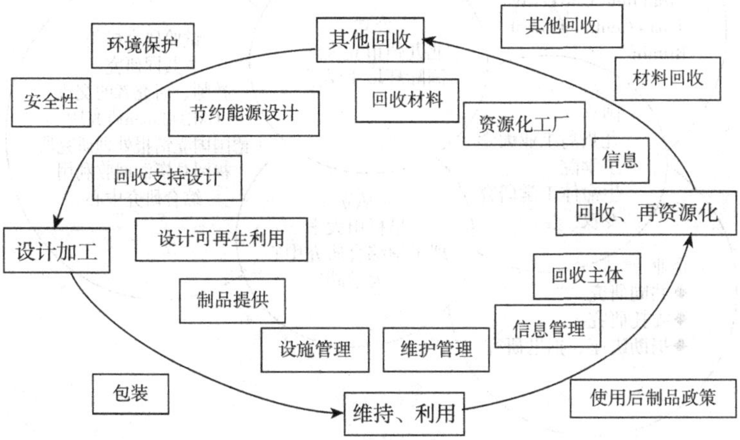

图2-5 日本制品资源化连锁管理

Figure 2-5 Japanese products chain management of resources

资料来源：北京华经纵横经济信息中心，2008年；笔者作了校订。

日本政府大力发展生态工业园，较为著名的项目包括藤泽（Fujiaswa）生态工业园区和山梨（Kokubo）生态工业园区等。藤泽生态工业园区是日本EBARA公司和零排放机构以及日本的国际贸易与工业部门合作，为满足环境工程公司由末端治理技术向减少废物和降解废物方面转化的要求，将零排放概念引入其产品和技术而建立起来的一个生态工业园区。[①] 该园区集工业、商业、农业、生活、娱乐于一体，成为多功能的共同体。

自1997年起由经产省和环境省共同推出生态城镇（Eco-Town）计划，其内容是，中央政府给地方政府提供技术和资金上的支持以建立生态城镇区域。在这类区域中，通过各种循环利用和工业共生，努力促进实现整个地区的零废物排放。到2006年为止，日本已经有26个生态城镇，其中，北九州市、岐阜县、川崎市以及长野县的饭田市是4个早于1997年7月就设立的生态城镇。

值得一提的是，日本政府发展生态工业园区，具有强大的学术支持。学校、企业、实验研究机关建立了广泛而密切的联系，相关情形详见图2-6和表2-4。

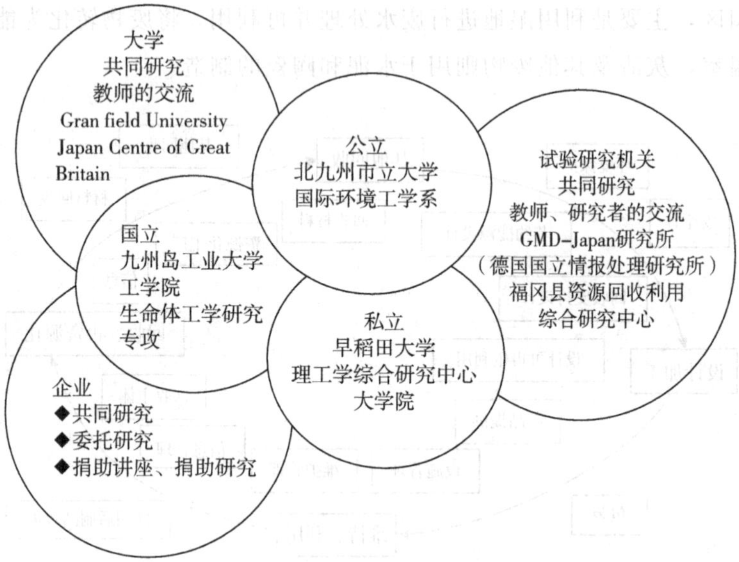

图2-6 日本发展生态工业园区的学术支持

Figure 2-6 Academic support of the development of eco-industrial parks in Japan

资料来源：北京华经纵横经济信息中心，2008年；笔者作了校订。

---

① 日本EBARA公司成立于1912年，生产高科技工业机器、精密电子产品和环境设备。其产品范围包括从精密泵、涡轮机、真空机、空调设备到污水与固体废物处理系统和洗涤系统。参见EBARA Corporation. Zero emissions: challenging environmental stress. Tokyo. 1996：54－57，69－72，193－195.

表 2-4 日本发展生态工业园区的构想与实证

Table 2-4 The development of eco-industrial park with the idea of evidence in Japan

教育、基础研究	学术、研究都市的构想
○环境政策理念的确立 ○基础研究的基点 ○人才的培养	◇北九州市立大学国际环境工学系 ◇大学研究机构 · 九州岛工业大学大学院生命体工学研究科 · Granfield University，Japan Centre of Great Britain · 德国国立信息处理研究所 · 早稻田大学工学综合研究中心 · 早稻田大学大学院尖端科技设计研究所 · 福冈县资源回收利用综合研究中心
技术、实证研究	实证研究区
○发展地方企业 ○支持实证研究活动	◇福冈大学资源循环与环境控制系统研究所 ◇实证研究 · 最终处理厂　· 焚化灰 · 日常生活垃圾　· 废塑料 · 环保城中心
事业化	综合环境联合
○各资源回收利用的事业化 ○支持中小企业、创新企业	◇资源回收利用工厂的集聚 · 宝特瓶　· 荧光灯管 · OA 机器　· 医疗用具 · 汽车　· 家电
	Hibiki 循环再利用团体
	地方中小企业、创新企业 汽车解体、旧车零件贩卖

资料来源：北京华经纵横经济信息中心，2008 年；笔者作了校订。

在印度尼西亚、印度、泰国等国，通过德国技术援助公司（GTZ）的资助，正在开展生态工业园建设或改造活动。印度尼西亚的生态工业园区设在首都雅加达市郊区，目前正在研究建立物质交换网络的可能性。印度在纳罗达工业区正在兴建类似于我国贵糖集团模式的以制糖业为基础的生态工业园。泰国的生态工业园项目更是上升到国家高度，在泰国工业园管理局的领导下，致力于把全国 29 个工业园全部改造为生态工业园。菲律宾的生态工业园项目得到了联合国开发计划署（UNDP）的资助，首先在 5 个工业园进行生态化改造，然后由 5 个生态工业园组成一个生态产业链网，合作开发区域性的副产品交换，并对围绕这一主题建立区域性资源回收系统和企业孵化器的可行性进行评估。

纵观世界各国生态工业园区建设的实践，虽然因国情不同，存在实际差异，但又具有一些共同的特点，这正是园区成功的原因所在，对我国今后发展生态工业园区具有重要的借鉴意义。

一是，法律法规的硬约束。从某种意义上说，国外生态工业园的出现和发展是法律法规实施的一个必然结果。例如：在丹麦 Kalunborg 生态工业园中，制药厂废水处理的残渣在法律上是禁止填海的，因此，才加工生产有机肥并向当地农场出售；电厂热能的分级使用也是如此，通过热能的分级使用，不仅减少了对周围环境的热污染，还产生了显著的经济效益。

二是，国家政策的支持。生态工业园的发展是一个长期过程，在项目运作的前期比较缓慢，整体盈利能力也比较弱，园区外的企业，尤其是领先的大企业加入生态工业园区的积极性并不高，此时最需要政府的扶持。政府应根据园区具体情况，决定自己干预的程度和采取的措施与手段。

三是，经济利益作纽带。企业布局和交易成本是形成产业链的基础，起决定作用的是经济利益。换言之，利益驱动是生态产业链网形成的前提条件。企业经营的目的是为了获取最大利润，例如：在 Kalunborg 生态工业园中，制药厂之所以选择使用电厂的蒸汽是因为所需资金投入少，而不是“拉郎配”。1982 年制药厂锅炉改造，经可行性研究，认为选择电厂的蒸汽供热最经济：从电厂获得蒸汽只需要铺约 3.2 千米（2 英里）长的管道，其投资仅相当于药厂两年的内部改造费用。同样，石膏厂使用电厂的除尘副产品工业石膏也是为了节省资金，是经济纽带将不同环节链接在一起。

四是，对园区的核心产业发展应有明确的目标。核心产业的选择十分重要，往往一个核心产业甚至产品的成功，会极大地增强区域的竞争优势，并将对生态工业园区的发展产生重要影响；而多目标产业发展会误导区域经济的发展方向，使区域难以形成优势，甚至会丧失内在引力。

五是，充分发挥园区各生产要素的协同作用以形成生态产业链系统。生态工业园区显示出生产与研究活动空间上的集聚，在一种能鼓励信息自由交流的体制里，很多不同性质的组织里的人相互联系，形成网络，发生协同作用，从而导致创新的出现。

六是，营造有利于创新的文化环境。园区发展需要适宜的文化环境，外部环境仅是重要因素之一，但只有好的外部环境是不够的，还应大力发展园区内部的企业文化，以人为本，满足入园者的高层次需求，形成有特色的文化氛围和内在引力。

七是，重视风险管理。参与“废物或剩余物变原料”的交易，对园区产业链企业双方来说都存在风险。这种风险既来自生产过程，又来自企业投机行为。例如：在卡伦堡生态工业园中，炼油厂在大修期间不可避免地要停止供应热气，石膏厂因而要自备气罐作为应急之用；电厂十分重视副产品的质量，若不符合生产要求，宁愿作为废弃物处理而不向石膏厂出售等。事实上，每个产业链企业的行为，都存在一定风险，在规划园区生态产业链系统时，应设计好应急预案，以规避风险，减少损失，切实维护好系统的安全性和稳定性。有关园区产业链系统的风险问题在本书中将作专门论述。

（二）国内的实践

中国政府对推行生态工业园区建设、实施清洁生产以取得经济与环境的协调发展历来十分重视。“十五”期间，为进一步建立市场机制下的生态工业园区运作机制，国家启动创建了一批具有代表性的生态工业园区（见表 2-5）。经过不断探索与借鉴，一些生态工业园区的发展已取得了较大成就。

表 2-5 我国生态工业示范园区的分布及其基本情况

Table 2-5 China's model of eco-industrial park and distribution of basic information list

园区名称	地域分布	园区类型	核心企业	主要产业	链接产业
贵港生态工业园	西部（广西）	改造型	贵糖集团	制糖业	种植业、造纸业、能源、酒精业
石河子生态工业园	西部（新疆）	改造型	天宏纸业集团	造纸业	畜牧养殖业、畜产品加工业、生态旅游业
包头生态工业园	西部（内蒙古）	改造型	包铝集团	冶金、机械、电力、稀土业	
黄兴生态工业园	中部（湖南）	全新型	远大空调	电子信息、新材料、生物制药、环保产业	
南海生态工业园	东部（广东）	全新型		环保产业	资源再生产业
鲁北生态工业园	东部（山东）	改造型	鲁北化工集团	化工业、造纸业	

资料来源：甘永辉．生态工业园区工业共生研究——江西循环经济及生态工业园区发展研究［D］．2007；笔者有所完善。

由表2-5可以看出，我国生态工业园区的基本特点是：①在空间分布上：东部、中部、西部地区都有。②在园区类型上：贵港园区、包头园区、石河子园区、鲁北园区属于现有改造型；南海园区和黄兴园区基本属于全新规划型。③就园区有无核心企业而言：贵港园区、黄兴园区、包头园区、鲁北园区和石河子园区都有核心企业；南海园区则没有。④在园区产业数量上：黄兴园区和包头园区的产业数量较多，黄兴园区包括电子信息产业、新材料产业、生物制药产业、环保产业等高新技术产业，包头园区包括冶金、机械、电力、稀土工业等行业；贵港园区、南海园区和石河子园区的产业比较单一，贵港园区的主要产业是制糖业，南海园区的主要产业是环保业，石河子园区的主要产业是造纸业。⑤在与其他产业的关系上：与第1产业（农业、畜牧业）密切相关的有贵港园区、黄兴园区和石河子园区；与第3产业（旅游业）密切相关的有石河子园区。

目前，继第1代经济技术开发区、第2代高新技术产业开发区之后，生态工业园区正在成为我国第3代产业园区的主要发展形态。下面选取国内几个典型的生态工业园区，总结介绍其实践经验。

1. 广西贵港国家生态工业（制糖）示范园区

贵港市位于广西重要城市南宁、柳州、梧州、北海的几何中心，处在华南地区与西南地区的结合部，面向粤、港、澳，背靠大西南，是连接我国东南沿海地区与中西部地区的桥梁和纽带，是大西南出海最便捷的通道之一，素有“中国糖都”之称。广西贵港国家生态工业（制糖）示范园区是国内建设最早、目前发展最完善的生态工业园区之一。该园区以制糖产业为核心，以蔗田系统、制糖系统、酒精系统、造纸系统、热电联产系统、农场及畜牧养殖系统、环境综合治理系统为框架，充分利用制糖产业产生的废物和副产品，建立了酿酒厂、纸浆厂、造纸厂、碳酸钙厂、水泥厂、发电厂、畜牧养殖场及承包蔗田等，使一个行业所产生的废物或副产品可以成为另一个行业的生产原材料，相互利用和补充，形成我国制糖业最大的、一个比较完整和闭合的生态产业链系统。如图2-7所示。

2. 广东南海国家生态产业示范园区

广东南海国家生态工业园区是我国建立的第2个生态工业园区项目。它以环保产业为主导产业，其核心企业有12家（不包括基础设施供热供气站），核心区包括4个主导产业群落：环境科技咨询服务、环保设备与材料制造、绿色

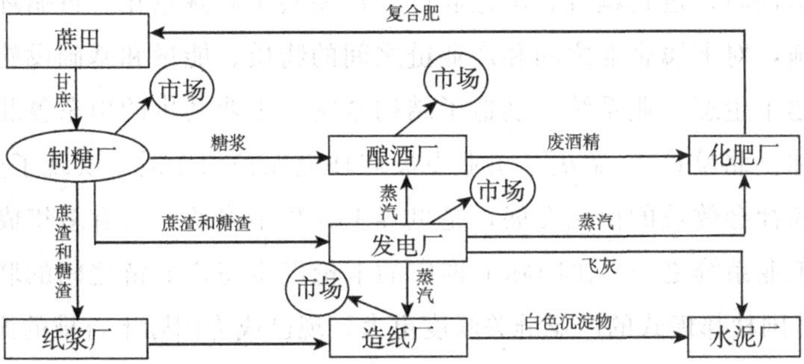

图 2-7　广西贵港国家生态工业（制糖）示范园区生态产业链系统

Figure 2-7　The industrial chain system in Guitang group in Guangxi Province

资料来源：罗宏，2002；笔者有所完善。

产品生产、资源再生产业。按照生态系统中的作用可以分为 5 个生产者、3 个消费者和 1 个补链消费者、3 个分解者；按照产业性质分为 1 个环境科技咨询服务业、3 个环保设备与材料产业、5 个绿色产品生产厂和 3 个资源再生产业。虚拟区包括 7 个企业：陶瓷厂、铝型材厂、塑料厂、造纸厂、计算机厂、资源综合利用与物资回收企业等，这些企业均为现有企业。园区的工业生态系统包括设备加工、塑料生产、建筑陶瓷、铝型材和绿色板材等五大行业，核心企业及其相关的附属企业组成工业生态群落，群落间通过产品、能量和水的梯级利用与远程企业和再生循环企业联系在一起，通过一些共同产品、水或能量的关系，构成多种物质和能量链接的生态产业链系统。

3. 山东鲁北（化工）国家生态工业示范园区

山东鲁北化工集团濒临渤海，北邻国家重点工程——黄骅港，南依历史文化名山——碣石山，是国家首批环境友好企业，国家首批循环经济试点单位，也是国家首批生态工业建设示范园区之一。鲁北化工集团依托化工产业，下设化工公司、建材公司、轻工公司、电力公司和机械加工公司等企业，在总公司的战略规划下形成完善的生态产业链系统，成为目前世界上最大的磷铵、硫酸、水泥联合生产企业，全国最大的磷复合肥生产基地、石膏制酸基地，中国磷复合肥工业可持续发展的研究示范基地，被联合国环境规划署确定为中国生态工业的典型。鲁北化工集团遵循生态规律，应用循环经济理论和系统工程思想，通过实施技术集成创新，创建了“磷铵—硫酸—水泥”联合生产、海水“一水多用”（如图 2-8 所示）、“盐—碱—电”联合生产等 3 条生态产业链。通过关键技术创新、过程耦合、工艺联产、产品共生和减量化、再循环、再利用等系列措施，对下属企业之间和产业链之间的物质、能量和基础设施进行系统集成，构建了生态工业系统，创造了结构紧密、工业共生的山东鲁北生态工业模式（简称鲁北模式），解决了工业发展与环境保护的矛盾，实现了生态效益、经济效益和社会效益的协调发展，是世界上为数不多的、具有多年成功运行经验的生态工业系统之一，比国际上推广的卡伦堡生态产业链之间的联系更加紧密，也比美国杜邦模式的产业链关联度更大，现已成为国际上首推的循环经济最佳发展模式之一。鲁北模式对我国实施可持续发展战略，推广循环经济，走出一条科技含量高、经济效益好、资源消耗低、环境污染少、人力资源优势得到充分发挥的新型工业化路子，产生了重要的示范作用。在鲁北企业集团的生态工业共生体系中，共生关系总数达 17 个，产生了占总产值 14%的经济效益，主要产品的成本降低了 30%～50%，对企业经济效益增长贡献率达 40%。

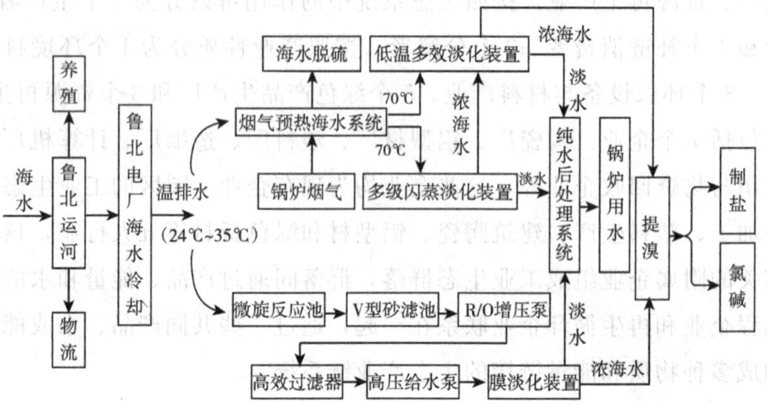

图 2-8 鲁北化工集团热膜联产海水淡化工艺循环流程

Figure 2-8 The heat generation membrane desalination technology cycle diagram in Lubei Group

注：此图由笔者根据 2008 年鲁北集团提供资料重新编绘。

鲁北化工集团生态工业系统的成功实践，使有限的资源构成一个多次生成过程，资源、能源利用率和循环利用率特别高。通过科学研究鉴定，资源利用率高达 95.6%，清洁能源利用率达 85.9%。它的创新之处并不在于产品本身，而在于集成思维和集成创新，将不同的产品依照其内在的联系实施排列组合，涉及系统科学、生态学、环境科学与工程、化学工程与工艺等，各系统之间相互关联形成一个完整的工业系统。专家检测表明，鲁北生态工业园区的科技、经济、社会、生态等综合贡献率，高出联合国推荐的丹麦卡伦堡生态工业园的1倍。鲁北企业集团把循环经济作为坚定的发展理念和企业文化最重要的组成部分，不断地通过“三度”即发展度、协调度和持续度，构建起了生态工业科学发展体系。

4. 浙江衢州沈家生态工业园区（石磊，2001）

浙江省衢州沈家工业园区位于钱塘江上游，紧邻无机化工原料基地和氟化工基地，易获得充足的化工原料，具备发展精细化工产业的有利条件。该园区现已有几十家化工企业入驻发展，并已成为当地经济发展的支柱，但由于化工企业易造成环境污染，使得园区保持水体清洁的任务十分艰巨。该园区在建设规划过程中，着重从以下几个方面入手：①产品规划和物质集成。通过对园区的产品和企业现状的充分分析，综合考虑集聚性、市场风险性、技术可行性等因素，辨析出适合沈家园区发展的优势产品集合；在以上工作的基础上，提出了物质替代和源头削减、废物的利用和交换、废物再循环等3个不同层面的物质集成方案。②废水集成。在对园区企业用水、排水整体情况进行科学分析的基础上，详细讨论了在企业内部、企业间及园区整体3个不同的空间范围内拟采用的技术性对策，以有效改善园区的废水系统和园区整体水环境；提出了包括加强对企业的用水、排污、治污信息进行采集和加工，合理的水资源收费和废水处理设施使用收费等在内的一系列管理方案，对企业的用水、排水行为进行调节。③信息系统建设。该系统包括入园企业评价系统和生态工业园区管理信息系统。前者能够科学评价企业发展前景、经济效益、环境效益以及企业入园后对园区的贡献等多方面因素，为园区的招商管理和决策提供依据；后者将推动园区的高效管理，并为企业和园区的互动提供重要途径。

（三）生态工业园区的类型和特征

1. 类型

目前，世界各国的生态工业园建设大致可分为改造型、全新型和虚拟型等3种类型（边均兴，2005）。

（1）改造型园区。改造型园区是对现已存在的工业园区或大型工业企业，按照生态工业学的原理调整工业布局，发展新兴工业和第3产业，并通过适当的技术更新改造，或引进新的产业、项目、工艺流程等，以期在其区域内成员间建立起物质、能量的多层利用关系和废物处理及回收再利用关系。园区内所有企业都采用可持续性生产方式制造可持续性产品。例如：美国田纳西州的Chattanooga小城，曾经是一个以污染严重而闻名全美的制造业中心。在该园区内，以杜邦（Du Point）化学公司的尼龙线头回收为核心推行企业零排放改革，不仅减少了污染，还带动了环保产业的发展，在老工业区发展了新的产业共建。如今，旧钢铁铸造车间已经变成一个用太阳能处理废水的生态车间，其旁边是利用循环废水的肥皂厂，紧邻的是急需肥皂厂副产物做原料的另一家工厂，由此建立起一个完整的生态工业园。再如：德国鲁尔工业区的改造也基本相同。这种方法对老工业区改造很有借鉴意义，并且更能适应老工业企业密集型的城市。

（2）全新型园区。全新型园区是在事先园区规划和设计的基础上，从无到有地按照生态工业园的规划设计方案进行建设，使得园区达到资源充分利用，主副产品多层利用，废弃物循环利用，排放无污染。这类园区的投资大，对其成员的要求较高，主要吸引那些具有“绿色制造技术”的企业入园。例如：美国俄克拉荷马州的Choctaw生态工业园，基于当地大量的废轮胎资源，采用高温分解技术将这些废轮胎资源化而得到炭黑、塑化剂和废热等产品，进一步衍生出不同的产业链。这些产业链与辅助的废水处理系统一起构成一张工业生态网。我国青岛西海岸出口加工区属于全新型园区（刘明君，2008）。规划园区集中建设治污、排污和集中供热生态产业链系统，实现园区基础设施的共享和规模化经营，实施园区内部的废物交换体系和能量梯级利用体系项目建设。同时建设园区信息共享平台，实现园区能量流、物质流、信息流有效共享。加强园区水资源综合利用，完善污水处理厂、再生水回用等配套设施，完善园区水资源综合利用体系。加快园区工业固废的资源化利用，集中建设固体废物回收系统，鼓励企业间废物的循环利用。此外，我国新疆石河子国家生态工业（造纸）园区也属于全新型园区（吴一平等，2004）。

（3）虚拟型园区。虚拟型园区是一种新颖的组织形式，它突破了传统的固定地理界限和具体的实物交流，借助于现代信息技术手段和交通运输网络，用信息流连接价值链建立开放式动态联盟，组建和运营的动力来自多样化、柔性化的市场需求，以市场价值的实现作为目标，整个区域内的产业发展形成灵活的梯次结构，因此具有极强的适应性。同时，参加合作的企业通过各自核心能力的组合突破了资源有限的限制，整个虚拟组织以网络为依托，充分发挥了协同工作和优势互补的作用。由于虚拟型园区不要求其产业链企业集中在某个固定的区域，这样可以节省一半建园所需要的昂贵的购地费用和搬迁费用，避免建立复杂的园区管道网络系统，并且可以根据市场变化灵活地选择合作伙伴，减少市场风险的冲击。其缺点是企业有可能承担较昂贵的运输费用。美国的布朗斯维尔（Brownsville）生态工业园和北卡罗来纳州三角研究园（Research Triangle Park）是目前世界上采用虚拟型园区建设的典范，都取得了成功。Brownsville生态工业园位于美国和墨西哥两国交界处，由于其特殊的地理位置，该园区的范围也扩展至与其相邻的墨西哥东北塔毛利帕斯州边境城市马塔莫罗斯（Matamoros）。其中位于同一地点的工业企业并不一定要通过废物交换方式联系在一起，而是通过招募新的工业企业与现有企业达成循环经济产业互补，通过完善园区生态产业链从而实现园区企业产品结构的更新，使得能够相互共享物质和能源的各个企业不必进行搬迁而同样参与园区的运作。

通过以上归纳，三种生态工业园区实践模式的特征及优缺点总结见表2-6。

表2-6　三种类型的生态工业园区比较

Table 2-6　Three types of eco-industrial park comparison list

园区类型	基本特征	优　点	缺　点	典型案例	适宜的企业类型
改造型园区	技术更新与引进新的产业、项目、工艺流程相结合	周期短，见效快，利于发挥传统产业优势	机会成本高，阻力大，新技术采用易受限	美国田纳西州杜邦（Du Point）化学公司	中、小型企业
全新型园区	事先规划和设计，从无到有，采用全新工艺和科技	资源充分利用，主副产品多层利用，废弃物循环利用，排放无污染	建设周期长，成本大，收效慢，要求有雄厚实力	美国俄克拉荷马州的Choctaw生态工业园；新疆石河子国家生态工业（造纸）园区	集聚在一起的大量不同规模企业群
虚拟型园区	用信息流连接价值链建立开放式动态联盟	突破传统的固定地理界限和具体的实物交流，适应性极强；节省一般建园所需要的昂贵的购地费用和搬迁费用；减少市场风险	产业链企业需承担较昂贵的运输费用	美国布朗斯维尔生态工业园（Brownsville）	大区域范围内（跨省甚至跨国界）、位置相对较远的企业

上述三种建园模式各具优点和不足，实践中需根据地区实际以及园区特点、企业规模和类型有选择地加以采用。

2. 特征

Raymond P. Cote 和 E Cohen-Posenthai 在其《设计生态工业园：一些经验的综合》（*Design of Eco-Industrial Park: the comprehensive of some experiences*）一文中，通过对美国和加拿大一些生态工业园项目的系统总结，得到关于生态工业园的以下特征：①明确主题，但不是围绕单一主题而设计、运行，在设计工业园时同时考虑了社区。②通过毒物替代、二氧化碳吸收、材料交换和废物统一处理，来减小环境影响或生态破坏；但生态工业园不单纯是环境技术公司或绿色产品公司的集合。③通过共生和层叠实现能量和效益的最大化。④通过回收、再生和循环对材料进行可持续利用。⑤生态工业园定位的社区以供求关系形成网络，而不是单一的副产品或废物交换模式或交换网络。⑥具有环境基础设施和建设，企业、工业园和整个社区的环境状况得到持续的改善。⑦拥有规范体系，允许一定灵活性而且鼓励成员适应整体运行目标。⑧应用减废减污的经济型设备。⑨应用便于能量与物质在密封管线内流动的信息管理系统。⑩建立一套训练和培训园区经理和工人的有效机制，使他们勇于接受新方法、新工具和新技术，以提高园区系统绩效。⑪准确定位生态工业园及其成员的市场，同时吸引那些能填补适当位置和开展其他业务环节的企业。

美国靛青发展研究所（Indigo Institute of Development Studies，US）的观点与上述思路有所不同。他们通过开展生态工业园与一般工业园的比较研究，认为生态工业园应具有以下特征：①园区的基本理念是以产业共生和工业生态学为核心，从根本上消除发展和环境的矛盾。它使产业系统模仿自然体系进行系统设计。工业生态学包括设计产业基础设施，它们应是一系列人为生态系统同具有自然界的全球生态系统的结合。②由企业组成的社区，不是单个企业的简单总和，而是通过协作产生新的生产力。换言之，这个企业社区能期望获得超过每个企业单独最优化的工业性能而实现的工业利润总和的集体利润。③创建生态工业园要有创意，在一个集中的系统中综合应用工业生态学、防止污染、建筑物兼容性设计的原理，从而可能带来超过传统工业开发所实现的经济效益与环境效益。通常一个企业的废料与另一个企业的进料并不完全相同，因此园区管理者和产业链企业必须探索新技术、新方法，使这种关联成为生产性的关系。

第五节 循环经济、清洁生产和绿色制造与工业生态学及生态工业（园区）概念的辨析

一、现代生态工业与传统线性工业的区别

从本质上讲，循环经济、清洁生产和绿色制造与工业生态学暨生态工业都是对传统环保理念的冲击和突破，几者之间既有共同之处，又有各自明确的理论、实践和运行方式。一般认为，循环经济以“3R”（Reduce：减量化，Reuse：再利用，Recycle：资源化或再循环）为基本行为准则，以生态工业为发展载体，以清洁生产和绿色制造为重要手段，目的是实现物质资源和能量的循环高效利用以及经济与生态的可持续发展。为了更好地理解这些概念，首先将生态工业与传统线性工业的区别进行分析比较，具体内容见表 2-7。

表 2-7 现代生态工业与传统线性工业比较

Table 2-7 Modern eco-industry compared with the traditional linear list

类 别	传统线性工业	现代生态工业
目标	经济利益、产品导向	综合效益、功能导向
结构	线性、刚性	链网状、自适应性
规模化趋势	产业单一化、大型化	产业多样化、网络化
系统耦合关系	纵向、部门经济	横向、复合生态经济
功能	产品生产、对产品销售市场负责	产品＋社会服务＋生态服务＋能力建设，对产品生命周期的全过程负责
经济效益	经济效益高、环境效益和社会效益差	综合效益高、整体效益好
废弃物	向环境排放、负效益	系统内资源化、正效益
调节机制	外部控制、正反馈为主	内部调节、正负反馈平衡
环境保护	末端治理，高投入、无回报	过程控制，低投入、正回报
社会效益	减少就业机会	增加就业机会
行为生态	被动，分工专业化、行为机械化	主动，一专多能、行为人性化

续 表

类 别	传统线性工业	现代生态工业
自然生态	厂内生产与厂外环境分离	与厂外相关环境构成复合生态工业系统
稳定性	对外部依赖性强	抗外部干扰能力强
进化策略	更新换代慢、代价大	协同进化快、代价小
可持续发展能力	弱	强
决策管理机制	人治、自我调节能力弱	生态控制、自我调节能力强
研发能力	低、封闭性	高、开放性
工业景观	灰色、破碎、反差大	绿化、和谐、充满生机
消费观念	高消费，铺张浪费	绿色消费

注：本表由笔者根据有关资料整理而成。

二、概念辨析

在对生态工业与传统工业作了详细比较的基础上，以下将循环经济、清洁生产和绿色制造与工业生态学及生态工业等几个相关概念作简要的对比分析。

其一，清洁生产和绿色制造、生态工业、循环经济是当今环保战略和可持续发展的三个主要发展方向。传统工业模式依靠末端治理，即“先污染，后治理”，工作的重点和主要内容是治理污染和达标排放；清洁生产和绿色制造、生态工业、循环经济则突破这一界限，提倡并实施将环境保护与生产技术、产品和服务的整个生命周期紧密结合、同步考虑。清洁生产和绿色制造、生态工业（园区）是遵从循环经济的“3R”原则，通过单个企业的源削减和产业链企业之间的副产品与剩余物的交换、能量和废物的梯级利用、基础设施的共享，来实现园区在经济效益、环境效益和社会效益的协调发展。

其二，清洁生产和绿色制造是一个将研究成果进行实践的领域，它在很多方面都与工业生态学存在交叉。生态工业与清洁生产和绿色制造二者有兼容之处。首先，工业生态学起源于清洁生产和绿色制造，是清洁生产和绿色制造发展的一个新阶段。工业生态学是生态学家、环境学家和产业界都在不断扩展和深化清洁生产和绿色制造的概念与内容的情况下，提出的一种系统化和一体化的新的环境管理思想。其次，在促进减少污染物的排放和使用生命周期分析方法以及生态效率设计等方面，二者存在相似性，只不过清洁生产和绿色制造更侧重于要求企业减少对有毒有害物质的使用和排放。最后，企业之间的共生是对以企业为中心开展清洁生产和绿色制造的一个补充，通过不同材料的交换使用，可减少污染或废弃，有助于实现清洁生产和绿色制造所追求的零废物排放的终极目标。二者的区别也是显然的。首先，操作范围不同。清洁生产和绿色制造集中于单个企业中；而工业生态学是在园区内产业链企业的范围内，重点关注产业链企业之间的共生方式和共生效率。其次，政府的核心作用在清洁生产和绿色制造的实施中比较明显；由于生态工业采用静态手段将园区企业活动链接在一起，形成有些企业之间过分相互依赖的局面，因而不利于技术工艺革新和污染预防。最后，二者最大的不同是它们对再循环、资源利用效率和减少风险方面所产生的影响。清洁生产和绿色制造的目的是防止污染物及危险物的产生与再循环；生态工业则更多受追求资源和能源的最优化以及其他经济效率所驱动，并非最大限度地减少污染物和危险物，而是鼓励在产业链内的再循环，使有害有毒物质最终进入废物流。

其三，典型的清洁生产和绿色制造是在单个企业内将环境保护延伸到该企业有关的方方面面；生态工业是在产业链企业之间，延伸了环境保护的理念与内涵；循环经济则从全社会国民经济的高度和广度将环境保护纳入经济运行机制，追求经济效益、环境效益和社会效益的实现，为国家和人民谋求福祉。

其四，按照可持续发展战略的要求，实践中循环经济活动主要体现在 3 个层面：企业层面、园区层面和社会层面。一是在企业层面，要求企业减少产品和服务的资源与能源使用量，减排有毒有害物质，加强物质的循环，最大限度可持续地利用可再生资源，提高产品的耐用性，提高产品与服务的服务强度。它更多体现的是清洁生产和绿色制造的内容。二是在园区层面，要求按照工业生态学原理，建立产业链企业之间副产品或剩余物的输入输出关系。三是在社会层面，实施废弃物的无害化、减量化和资源化，即在生产、消费过程中及其后实施资源和能源的循环，在全社会大力倡导并践行循环经济。

其五，要达到生态工业目标，必须使工业生产从污染型转向清洁型。清洁生产和绿色制造的基本精神是源削减，生态工业和循环经济的本质要求是清洁生产和绿色制造。这一论点的理论基础是生态效率。生态效率追求资源和能源利用效率的最大化和废物产量的最小化，不必要的再用意味着上游过程资源和能源的利用效率未达到最大化，而废物的再利用和循环往往要消耗其他资源和能源，而且一旦废物产生就构成对环境的威胁。这也可以从一般通俗的角度来理解，因为虽然生态工业的主要做法是将上游企业的剩余物或废物用作下游企业的原料和能量，但这决不意味着上游企业可以随意产生和排放废物。同样，下游企业也不能因为还有下游企业可利用其废物而不加节制地多排污，相反，它必须在其生产的全过程进行源削减。换言之，产业链上每一环都要进行源削减，做到清洁生产和绿色制造。即生态工业系统中生产者的生产量、消费者的消费量和再生者的再生量都是可变的，而且应该按照清洁生产和绿色制造的原则进行变化。

循环经济、清洁生产和绿色制造与工业生态学及生态工业相关理论之间的内在逻辑关系架构如图 2-9 所示。

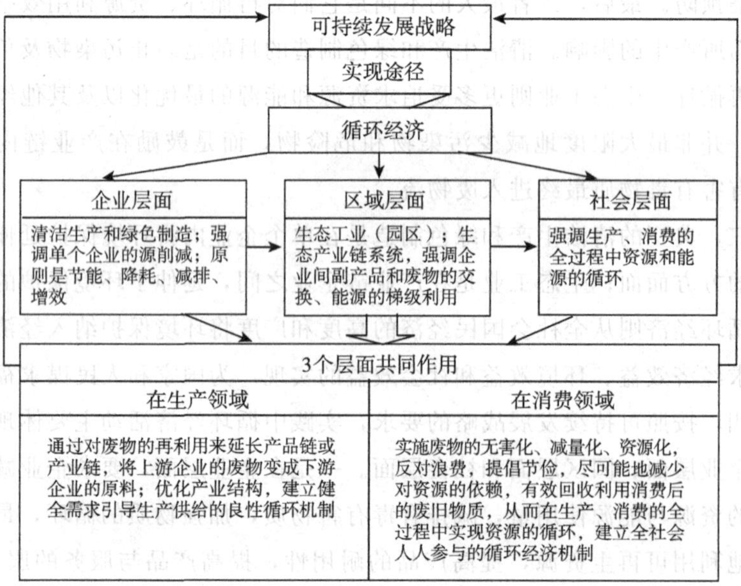

图 2-9　相关理论之间的逻辑关系架构示意

Figure 2-9　The theoretical logic of the relationship diagram

资料来源：甘永辉，2007 年；笔者有所补充和改进。

三、概念本质

研究发现，基于生态学理论指导，作为区域层面的循环经济实践的重要形式——生态工业园区的建设，从生产领域到消费领域都必然要求贯彻清洁生产和绿色制造的理念。①清洁生产和绿色制造理念的两次飞跃。清洁生产和绿色制造理念提出的时间较早，其本意是通过对企业原有生产工艺的改造和再设计，削减或消除企业的污染产生量，以替代原先要求企业污染达标排放的做法，然而，人们发现，单个企业要想充分发挥它们的作用，显然会遇到企业废物排放方面的实际局限，此时，清洁生产和绿色制造理念从开始单一企业的实践就被拓展运用到企业与企业之间的合作上，实现了理念上的第一次飞跃。这一质变，催生了工业生态学的出现，并进一步拓展至多个企业协作的产业链，形成生态工业园区，带动了区域经济的迅速发展；而生态工业园区的绩效，又成为工业生态学获得成功的标志。与此同时人们又发现，产品消费后的废弃物污染也是一个棘手的问题，于是，清洁生产和绿色制造，又从生产领域拓展到消费领域并引发了绿色消费理念，实现了理念上的第二次飞跃。由此可见，清洁生产和绿色制造理念在“单一企业—企业之间—园区产业链企业”的逐步贯彻实践，确立了工业生态学的地位，加之在消费领域的拓展，使全社会推行循环经济成为必然。因此，循环经济是资源节约与综合利用、污染治理和清洁生产等概念的综合与升华，相互之间既有紧密的联系，又有本质的区别，是统筹与被统筹的关系（胡振鹏等，2006）。

总之，循环经济、清洁生产和绿色制造、工业生态学、生态工业园是一组具有内在逻辑关系的理论和实践。它们交相辉映，循序渐进。其中，清洁生产和绿色制造是最基础的目标，工业生态学和循环经济既是对清洁生产和绿色制造内容的逐步扩展，也是实现清洁生产和绿色制造目标的新的方法与途径（滕藤，2002）。

第六节　交易成本

一、理论概述

交易成本经济学（Transaction Cost Economics，TCE）是融法学、经济学和组织学为一体的、新颖的边缘学科。交易成本是新制度经济学的核心概念。英国经济学家罗纳德·科斯（Ronald Harry Coase）在其经典论文《企业的性质》（1937）中，首次提出交易成本理论。此后，美国经济学家奥利弗·威廉姆森（Oliver Williamson）发展了科斯的理论，对交易成本的决定因素进行了系统的研究，并于1979年发表了重要论文《交易费用经济学：契约关系的管理》(*Transaction Cost Economics: the Contractual Relationship Management*)，提出了资产专用性、不确定性和交易发生的频率三重维度分析方法。资产专用性指的是一项资产可调配用于其他用途的程度，或由其他人使用而不损失生产价值的程度，换言之，资产专用性是指在不牺牲生产价值的条件下，资产所具有的用于不同用途的程度（科斯，1994）。对于资产专用性，威廉姆森认为，资产用途的专用性至少可以分为以下5类：①地点的专用性；②有形资产用途的专用性；③以边干边学方式形成的人力资本专用性；④奉献性资产（指根据特定客户的紧急要求特意进行的投资）的专用性；⑤品牌资产的专用性。第二个决定因素是不确定性。这里的不确定性是广义的，包括能够预料到的偶然事件的不确定性，但预测它们或在合同中订立解决它们的条款代价很高。第三个决定因素是交易发生的频率。该因素并不影响交易成本的绝对值，而只影响进行交易的各种方式的相对成本。当双方间的交易经常发生时，它们可为交易构造一个专门的治理结构（即使成本很高），因为后者的成本可分摊于许多交易。但是，当交易是一次性的或不经常发生时，一般来说，为这种特殊交易建立专门治理机构的成本就非常之高，而使用“一般用途”的治理结构成本相对较低。

交易成本涉及实际资源的消耗。严格地说，所有的社会交易（包括经济交易）都需要资源。因此，美国著名经济学家肯尼斯·阿罗（Kenneth Arrow）把交易成本定义为“经济体系运行的成本”（阿罗，1969）。威廉姆森在1985年出版的《资本主义经济制度》一书中，对交易成本作了更加明确的规定，并将其区分为“事先的”和“事后的”两类。事先的交易成本是指“起草、谈判、保证落实某种协议的成本”。在签订契约关系时，交易关系的当事人都会对未来的不确定性产生困扰，因此需要事先规定双方的权利、义务和责任，而在明确这些权利、义务和责任的过程中是要花费代价的，这种代价的大小与某种产权结构的事先清晰度有关。事后的交易成本是交易已经发生之后，它可以有多种形式：①当事人想退出某种契约关系所必须付出的费用；②交易者发现事先确定的价格有误而需要改变原价格所必须付出的费用；③交易当事人为政府部门解决他们之间的冲突所付出的费用；④为确保交易关系的长期化和连续性所必须付出的费用。

虽然交易成本理论主要用于解决企业理论和组织行为理论，但该理论的相关概念和方法同样适用于分析生态工业园中产业链的运作问题。因为产业链运作的实质就是各链接企业之间的合作，而资产专用性、不确定性和交易频率是影响交易的主要因素。因此，从交易成本的角度来考量生态工业园中的生态产业链系统构建是具有实际意义的。

二、生态产业链企业之间的交易成本

有效降低交易成本是提高专业化分工水平和生产效率以及促进建立生态工业园中的生态产业链系统合作共赢关系的市场决定因素。从对交易成本理论的回顾中可以发现，交易成本主要产生于市场交易关系及其过程中，体现交易维度的主要因素是资产专用性、不确定性和交易发生的次数。一般来说，生态工业园中的生态产业链企业之间面临的交易成本主要包括以下内容。

（1）搜寻成本（Search Cost）。在有意向建立副产品交易的产业链企业中，企业的需求往往是特定的，但它们对未来的合作伙伴的生产能力及产品特点等企业信息并不是从一开始就完全了解的，需要花费大量的时间、人力和财力去搜寻相关的信息。而该合作伙伴若要与之建立产业链关系，也需要搜寻这种信息。因此，作为一种特殊的经济活动，产业链中的企业类型和产品特点等的不同往往给合作方带来一定的搜寻成本。

（2）信息成本（Information Cost）。这是指取得交易对象信息和与交易对象进行信息交换所需的成本。它包括潜在交易对象之间交流信息的费用（如电话费、邮寄费等）、搜集不同供应商关于同种商品价格的信息的费用，以及因检验和质量控制而产生的成本等。从理论上说，关于信息成本的讨论属于信息经济学的范畴，但在这里，它也表现为一种交易成本。

（3）谈判成本（Negotiation Cost）。谈判成本与产业链企业的地位、谈判技巧与谈判心理有关。在生态工业园中的产业链企业中，谈判各方的地位并不是完全平等的。产业链企业运作中，在其他条件平等的情况下，当一家企业对另一家企业依赖性过强时，它在谈判中的地位就相对较低，讨价还价的主动性就相对较弱，而另一方则相对较强。另外，谈判本身也是一个耗时、费力的过程，特别是当双方对某一关键问题相持不下、斤斤计较时，谈判会是一个十分漫长的过程，而由此产生的成本非常巨大。因此，在企业寻找合作伙伴建立产业链的过程中，谈判成本是一个不可忽略的重要因素。

（4）讨价还价和决策成本（Bargaining and Decision Cost）。这类成本主要与产业链企业之间起草合约及合作双方对交易条件进行协商有关。这一过程不仅需要花费时间，还可能需要昂贵的法律工具。在信息不对称的情况下，还会导致无效率的结果。随着情况的不同，合约的繁简程度及协商的难度也不同。决策成本包括搜集信息的成本、支付顾问费的成本、在产业链企业内形成一致意见的成本等。

（5）履约成本（Compliance Cost）。对于产业链企业而言，在能否根据合同标的按质履行合约（如是否按商定的时间交货、度量产品的质量和数量等）上也存在一定的风险。为了避免因对方不按照合同的要求而使自己蒙受重大损失，产业链企业必须采取相应的措施来督促对方执行合同，在这一过程中会发生各种信息费用、交通费、时间和人力成本等，因此会增加企业的交易成本。

（6）风险成本（Risk Cost）。对于生态工业园中的产业链企业来说，系统网络的稳定性和安全性是极其重要的。在产业链中，当发生链接的企业一方在生产领域作很大调整时，势必会影响另一方的生产，这种改变会相应地增加交易成本。另外，更有甚者，若某一关键供应链环节发生波折或中断，则该产业链将会陷于瘫痪状态，它给交易带来的损失将是不可估量的。因此，这些潜在的风险都可能会给产业链企业带来昂贵的交易成本。

（7）其他成本（Other Costs）。这方面主要是由于一些不可预测的因素造成的，如自然灾害、技术突破等。显然，对于这些无法预测的因素也会增加产业链企业的交易成本。

三、生态产业链企业之间的交易成本成因分析

威廉姆森认为，交易成本发生的原因，来自于人性因素与交易环境因素交互影响下所产生的市场失灵现象，造成交易困难所致（奥利弗·威廉姆森，1975）。威廉姆森指出以下6项交易成本来源：

（1）有限理性（Bounded Rationality）。指参与进行交易的人，因为身心、智能、情绪等限制，在追求效益极大化时所产生的限制约束。

（2）投机主义（Opportunism）。指参与交易进行的各方，为寻求自我利益而采取的欺诈手法，同时增加彼此不信任与怀疑，因而导致交易过程监督成本的增加而降低经济效率。

（3）不确定性与复杂性（Uncertainty and Complexity）。由于环境因素中充满不可预期性和各种变化，交易双方均将未来的不确定性及复杂性纳入契约中，使得交易过程增加不少制订契约时的议价成本，并使交易困难度上升。

（4）少数交易（A small number of transactions）。某些交易过程过于专属

性（Proprietary），或因为异质性（Idiosyncratic）导致信息与资源无法流通，使得交易对象减少及造成市场被少数人把持，导致市场运作失灵。

（5）信息不对称（Information Asymmetric）。因为环境的不确定性和自利行为产生的机会主义，交易双方往往握有不同程度的信息，使得市场的先占者（First Mover）拥有较多的有利信息而获益，并形成少数交易。

（6）气氛（Atmosphere）。指交易双方若互不信任，且又处于对立立场，无法营造一种令人满意的交易关系，将使得交易过程过于重视形式，徒增不必要的交易困难及成本。

总之，搜寻成本、信息成本、谈判成本、讨价还价和决策成本（事先的交易成本）以及履约成本、风险成本（事后的交易成本）等是任何类型的企业进行合作时都可能发生的一般交易成本。虽然因参与企业的规模、企业类型和产品特点不同，这些交易成本的大小也不尽相同，但是，导致交易成本发生的原因则是相似的。从一般意义上说，这些交易成本都会在园区生态产业链系统中发生，都增加了互利共生的成本，也是不利于生态工业园中的产业链企业稳健发展的，是摩擦力。因此，弄清生态工业园中的产业链企业面临的上述交易成本及其成因，对于生态产业链的构建及其稳定性分析具有重要的理论意义。

本章对生态工业园中的生态产业链相关的诸多基础理论进行系统的综述和分析。为了从典型生态工业园区的生态产业链规划实践中获取一般规律，为本书研究寻找有益的借鉴，选择丹麦、美国、加拿大、斐济、日本和中国等国家业已形成或正在建设的典型生态工业园区，从生态工业园区发展的政策实施方式、产业发展的背景及特色、产业链系统的形成路径和园区产业链系统的类型等方面进行比较分析，以期为我国生态工业园中的生态产业链系统构建提供借鉴，并为本书的进一步研究与分析奠定理论基础和研究思路。

第三章　生态产业链（EIC）的链接及其生态效率

本章针对 EIC 的链接及其生态效率评价问题展开研究，内容包括 EIC 链接的生态学基础、EIC 系统的概念、EIC 链接的动力机制、EIC 链接分析、基于纳什均衡的 EIC 企业博弈分析、EIC 链接的生态效率评价。

第一节　EIC 链接的生态学基础

生态产业链链接的生态学基础主要是指生态学的关键种理论、食物链理论、生态系统多样性理论和生态系统耐受性理论。它们为生态工业园中生态产业链的形成奠定了自然科学基础。运用这些理论指导园区生态产业链链接的实践，提高产业链企业的竞争力，增强产业链系统的安全性和稳定性，使生态产业链系统不只是对自然生态系统的简单模仿，而是集物质流、能量流、信息流于自身的高效生态工业系统，促进区域经济的可持续发展。

一、关键种理论

关键种（Keystone Species）理论是生态学基本理论之一，它确定了关键种在生态系统中的地位和作用。关键种是指珍稀、特有、庞大的，对其他物种具有不成比例影响的物种。它们在维护生态系统的多样性和稳定性上起着重要作用。如果它们消失或削弱，整个生态系统可能要发生根本性变化（蔡晓明，2000）。关键种有两个显著特点：①它的存在对于维持生态系统群落的组成和多样性具有决定性作用；②它与群落中的其他物种相比是非常重要的，但又是相对的。关键种理论应用于产业链的形成，就是指导园区生态产业链的设计人员选定“关键种企业”，作为生态产业链的主要种群即核心企业，构建生态产业链（刘宁等，2005）。所谓关键种企业，是指在企业群落中，它们使用和传输的物质最多，能量流动的规模最大，带动和牵制着其他企业、产业的发展，居于中心地位，对园区生态产业链的形成乃至生态产业链系统的形成起着关键作用。这些关键种企业的物质流、能量流和信息流大，链接的企业数量多，带动和牵制其他企业、产业的发展，是生态产业链系统的核心企业，具有不可替代的作用，反映园区产业特征和发展方向，因此选定关键种企业对园区发展至关重要。

二、食物链理论

食物链（Food Chain）又称为“营养链”，是由英国动物学家埃尔顿（C. S. Eiton）于1927年首次提出的，它是指自然界生态系统中各种生物以食物联系起来的链锁关系。自然界的食物链既是一条物质流动链，又是一条能量流动链，同时也是一条信息链。自然生态系统中有许多食物链，它们彼此交织在一起，相互联系构成食物网。自然生态系统依靠食物链、食物网，实现物质循环和能量流动，维持生态系统稳定。如果一条食物链产生障碍，可以通过系统内其他食物链进行调节补充，这样就增加了生态系统的稳定性。食物链理论指导人类模仿自然生态系统，按照自然规律来规划园区工业系统。在进行园区产业链系统构建时，依据食物链理论和区域特点对现有企业的物质流、能量流、信息流进行重新集成，形成生态产业链，实现上下游企业的物质、能量和信息交换，完善资源利用和物质循环，建立生态工业系统。

三、生态系统多样性理论

生态系统多样性（Ecosystem Diversity），是指生境多样性、生物群落多样性和生态过程多样性。生境是指无机环境，例如：地形、地貌、气候、水文等。生物多样性是生物群落多样性的基础。生物群落多样性是指群落的组成结构和功能的多样性。它们的生态过程是指生态系统的组成、结构和功能在时间和空间上的变化，主要包括物种流、能量流、水分循环、营养物循环、生物间的竞争、捕食和寄生等。生态系统多样性有助于生态系统稳定性。同理，生态产业链多样性有助于提高生态产业链的稳定性和安全性。这里的生态产业链多样性包括产业链企业的多样性，产业链企业产品的种类、结构的多样性，产业链企业之间频繁的物质流、能量流和信息流，园区管理政策的多样性等。

四、生态系统耐受性理论

生态系统如同生命体一样，具有自我维持和调节的能力。在某一生态因子或经济因子的变化作用于生态系统并且没有超过系统耐受限度时，就会在各因子的相互反馈调节下得到补偿，保证其物质、能量的转化；反之，当人类经济活动超过系统耐受限度时，由于生态系统的承受能力所限，就会导致系统失控，生态失衡。可见，在园区产业链形成中，产业链系统的耐受限度越高，稳定性越强，抵御外界风险的能力也越强。因此，生态产业链的形成需要与其所处区域的生态系统和自然结构相适应，以符合生态系统耐受性（Tolerance）规律。

基于上述生态学理论构建的园区生态产业链系统，既与自然生态系统食物链有相同之处，也有不同点。

（一）相同点

（1）功能结构（Functional Structure）。工业生产系统必须先有物质（原材料）和能源的投入，它在功能上相当于自然生态系统中的生产者。工业生产通过各种类型的加工转换过程，将资源转化为产品，并产生废物，这个加工转换过程在功能上相当于自然生态系统中的消费者。传统工业生产缺乏对废物的有效处理，通常将其直接排入环境，造成环境污染和资源浪费；而生态产业链系统则特别强调应包括一个类似于自然生态系统中还原者作用的还原过程，通过它使废物或副产品进行再资源化或保持资源生产的持续性。

（2）稳定性（Stability）规律。研究证明：链接越简单，系统越脆弱；链接越复杂，系统抵抗外力干扰的能力越强。自然界中极少有消费者仅以一种生物为食。蛇吃青蛙、老鼠、鸟以及人们未知的其他食物；狼吃几乎所有的小型食草动物。当一个生态系统的食物网变得非常简单时，任何外力（环境的改变）都可能引起它发生剧烈波动。同理，园区生态产业链系统网络越复杂，稳定性就越强。

（3）互利共生（Mutualism）关系。共生是指系统内以对方的生存作为自己生存的前提条件。在生物学上，共生是指不同物种以不同的相互获益关系生活在一起，形成对双方或一方有利的生存方式。园区产业链企业共生是指不同企业间的合作。通过这种合作，共同提高企业的生存能力和获利能力，并实现对资源的节约和环境保护，也就是相互利用废物或副产品的工业共生合作关系。

（二）不同点

生态产业链系统与自然生态系统的关键区别是，生态产业链系统不仅受生态学规律制约，还受市场规律制约。产业链企业存在目的不是为了“吃掉”另一个企业的废物或副产品，减少进入环境的垃圾量，而是为了降低自己的经营成本，提高竞争力和市场占有率。只有占领市场，企业才能生存。不同于自然生态系统，生态产业链的构建过程贯穿人为因素。保持园区产业链的稳定性，需要政府的政策支持和法律约束，产业链企业还要具有良好的商业信誉。因此，生态工业园中的生态产业链系统构建是一个十分复杂的问题，我们将在以下的章节中作详细探讨。

第二节　EIC系统的概念

工业生态学是模仿自然生态系统建立起来的一门新兴学科。生态工业园中的生态产业链（Eco-industrial Chain，EIC）系统像自然生态系统一样，各链接企业之间可以建立共生互利关系，从而极大地提高资源和能源的利用效率并在自然竞争中生存下去，实现可持续发展。对于产业链企业来说，当副产品、水和能源在整个园区内的生产流程中循环流动时，会增加价值。因此，模仿自然生态系统中的食物链结构，“一种废物可以用做另一种产品或企业生产的原材料”的循环经济观点早已得到各国学者的高度重视（Hall，et al，1986；Frosch and Gallopoulos，1989；Allenby and Richards，1994；Garner and Keoleian，1995；Allen and Behmanesh，1996；Ayres，1996；Lowe，et al，1997；Cote and Cohen-Resenthal，1998；Noth and Giannini-Spohn，1999）。这种“闭环思想”（Closed-loop Thinking）可以从根本上起到保护环境资源、减少排放和浪费、提高资源和能源使用的效益、降低成本的功效。

国内学者中，王兆华（2002）较早关注生态工业园的研究，他从价值链角度分析了工业共生网络内的资源流动，提出了生态产业链活性因子的概念，并运用这一概念对生态产业链的形成机理作了分析。稍后，王兆华（2003）又提出了生态产业链概念，所谓生态产业链是指某一区域范围内的企业模仿自然生态系统中的生产者、消费者和分解者，遵循自然生态规律，以资源（原料、副产品、信息、资金、人才）为纽带形成的具有产业衔接关系的企业联盟，实现资源在区域范围内的循环流动。

徐大伟等（2005）对生态产业链概念的含义也进行了探讨：生态产业链一般是指依据生态学原理，以恢复和扩大自然资源存量为宗旨，为提高资源基本生产率和根据社会需要为主体，对两种以上产业的链接所进行的设计或改造，开创了一种新型的产业系统的系统创新活动。也就是工业生态系统中甲企业的废物是乙企业的原料，乙企业的废物又成为丙企业的原料……以此类推，把不同企业产生的废物利用到不同阶段的生产过程中，使污染在生产过程中被清除，这个过程就是生态产业链，各个产业链共同组成工业生态系统，以实现工业生态系统的代谢功能。

张艳（2006）对生态产业链概念的定义是：在工业生产的新陈代谢过程中，通过工业生产的排泄物——生产剩余物将不同产业连接在一起的一种链状资源利用关系。同时指出，对于工业生产中的剩余物进行再利用，以此提高该类物质的经济价值，由此原理构成的各种对剩余物质的加工途径成为真正意义上的工业食物链。这种食物链体现出工业新陈代谢的内涵。

赵涛、徐凤君（2008）认为，生态产业链是由某一区域范围内的企业模仿自然生态系统中的生产者、消费者和分解者而构建，以废弃物资源为纽带而形成的具有产业衔接关系的企业联盟，最终实现资源、能源等在区域范围内的循环流动。

本书将生态产业链作为系统加以定义：生态产业链系统是在生态工业园区内，结合区域经济发展的实际，基于成熟的产业规划基础上，借鉴并运用自然生态规律，人为构建起来的，以废物和副产品为纽带，最终实现资源、能源等在区域范围内循环流动，经济效益、环境效益和社会效益最大化的工业生态系统。生态产业链与传统线性生产链有质的区别，见表 3-1。

表 3-1　生态产业链与线性生产链的区别

Table 3-1　The distinguish between EIC and the linear production chain（LPC）

比较项目	生态产业链	线性生产链
理论基础	工业生态学等相关理论	产业学等相关理论
链上企业所属行业	不同行业	同一行业
链上流动物质的属性	废物或副产品	各企业产品
链上流动物质的形态	有形物或无形的气体、能量等	有形物

顺便指出，学术界曾使用产业生态链（刘力，郑京淑，2001）、工业生态链（刘志峰，林巨广，等，2002）、生态产业链（王灵梅，张金屯，2003）、生态供应链（陈杰，屠梅曾，赵旭，2004）、生态工业链（边均兴，2005；张录强，2007）、工业食物链（张艳，2006）等称谓，用来研究生态工业园中的产业链接关系和工业共生问题。其中，以生态产业链使用最多。其实这些提法只是形式不同或语序差异，并无实质上的区别。本书赞同生态产业链说，认为能更恰当地说明问题。

第三节 EIC链接的动力机制

一、循环经济机制

循环经济机制（Economic Mechanism）乃循环经济体制的作用过程和功能，是政府、企业和园区、居民等循环经济主体相互作用的结果。如图3-1所示。

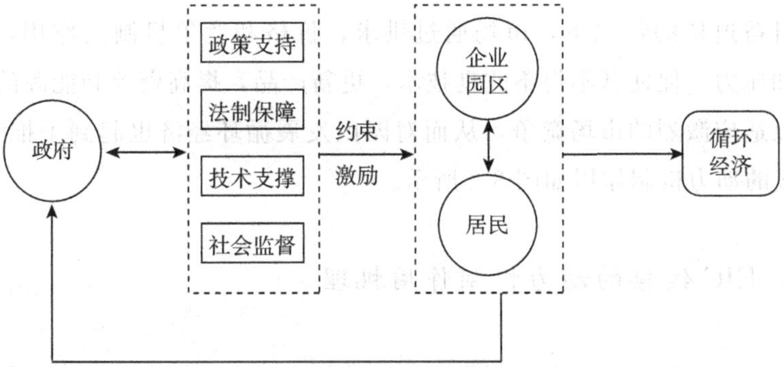

图 3-1 循环经济运行机制

Figure 3-1 The operational mechanism of circular economy

政府通过制定相关政策、法律法规引导并规范企业和园区、居民的行为；企业和园区按照循环经济原则运行，以实现废弃物“零排放”或接近“零排放”的目标；居民通过生态家庭建设和绿色消费引导企业与园区循环经济产品的供给，同时对循环经济发展进行社会监督（张思锋等，2007），这里也体现出笔者提出的循环经济民众认知（Recognization of People）原则的重要意义。

只有当这些主体之间形成相互影响、相互作用的关系时，循环经济机制才能真正发挥作用。

二、EIC 链接的动力机制

EIC 的链接需要多方面因素的共同作用。EIC 链接的动力源有两个方面：一是内在动力源，主要指 EIC 企业追求循环经济的经济效益、社会效益目标，即 EIC 链接的直接利益驱动；二是外在动力源，包括政策支持、法制保障、技术支撑、社会监督等，给予 EIC 企业以激励和约束，为园区达到要求的环境效益目标提供支持和保证，推动区域循环经济的发展。循环经济政策的激励作用包括正向激励和负向激励。正向激励以国家政策（财政补贴、优惠贷款）导向、市场利益驱动为原则；负向激励是指对造成环境污染的经济行为，可采取征税等经济手段将环境污染导致的外部成本内部化（吴海燕，2004）。约束功能是通过法律法规（立法、司法、执法、守法和法律监督）、社会参与来限制和规范 EIC 企业的行为。技术支撑保证 EIC 的链接具有基本的可行性。只有在技术可行的情况下，EIC 链接的动力机制才有可能建立起来。此外，市场竞争的外部压力同样对于 EIC 各行为主体起着重要的影响作用。在资源和环境问题日益迫切的情况下，市场通过供求、价格和竞争机制的作用，对 EIC 企业施加压力，促使其不得不改良技术，更新产品，提高资源和能源的循环利用率，以适应激烈的市场竞争，从而对园区发展循环经济也起到了推动作用。EIC 链接的动力机制作用如图 3-2 所示。

三、EIC 链接的动力机制作用机理

生态产业链链接的动力机制作用机理就是在国家政策支持、法制保障、技术支撑、社会监督的作用下，通过对生态产业链企业各行为主体的激励与约束，使主体的行为符合政府宏观调控目标和市场经济规律的内在要求，从而实现经济增长由线性经济模式向循环经济模式转变。具体而言，生态产业链系统主体的行为受到“社会—企业”净收益、环境资源的负外部性和资源利用效率等 3 个方面因素的影响。

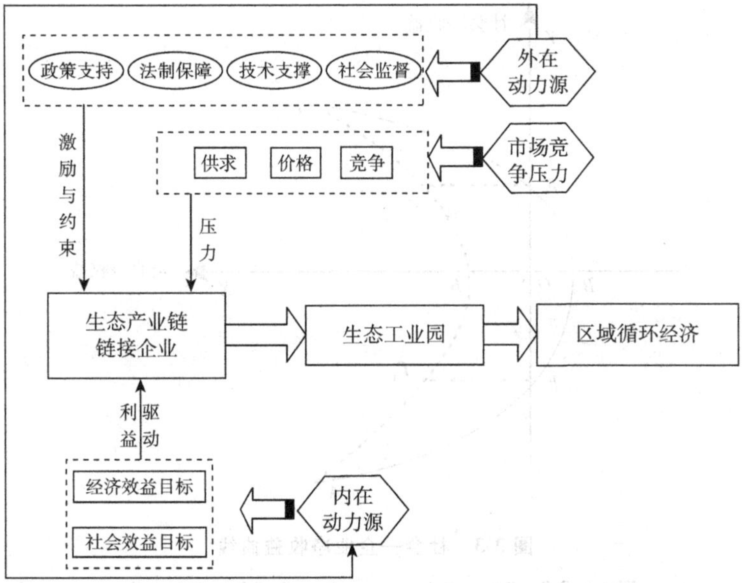

图 3-2 EIC 链接的动力机制作用流程

Figure 3-2 The driving force mechanism of EIC interlinking route diagram

（一）社会—企业净收益（Net Income）

在自由市场经济体制下，由于市场本身的缺陷，市场主体在利益最大化的驱动下浪费资源、破坏生态、污染环境的行为得不到有效控制与约束。生态产业链模式则要求通过完善的法制环境、激励约束性政策、公众监督以及相关生产技术，规范、引导园区企业的运营，以实现人与社会、自然的和谐发展。在此发展过程中，产业链企业作为社会经济发展的微观主体，是推进园区循环经济发展的基础载体和关键因素。因此，这里从企业净收益和社会净收益出发，分析它们在生态工业园发展中的变化趋势。如图 3-3 所示。

图中横坐标 X 表示企业净收益，纵坐标 Y 表示社会净收益。在园区循环经济发展中，可分为启动 AF，推进 FBE 和正常运行 EC 三个阶段。企业净收益与社会净收益的变化趋势呈现侧 U 型，其中企业净收益变化趋势是“大—小—大”，社会净收益则由负值逐渐变化到正值，即由坏变好，这也正是发展生态工业的目的所在。ABC 是在约束机制下的发展曲线，AB_1C 则是在激励约束机制下的发展曲线，两条曲线间的差异是企业净收益之差。

企业的生产经营活动都是在市场范围内进行的。当仅对企业进行约束管制、

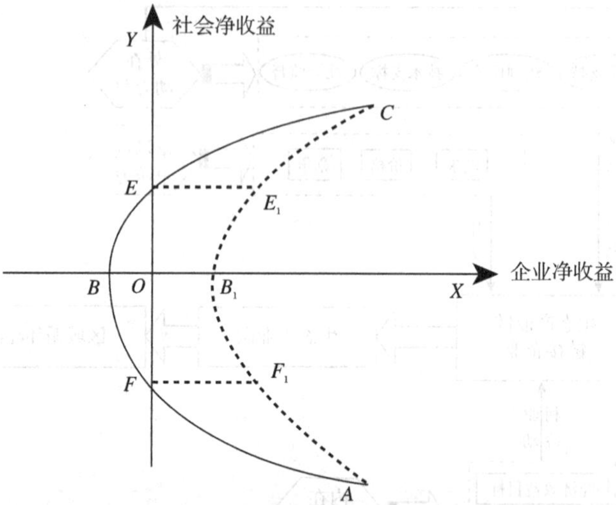

图 3-3 社会—企业净收益曲线

Figure 3-3 The net income curve of society-enterprise

要求它为原来免费使用的环境资源买单时，无疑增加了企业的产品成本。而在市场竞争条件下，又不可能把这部分成本转嫁给消费者，只能挤占该企业的净收益。以追求利润最大化为目标的企业则很难在只有约束管制条件下自觉地发展清洁生产和生态工业（Odum，et al，2003），尤其是在循环经济的推进阶段即 FBE 阶段，企业在零利润甚至亏本的情况下，不会自觉地发展循环经济。此时，政府必须通过政策导向如价格补贴、税收优惠等激励措施，调节企业的收益到 $F_1B_1E_1$ 的位置，调动企业实践循环经济的积极性，进而促进园区循环经济的发展。

从曲线 ABC 与曲线 AB_1C 的差异中看出，发展循环经济必须由政府合理调节企业的净收益：启动阶段，政府投入的较少；随着经济发展的深化，尤其是到 FBE 阶段，政府需要加大投入和支持力度，否则就会出现推而不动的局面；当循环经济发展较为成熟时即进入 EC 阶段，政府投入逐步减少，由市场内在机制调节企业进行清洁生产和绿色制造（Staniskis J K，2003），最终走上循环经济发展的健康道路。

（二）环境资源的负外部性（Negative Externalities）

在市场经济下，因为环境资源属于典型的公共物品（Public Good），也就具有典型的外部性，而产业链企业的生产以及居民的消费都不会自觉地考虑其行为的外部性问题。作为公共物品的环境资源，具有明显的负外部性，即某个经济行为主体的行为使他人或者整个社会受损，而行为主体并不为此承担成本。换言之，当存在负外部性时，企业就会形成过度投资，而存在正外部性时，企业投资就会相对不足，因此，外部性的存在反映了市场配置资源的失灵。此时的市场均衡是没有效率的，即存在社会福利的损失甚至恶化。生态产业链链接的动力机制则可以通过各种措施与手段规范和引导链接企业的行为，消除环境资源的外部性问题。以下分别从生产者、消费者的角度分析生态产业链下和线性生产链（Linear Production Chain，LPC）下的供求状况。如图 3-4 和图 3-5 所示。

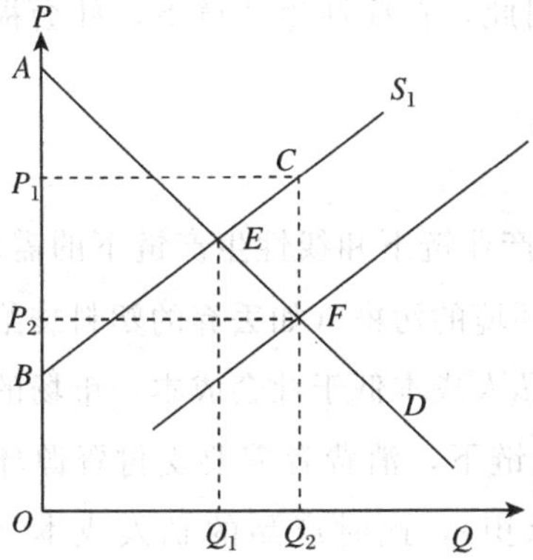

图 3-4 生态产业链、线性生产链下的供给曲线

Figure 3-4 The supply curves under the mode of EIC and LPC

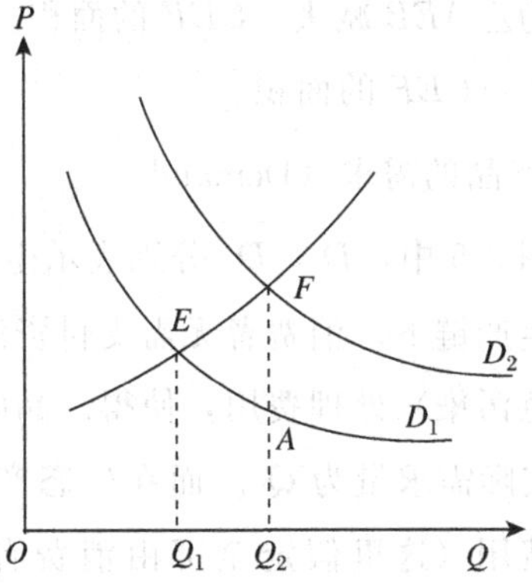

图 3-5 生态产业链、线性生产链下的需求曲线

Figure 3-5 The demand curves under the mode of EIC and LPC

1．产品的供给（Supply）

经济学原理认为，供给曲线表示在所有其他决定供给的因素（如投入价格、技术、预期、卖者数量等）不变时，一种物品的价格变动，该物品的供给量会发生什么样的变动。当这些其他决定因素中的一种变动时，供给曲线移动。在图 3-4 中，S_1，S_2 分别表示生态产业链下和线性生产链下的供给曲线。在线性生产链下，生产者无需支付资源环境恢复或污染处理费用，产品的私人成本低于社会成本，市场的均衡为 F 点，与之相对应的均衡价格[①]为 P_2，均衡

① 在均衡价格（Equilibrium Price）时，消费者愿意而且能够购买的数量正好与生产者愿意而且能够出售的数量平衡。均衡价格有时也被称为市场出清价格，因为在这种价格时，市场上的每一个人都得到满足：消费者买到了想买的所有商品；生产者卖出了想卖的所有产品。

数量为 Q_2（实际市场供给量）；在生态产业链下，生产者需要支付资源环境恢复或污染处理费用（这里假定全部由产业链企业承担），此时产品的私人成本等于社会成本，供给曲线向左上移动，市场的均衡变为 E 点，实际市场供给量为 Q_1。显然，生态产业链下的产品供给量小于线性生产链下的产品供给量。

对于社会福利（Social Welfare）的变化情况，从图 3-4 中看出，在生态产业链下的社会总收益等于多边形 AEQ_1O 的面积，社会总成本等于 $OBEQ_1$ 的面积，社会净福利或收益为两者之差△AEB 的面积。而在线性生产链下，社会总收益等于多边形 AFQ_2O 的面积，社会总成本等于 $OBCQ_2$ 的面积，社会净收益为△AEB 减去△CEF 的面积。因此，在线性生产链下，社会福利的损失额等于△CEF 的面积。

2. 产品的需求（Demand）

在图 3-5 中，D_1，D_2 分别表示生态产业链下和线性生产链下的需求曲线。在线性生产链下，消费者无需支付资源环境的污染（如丢弃的塑料袋给环境带来的白色污染）处理费用，使得产品的私人成本低于社会成本，市场的均衡为 F 点，实际需求量为 Q_2。而在生态产业链下，消费者需要支付资源环境的污染处理费用（这里假定全部由消费者承担），此时产品的私人成本（Private Cost）等于社会成本（Social Cost），由于使用成本的升高会使消费者节约该产品的使用量，从而需求曲线右下移，市场的均衡变为 E 点，实际市场需求量变为 Q_1。显然，生态产业链下的产品需求量小于线性生产链下的产品需求量。

对于社会福利的变化情况，从图中看出，在线性生产链下，社会福利的损失额为 AEF 的面积。因此，在具有外部性的地方，线性生产链会导致过度生产和消费，从而引起社会福利的损失，如资源短缺、环境恶化、生态破坏等。针对这种情况，政府应通过法制约束和政策引导等手段来影响市场供求状况，通过建立生态产业链模式，消除资源、环境的负外部性问题，使人们的生产和生活在环境容量内有序运行。

（三）资源利用效率（Efficiency）

线性生产链下，我国的经济增长呈现“高投入、高消耗、高污染、低产出”的特点，造成资源枯竭和环境恶化；生态产业链下，是要变“三高一低”为“三低一高”，即“低投入、低消耗、低污染、高产出”，使产业链企业尤其是资源消耗量大的企业在一定的生产可能性边界（The border of the possibility of production）内，本着“成本—收益”最大化原则，按照经济规律，参与市场竞争。当企业的资源投入量越少、产品产出量越多时，其竞争力就越强，相应的获利能力也越强。生态产业链、线性生产链下的资源利用效率如图 3-6 所示。

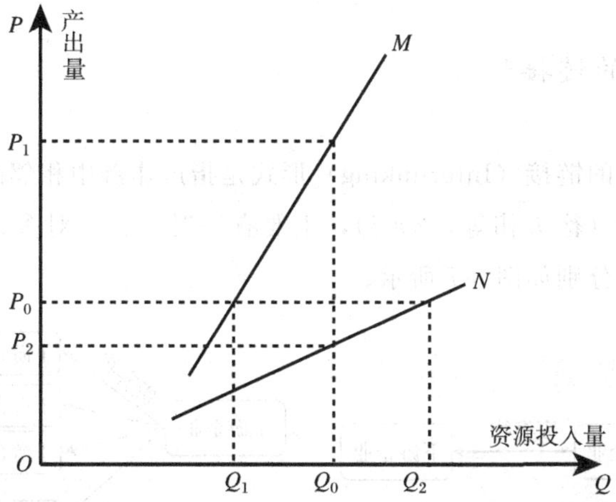

图 3-6 生态产业链、线性生产链下的资源利用效率比较

Figure 3-6 The comparison of resource utilization efficiency under EIC and LPC

图中横坐标 OQ 表示资源的投入量，纵坐标 OP 表示产出量，M，N 分别代表生态产业链下和线性生产链下的“投入—产出”曲线。当产量一定时，生态产业链下的资源消耗量小于线性生产链下的资源消耗量，即 $P=P_0$ 时，$Q_1<Q_2$；当资源消耗量一定时，生态产业链下的产出量大于线性生产链下的产出量，即 $Q=Q_0$ 时，$P_1>P_2$。生态产业链下资源利用效率的提高主要得益于循环经济技术的应用。循环经济技术不但提高了资源的利用效率，减少了资源的投入量，而且通过废弃物的再利用和资源化，在降低环境污染的同时也减少了资源投入量。资源利用效率的提高，使得相同的投入，得到了更多的产出；相同的产出，消耗了更少的资源。同时，通过废弃物的再利用和资源化，不但节约了资源，增加了产出，而且减少了污染，实现了“低投入、低消耗、低污染（甚至零污染）、高产出”的生态经济增长。

综上所述，“社会—企业”净收益主要体现了政府在园区产业链企业发展中的不同阶段所给予的支持和引导；环境资源的负外部性主要靠政府通过法制约束和政策导向等手段来影响市场供求状况加以消除（Reijnders L，2003）；资源利用效率则主要体现了产业链企业采用循环经济技术较传统线性经济所带来的效益变化情况。这三者具体反映了园区生态产业链链接的变化情况。

第四节 EIC 链接分析

一、EIC 的链接形式

生态产业链的链接（Interlinking）形式是指产业链中相邻的上、下游企业之间的联结方式（徐大伟等，2005），主要有一对一、一对多、多对一、混合链接 4 种形式，分别如图 3-7 所示。

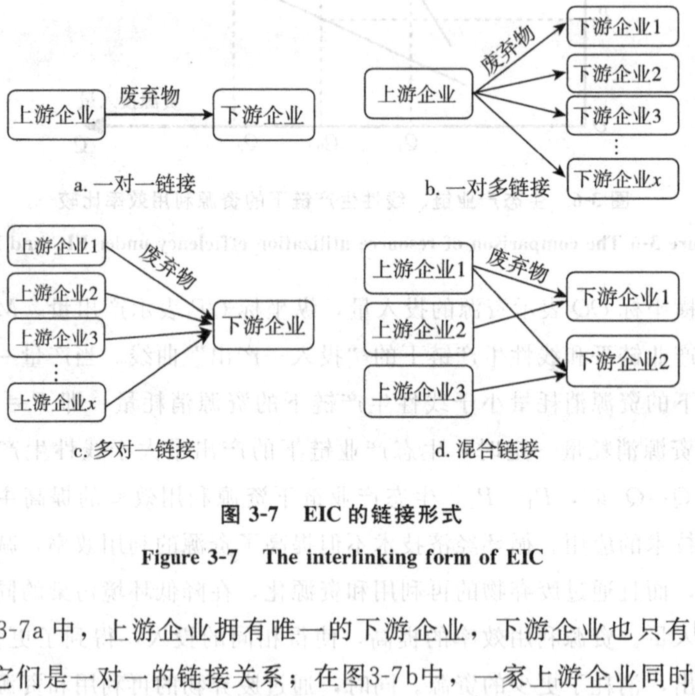

图 3-7 EIC 的链接形式

Figure 3-7 The interlinking form of EIC

在图 3-7a 中，上游企业拥有唯一的下游企业，下游企业也只有唯一的上游企业，它们是一对一的链接关系；在图3-7b中，一家上游企业同时拥有两家及以上的下游企业吸收其废弃物或副产品；在图 3-7c 中，多家上游企业同时为 1 家下游企业提供废弃物或副产品；在图 3-7d 中，上游企业 1 同时为两家下游企业提供废弃物资源，而上游企业 2 和上游企业 3 又分别为下游企业 1 和下游企业 2 提供废弃物资源或副产品，因此是混合链接关系。最终，这 4 种链接形式的组合将构成园区生态产业链系统。

二、EIC企业之间的链接关系

赖于上、下游企业的链接，产业链企业之间的横、纵向关系也随之确定。本书将上游企业与下游企业之间的关系称为垂直关系，而同为下游企业提供废物或副产品或者同以上游企业的废物或副产品为原料的产业链企业之间的关系称为平行关系。例如：图3-7c中的上游企业1，2，3……x，图3-7d中的下游企业1，2之间都是平行关系。

（一）垂直关系的分类

生态产业链上、下游企业的垂直关系（Vertical Relations），可以从上、下游企业之间废物或副产品的供给与需求依赖强度的角度，将其分为4种类型：上游控制型、下游控制型、相互依存型、市场竞争型。

（1）上游控制型。在这种生态产业链中，上游企业的废物资源的充分供应对下游企业来讲相当重要，即下游企业对上游企业的废物资源供给有很大的依赖性，而上游企业对下游企业的废物资源供给则是有选择性的。上游企业以资源供应为导向，理性地选择下游企业。在这种垂直关系中，上游企业所在的行业可能只有很少的几家或只有一家，基本处于市场垄断地位，而下游企业所在的行业则有许多平行企业，存在激烈的竞争。如果上游企业不供给下游企业废物或副产品，下游企业就会失去原料来源，可能造成经营困难甚至破产。显然上游企业处于控制地位，拥有控制权。

（2）下游控制型。这种垂直关系与上游控制型恰好相反，即下游企业根据自己产品的需求理性地选择上游企业。在这种关系中，上游企业所在的行业存在许多平行企业，存在激烈的竞争；而下游企业所在的行业可能只有很少的几家或只有一家，基本上处于垄断地位。在生态产业链中，由于下游企业吸收上游企业的废物或副产品，因此这种关系体现为若下游企业不接受上游企业的废物，上游企业可能就无法达到排放标准，若上游企业不采取治理措施，则会面临倒闭的危险。

（3）相互依存型。下游企业对上游企业的废物供给依赖性很大，同时上游企业需要下游企业处理其废物的依赖性也很大，它们都强烈需求于对方。上、下游企业及其所在的行业可能只有少数几家或者只有它们一家，它们基本上都处于垄断地位。上游企业的废物资源只有供给下游企业，才能实现价值最大化，同时下游企业只有利用上游企业的废物资源，才能使自己的产品更具有市场竞争潜力。在这种产业链系统中，上、下游企业之间是相互依赖关系。由于同处于一个利益体中，所以它们之间还相互控制、制约着对方。

(4) 市场竞争型。上、下游企业基本上同处于完全竞争的市场环境中，都是产业链系统内上、下游企业中的一员。它们独立存在着，以市场为导向，理性地选择对方。上游企业对下游企业处理废物和下游企业对上游企业的废物资源供给的依赖程度都很低，任何一方从这种链接关系中退出，都不会影响到另一方的利益。它们之间没有控制对方的权利，在这种关系中处于平等地位。

（二）平行关系的竞争和协作

处于平行关系（Parallel Relations）的产业链企业，既有竞争，又有协作。由于在生态产业链中处于平行关系的企业将同时为下游企业提供相同的废物或副产品资源，或者同时都吸收上游企业相同的废物或副产品资源，因此必然存在竞争关系，这种竞争也会产生一些不利因素；但是，处于平行关系的企业除了存在竞争外，也存在协作关系。

(1) 平行关系企业之间的竞争。首先，平行关系企业之间竞争的存在会分散垂直关系企业之间的联系，削弱个体垂直之间存在的依赖性。在多个上、下游企业的链接中，上游企业和某个特定的下游企业之间建立稳定关系，提高协作生产效率的可能性大大降低。这就使得产业链系统的协同效应下降。其次，平行关系企业之间竞争将造成产业链系统的不确定性，这时的上、下游企业之间难以建立信任基础，保持长期的合作关系。

(2) 平行关系企业之间的协作。处于平行关系的企业除了存在竞争外，也存在协作关系。协作关系的存在来源于共同的经济利益：同类企业的集成，可以获得外部规模经济和外部范围经济的优势。具体来说，它们之间的协作表现在：平行企业在对基础设施的要求上往往存在一致性，通过合作建设可以降低单个企业在基础设施建设方面的成本，能够提高整个产业链系统的生产效率；信息的共享可以提高企业的沟通和协调能力；当存在多家上游企业时（参见图3-7c），技术共享可以促进上游企业在废物或副产品供给上的协同，其成分的一致性将有利于下游企业实现规模生产，从而达到吸引下游企业进入生态产业链的目的。另外，平行企业之间合作从事培训和人力资源开发，可以提高产业链企业的人力资本和员工素质。

平行竞争的存在可以促进企业生产效率的提高，从而使整个生态产业链系统的运行效率也获得提高，使得经济利益进一步提高；平行协作的存在又可以起到抑制企业之间过度竞争的行为，减少市场和企业之间关系的不稳定性。因此，产业链企业之间平行关系的存在将有利于垂直关系的网络化，提高企业间的协作和园区稳定性。

三、丹麦卡伦堡生态工业园 EIC 链接的实例分析

卡伦堡位于丹麦第一大岛——西兰岛上，在哥本哈根以西 100 千米，属西西兰州（面积 2984 平方千米，人口 30 万），是一个人口仅为 2 万的小镇，临北海和波罗的海之间的厄勒海峡。卡伦堡生态工业园区位于卡伦堡小镇西南方向，距离小镇约 3 千米，分散在直径约 4 千米的圆形地域，面积约 12 平方千米，区域内企业有 20 余家，属于园区的仅有 9 家。

丹麦卡伦堡生态工业园被学界公认为是目前世界上最早也是最为成功的工业生态系统。20 世纪 70 年代，卡伦堡工业共生体创建伊始，各参与企业都只是经济意义上的一对一产业链接关系。如图 3-8 所示。可以看出，当时的项目主要是为了解决电厂和炼油厂等的工业用水问题，即通过对蒂索湖（Tisso Lake）的地表水进行处理后，送到工厂使用，来替代抽取地下水。生态循环的模式刚刚开始。

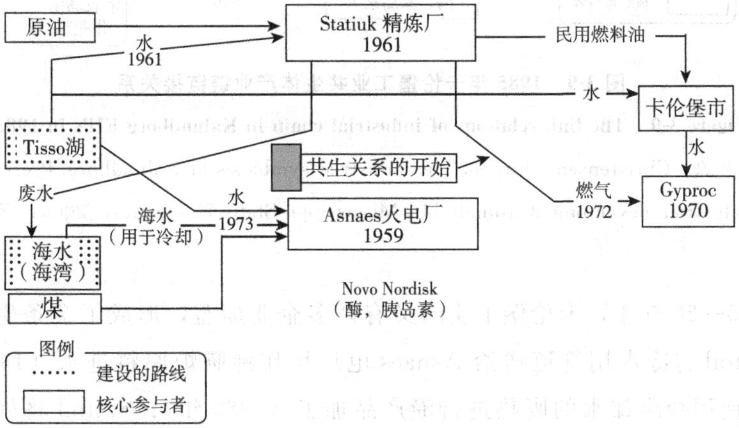

图 3-8 1975 年卡伦堡工业共生体产业链链接关系

Figure 3-8 The link relations of industrial chain in Kalundborg EIPs in 1975

资料来源：Christensen，Jorgen. The industrial symbiosis at Kalundborg. Presen tation to the eco-industrial development roundtable. Mississippi State University，2000；笔者作了校订。

其后10年时间里，卡伦堡工业共生体快速发展和完善，先后形成5条生态产业链：Novo Nordisk公司→污泥→农场（1976年）；Asnaes电厂→煤灰→Aborg Portland水泥公司（1979年）；Asnaes电厂→蒸汽→卡伦堡市（1981年）；Asnaes电厂→蒸汽→Statoil公司（1982年）；Asnaes电厂→蒸汽→Novo Nordisk公司（1985年）。此时，共生体产业链由一对一链接发展为一对多链接，产业链系统初步形成，包括水的循环利用、能源的循环利用、废物的循环利用等，资源循环利用更为完善和高效，如图3-9所示。

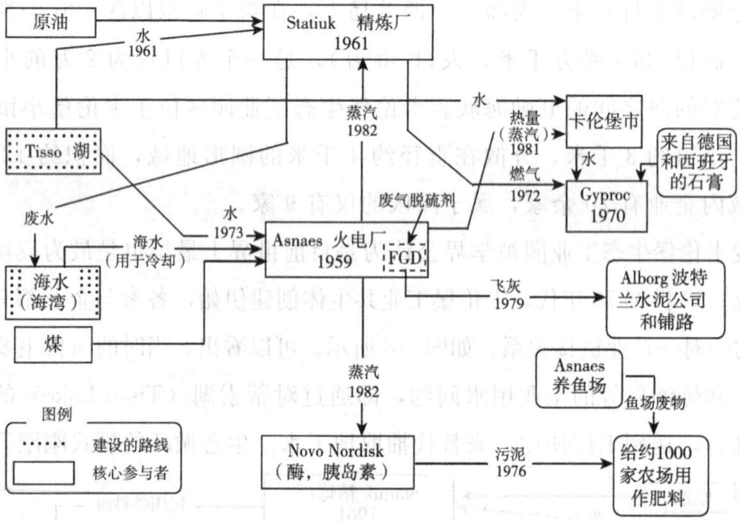

图3-9 1985年卡伦堡工业共生体产业链链接关系

Figure 3-9 The link relations of industrial chain in Kalundborg EIPs in 1985

资料来源：Christensen，Jorgen. The industrial symbiosis at Kalundborg. Presentation to the eco-industrial development roundtable. Mississippi State University，2000；笔者作了校订。

1985—2000年，卡伦堡工业园又有许多企业加盟，形成了7条生态产业链：Statoil将冷水用管道送给Asnaes电厂用作沸腾炉原料进水（1987年）；Asnaes使用盐冷却水的废热进行渔产品加工（1989年）；Statoil将处理过的废水送到Asnaes使用（1991年）；Statoil送脱硫废气到Asnaes，开始利用副产品生产液体化肥；Asnaes完成烟道气的脱硫项目，向Gyproc供应硫酸钙（石膏）（1993年）；Asnaes建造再利用池收集水流供内部使用并减少对Tisso湖的依赖（1995年）；A/S Bioteknisk Jordrens使用下水道的淤泥作为受污染土壤的生物修复营养剂（1999年）。至此，卡伦堡生态工业园中的生态产业链链接形式又增加了多对一链接、混合链接，系统共生能力及其稳定性和安全性进一步提高，循环经济效益显著增强，如图 3-10 所示。

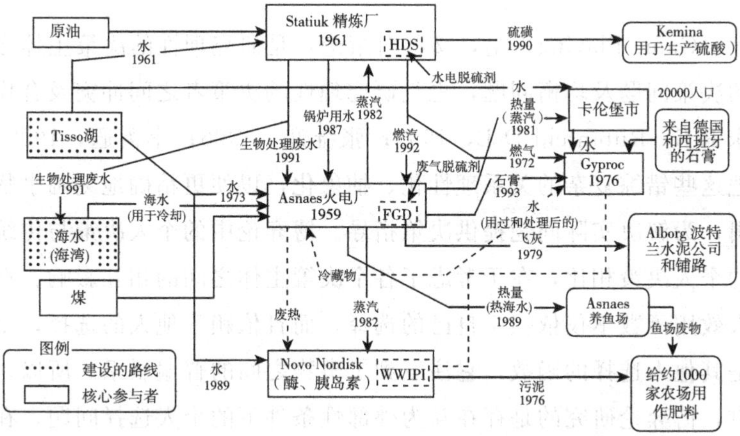

图 3-10　1995 年卡伦堡生态工业园产业链链接关系

Figure 3-10　The link relations of industrial chain in Kalundborg EIPs in 1995

资料来源：Christensen，Jorgen. The industrial symbiosis at Kalundborg. Presentation to the eco-industrial development roundtable. Mississippi State University，2000；笔者作了校订。

笔者根据有关文献资料将丹麦卡伦堡生态工业园在 1975 年、1985 年和 1995 年 3 个时间点的产业链链接情况作了统计（见表3-2）。目前，卡伦堡生态工业园产业链仍在不断进化和完善中。

表 3-2　丹麦卡伦堡生态工业园 1975、1985、1995 年 EIC 链接情况统计

Table 3-2　The link situation of industrial chain in Kalundborg EIPs in 1975，1985，1995

项目 \ 年份	1975	1985	1995
产业链企业数量（个）	4	8	9
新增产业链企业数量（个）	0	3	1
产业链链条数量（条）	10	16	22
新增产业链链条数量（条）	0	6	6

第五节　基于纳什均衡的EIC企业之间的博弈分析

博弈（Game Playing）论，又称对策论，是研究理性的决策主体之间发生冲突时的决策问题及均衡问题，也是研究理性的决策者之间冲突及合作的理论（Pindyck R S，Rubinfeld D L，1999；张维迎，1996；李芮遐，1998）。博弈论试图把这些错综复杂的关系理性化、抽象化，以便更精确地刻画事物发展变化的逻辑，为解决实际问题提供决策指导。博弈论中的个人决策与传统微观经济学中的个人决策相比，在于考虑了各个决策主体之间的相互影响。在博弈论里，个人效用函数不仅依赖于自己的选择，而且依赖于他人的选择，个人的最优选择是其他人选择的函数，它注意到了事物之间的普遍联系。所以，从一定意义上讲，博弈论研究的是存在互为外部性条件下的个人选择问题。在园区生态产业链系统中，由于上下游企业之间既联系密切，又存在目标差异和利益冲突，因而企业之间的“较量”就不可避免，上、下游企业之间也必然存在博弈关系。

一、纳什均衡（Nash equilibrium）

1951年，美国著名学者约翰·福布斯·纳什（John Forbes Nash Jr.）在其博士学位论文的基础上发表了《非合作博弈》一文，提出运筹学领域博弈论的重要概念——纳什均衡（又称非合作博弈均衡）：假设有N个局中人参与博弈，给定其他人策略的条件下，每个局中人选择自己的最优策略（个人最优策略可能依赖于，也可能不依赖于他人的战略），从而使自己的效用最大化。所有的局中人策略构成一个策略组合（strategy profile）。纳什均衡指的是这样一种战略组合，这种策略组合由所有参与人最优策略组成。即在给定别人策略的情况下，无人可有足够的理由打破这种均衡。

二、EIC系统内博弈问题三要素

纳什均衡是一种非合作博弈均衡（现实中非合作的情况远比合作的情况普遍）。合作是有利的“利己策略”，但它必须符合以下黄金律（Gold Law）：按照你愿意别人对你的方式来对别人，前提是只有他们也按同样的方式行事才行。也就是中国人所说的“己所不欲，勿施于人”；但前提是“人所不欲，勿施于我”。

依据纳什均衡，一般博弈问题都由3个要素构成：即局中人（Players），又称当事人；参与者、策略等的集合；策略（Strategies）集合以及每一对局中人所做的选择和赢得（Payoffs）集合。其中，所谓赢得是指，如果一个特定的策略关系被选择，每一局中人所得到的效用。

在园区产业链系统中，博弈问题的3个要素是指参与的当事人、产业链企业及其制定的策略等的集合、产业链企业策略集合以及每一对成员企业之间做出的选择和赢得集合。

三、EIC企业之间的博弈关系

为便于研究，这里不妨假设产业链系统内上下游企业双方都了解彼此的策略空间及相应的效用，并且它们均为理性决策主体。在此基础上讨论双方行为发生相互作用时的决策及其决策均衡问题。上游企业有两种策略可以选择：一是将废物或副产品提供给下游企业，既可能得到一定收益，也可能付出一定成本；二是用初级方法处理，如通过垃圾填埋、焚烧等途径，也需要企业付出一定成本，同时，由于这种方法往往不能对废物或副产品作完全无害化处理，企业会受到法律约束和政府惩罚。下游企业也有两种策略供选择：接受上游企业的废物或副产品；不接受上游企业的废物或副产品。设定以下参数及其所代表的含义：

I_{sz}：上游企业将废物或副产品提供给下游企业而享受的政府补贴；

I_{xz}：下游企业选择接受上游企业的废物或副产品而享受的政府补贴；

F_{sz}：上游企业用初级方法处理废物或副产品，但这种方法往往不能实现完全无害化处理而受到政府处罚；

C_{sb}：上游企业用初级方法处理废物或副产品的成本；

U_{st}：上游企业给下游企业提供废物或副产品所获得的收益，这里主要指下游企业向上游企业购买废物或副产品的成本；

C_{st}：上游企业将废物或副产品加工提供给下游企业的成本，比如可能需要一些设备的改进等；

C_{xj}：下游企业接受上游企业的废物或副产品需要花费的成本，比如新设施的构建、技术改造等；

U_{xj}：下游企业接受上游企业的废物或副产品所带来的收益，这里主要指原材料成本的降低等。

根据纳什均衡，由此得到产业链系统内上下游企业双方之间的博弈策略组合（邓南圣，2001），见表 3-3。

表 3-3　EIC 系统内上、下游企业双方之间的博弈收益情况

Table 3-3　The two companies earnings of the game playing in an EIC system

		上游企业	
		提　供	不提供
下游企业	接　受	$(I_{xz}+U_{xj}-C_{xj}-U_{st},\ I_{sz}+U_{st}-C_{st})$	$(I_{xz},\ -C_{sb}-F_{sz})$
	不接受	$(0,\ I_{sz}-C_{st})$	$(0,\ -C_{sb}-F_{sz})$

注：括号内，左边为生态产业链下游企业的收益；右边为生态产业链上游企业的收益。

分析以上博弈收益，主要有以下 5 种情况（赵涛，徐凤君，2008）：

第 1 种情况：① $I_{xz}+U_{xj}-C_{xj}-U_{st}>0$，即下游企业接受上游企业提供废物或副产品的收益为正；② $I_{sz}+U_{st}-C_{st}>-C_{sb}-F_{sz}$，即上游企业向下游企业提供废物或副产品的收益大于对废物或副产品进行初级处理的收益。

在上游企业不提供废物或副产品的情况下，如果下游企业选择接受，就不需要投入成本，便可获得政府补贴，因此下游企业会选择接受；如果上游企业选择提供废物或副产品，当 $I_{xz}+U_{xj}-C_{xj}-U_{st}>0$ 时，下游企业就会选择接受，要实现纳什均衡（下游接受，上游提供），还需要 $I_{sz}+U_{st}-C_{st}>-C_{sb}-F_{sz}$。因此，要实现纳什均衡（下游接受，上游提供）需要满足以上两个条件，同时也可看出政府在其中的作用。政府既可以推行优惠政策以提高 I_{xz}，I_{sz}，又必须加大惩罚力度，也就是使 F_{sz} 足够大，才会实现纳什均衡（下游接受，上游提供）。

第 2 种情况：① $I_{xz}+U_{xj}-C_{xj}-U_{st}>0$，即下游企业接受上游企业提供废物或副产品的收益为正；② $I_{sz}+U_{st}-C_{st}<-C_{sb}-F_{sz}$，即上游企业向下游企业提供废物或副产品的收益小于对废物或副产品进行初级处理的收益。

此时的纳什均衡为“下游接受，上游不提供”。对此可以作这样的解释：下游企业考虑政府补贴和合作带来的原料节约而选择采购上游企业废物或副产品的策略；而由于政府对上游企业初级处理废物或副产品的惩罚力度较小，即

F_{sz}较小，导致上游企业选择初级处理废物或副产品而不提供给下游企业，以环境为代价获取经济利益。因此在这种情况下，政府可以加大处罚力度，即F_{sz}，使$-C_{sb}-F_{sz}$不断变小，从而最终$I_{sz}+U_{st}-C_{st}>-C_{sb}-F_{sz}$，使纳什均衡由“下游接受，上游不提供”向建立链接的理想状态（下游接受，上游提供）转化。

第3种情况：①$I_{xz}+U_{xj}-C_{xj}-U_{st}<0$，即下游企业接受上游企业提供废物或副产品的收益为负；②$I_{sz}-C_{st}>-C_{sb}-F_{sz}$，即上游企业向下游企业提供废物或副产品而享受的政府补贴与其将废物或副产品加工提供给下游企业的成本之差大于对废物或副产品进行初级处理的收益。

若$I_{xz}+U_{xj}-C_{xj}-U_{st}<0$，下游企业接受上游企业提供废物或副产品的收益为负，同时$I_{sz}-C_{st}>-C_{sb}-F_{sz}$，则$I_{sz}-C_{st}+U_{st}>-C_{sb}-F_{sz}$。此时有唯一的纳什均衡（下游不接受，上游提供），说明由于政府对下游企业支持力度不够，加上将上游企业提供的废物转化为适宜的原料需要的投入太大，致使下游企业望而却步，宁愿选择“不接受”策略。

第4种情况：①$I_{xz}+U_{xj}-C_{xj}-U_{st}<0$，即下游企业接受上游企业提供废物或副产品的收益为负；②$I_{sz}-C_{st}<-C_{sb}-F_{sz}$且$I_{sz}-C_{st}+U_{st}<-C_{sb}-F_{sz}$，即上游企业向下游企业提供废物或副产品的收益小于对废物或副产品进行初级处理的收益，并且，上游企业向下游企业提供废物或副产品而享受的政府补贴和所获得的收益与其将废物或副产品加工提供给下游企业的成本之差小于对废物或副产品进行初级处理的收益。

此时达到纳什均衡（下游接受，上游不提供），说明由于政府对上游企业支持力度不够，加上将上游企业提供的废物或副产品转化为适宜下游企业利用的原料需要上游企业的投入太大，致使上游企业望而却步，宁愿选择“不提供”策略。

第5种情况：①$I_{xz}+U_{xj}-C_{xj}-U_{st}<0$，即下游企业接受上游企业提供废物或副产品的收益为负；②$I_{sz}-C_{st}<-C_{sb}-F_{sz}$且$I_{sz}-C_{st}+U_{st}>-C_{sb}-F_{sz}$，即$I_{sz}-C_{st}+U_{st}>-C_{sb}-F_{sz}>I_{sz}-C_{st}$，亦即上游企业向下游企业提供废物或副产品的收益小于对废物或副产品进行初级处理的收益，并且，上游企业向下游企业提供废物或副产品而享受的政府补贴和所获得的收益与其将废物或副产品加工提供给下游企业的成本之差大于对废物或副产品进行初级处理的收益。

此时，没有纯策略的纳什均衡，只能考虑混合策略（Mixed Strategy）。这可作进一步分析。设：下游企业接受的概率为P_1，不接受的概率为$1-P_1$；

上游企业提供的概率为 P_2，不提供的概率为 $1-P_2$。其中，$0\leqslant P_1\leqslant 1$，$0\leqslant P_2\leqslant 1$，则下游企业的期望效用函数（Expected Utility Function）为：

$$U_{下}(P_1, P_2)=P_1P_2(I_{xz}+U_{xj}-C_{xj}-U_{st})+P_1(1-P_2)I_{xz} \tag{3-1}$$

$$U_{上}(P_1, P_2)=P_1P_2(I_{sz}+U_{st}-C_{st})+P_1(1-P_2)(-C_{sb}-F_{sz})+P_2(1-P_1)(I_{sz}-C_{st})+(1-P_1)(1-P_2)(-C_{sb}-F_{sz}) \tag{3-2}$$

在式（3-1）中，对 P_1 求偏导，并令其等于零，可得：

$$P_2(I_{xz}+U_{xj}-C_{xj}-U_{st})+(1-P_2)I_{xz}=0 \tag{3-3}$$

在式（3-2）中，对 P_2 求偏导，并令其等于零，可得：

$$P_1(I_{sz}+U_{st}-C_{st})+P_1(C_{sb}+F_{sz})+(1-P_1)(I_{sz}+C_{st})+(1-P_1)(C_{sb}+F_{sz})=0$$

于是，可求得：

$$\left.\begin{aligned} P_1^* &= \frac{C_{st}-I_{sz}-C_{sb}-F_{sz}}{U_{st}} \\ P_2^* &= \frac{I_{xz}}{C_{xj}-U_{xj}+U_{st}} \end{aligned}\right\} \tag{3-4}$$

要使得式（3-3），式（3-4）有意义，由于 P_1^*，P_2^* 都表示概率，因此，$0\leqslant P_1^*\leqslant 1$，$0\leqslant P_2^*\leqslant 1$，可以这样来理解：

由 $0\leqslant P_1^*\leqslant 1$，$0\leqslant P_2^*\leqslant 1$ 可知，必须满足条件：$0\leqslant C_{st}-I_{sz}-C_{sb}-F_{sz}\leqslant U_{st}$ 和 $0\leqslant I_{xz}\leqslant C_{xj}-U_{xj}+U_{st}$。这也正是第5种情况下混合策略的两个前提，从而也证明只有在这两个前提下才需要求混合策略的解。

下面继续分析在什么情况下才能达到“下游接受，上游提供”这种纳什均衡。若下游接受和不接受的收益分别为：

$U_{下}$（接受）$=P_2(I_{xz}+U_{xj}-C_{xj}-U_{st})+(1-P_2)I_{xz}$

$U_{下}$（不接受）$=0$

若令 $U_{下}$（接受）$=U_{下}$（不接受），则可得：

$$P_2=P_2^*=\frac{I_{xz}}{C_{xj}-U_{xj}+U_{st}}$$

若 $P_2\geqslant P_2^*$，$U_{下}$（接受）$\geqslant U_{下}$（不接受），则下游会选择接受；

若 $P_2\leqslant P_2^*$，$U_{下}$（接受）$\leqslant U_{下}$（不接受），则下游会选择不接受。

同理可分析上游企业的情况。若上游企业提供和不提供的收益分别为：

$U_上$（提供）$=P_1(I_{sz}+U_{st}-C_{st})+(1-P_1)(I_{st}-C_{st})$

$U_上$（不提供）$=P_1(-C_{sb}-F_{sz})+(1-P_1)(-C_{sb}-F_{sz})$

令 $U_上$（提供）$=U_上$（不提供），则可得：

$$P_1=P_1^*=\frac{C_{st}-I_{sz}-C_{sb}-F_{sz}}{U_{st}}$$

若 $P_1\geqslant P_1^*$，$U_上$（提供）$\geqslant U_上$（不提供），则上游会选择提供；

若 $P_1\leqslant P_1^*$，$U_上$（提供）$\leqslant U_上$（不提供），则上游会选择不提供。

因此，可总结如下：

$P_1\geqslant P_1^*$，$P_2\geqslant P_2^*$，博弈结果将是“下游接受，上游提供”；

$P_1\geqslant P_1^*$，$P_2\leqslant P_2^*$，博弈结果将是“下游不接受，上游提供”；

$P_1\leqslant P_1^*$，$P_2\geqslant P_2^*$，博弈结果将是“下游接受，上游不提供”；

$P_1\leqslant P_1^*$，$P_2\leqslant P_2^*$，博弈结果将是“下游不接受，上游不提供”。

可见，要实现园区生态产业链上游至下游的顺利链接，即博弈结果为“下游接受，上游提供”，除了政府在这个过程中扮演重要角色、起着不可忽视的作用外，上、下游企业之间废物或副产品利用的一些具体因素都将影响企业决策。这是一个由多方面因素共同作用的结果。将以上产业链企业双方之间的博弈结果加以总结（见表 3-4）。

表 3-4　EIC 系统内上、下游企业之间的博弈结果

Table 3-4　The outcome of the game playing between the two companies in EIC system

情况序列	满足条件		博弈结果
情况 1	$I_{xz}+U_{xj}-C_{xj}-U_{st}>0$ 且 $I_{sz}+U_{st}-C_{st}>-C_{sb}-F_{sz}$		下游接受，上游提供
情况 2	$I_{xz}+U_{xj}-C_{xj}-U_{st}>0$ 且 $I_{sz}+U_{st}-C_{st}<-C_{sb}-F_{sz}$		下游接受，上游不提供
情况 3	$I_{xz}+U_{xj}-C_{xj}-U_{st}<0$ 且 $I_{sz}-C_{st}>-C_{sb}-F_{sz}$		下游不接受，上游提供
情况 4	$I_{xz}+U_{xj}-C_{xj}-U_{st}<0$；$I_{sz}-C_{st}<-C_{sb}-F_{sz}$ 且 $I_{sz}-C_{st}+U_{st}<-C_{sb}-F_{sz}$		下游接受，上游不提供
情况 5	$I_{xz}+U_{xj}-C_{xj}-U_{st}<0$；$I_{sz}-C_{st}<-C_{sb}-F_{sz}$ 且 $I_{sz}-C_{st}+U_{st}>-C_{sb}-F_{sz}$	$P_1\geqslant P_1^*$，$P_2\geqslant P_2^*$	下游接受，上游提供
		$P_1\geqslant P_1^*$，$P_2\leqslant P_2^*$	下游不接受，上游提供
		$P_1\leqslant P_1^*$，$P_2\geqslant P_2^*$	下游接受，上游不提供
		$P_1\leqslant P_1^*$，$P_2\leqslant P_2^*$	下游不接受，上游不提供

由上表可见，园区内生态产业链上下游企业要实现链接，博弈结果必须为“下游接受，上游提供”，只有情况 1和情况 5 中 $P_1 \geqslant P_1^*$ ，$P_2 \geqslant P_2^*$ 时的情形才能实现；在第 2 种情况下，可通过提高政府补贴、加大惩罚力度，使其向第 1 种情况转变，实现链接；在第 3 种情况下，需要通过技术创新来降低下游企业将上游企业提供的废物转化为需要的原料投入的成本，同时加大政府对下游企业的支持力度，争取实现链接；在第 4 种情况及第 5 种情况下的后 3 种情形，需要通过技术创新，降低上游企业将其废物转化为适合下游企业利用的原料需要投入的成本，同时加大政府对上游企业的支持力度来实现链接。

第六节　EIC 链接的生态效率评价

一、EIC 链接的生态效率含义及其评价内容

（一）EIC 链接的生态效率含义

生态产业链链接的生态效率（Ecological Efficiency），是指产业链上、下游企业之间，通过废物或副产品、水等的资源和能量建立链接后所带来的整个园区产业链系统的环境效益水平。例如，废物排放量的大幅度减少，水资源重复利用率的显著提高，等等。

（二）EIC 链接的生态效率评价内容

（1）废物循环利用（物质流）。通过产业链系统上下游企业的链接，下游企业吸收利用上游企业的废物和副产品做原料，实现生态产业链内企业的废物和副产品再利用。

（2）水资源循环利用（水体流）。水资源循环利用主要是指在生态产业链内采用节水工艺、中水回用、废水循环以及水分配网络综合等方式，着力于减少新鲜水使用量。产业链企业之间的水资源循环利用有 4 条实现途径：一是废水作为生产使用；二是废水层级使用，将一个企业排出的水质较好的废水，用于邻近另一个企业对水质要求不高的环节，如循环冷却水的排放部分；三是废水集中回用，若干邻近企业共建水循环系统，对于若干企业产生的同样性质的

废水，先集中后，再统一回用到其他企业；四是实现废水处理设施共享，若生态产业链上有污水处理企业，则应该充分发挥其规模效应，进行大规模中水回用。

（3）能量循环利用（能量流）。所谓能量循环利用，是指产业链企业之间能量的循环有效利用，既包括每个产业链内的能量循环利用，也包括各产业链之间的能量循环，使能量在同一产业链内和不同产业链之间充分循环和高效利用。

二、EIC链接的生态效率评价

（一）评价指标体系的确立

生态产业链中上、下游企业建立链接后，基于生态产业链的宗旨，有必要对生态产业链链接的生态效率进行评价，并基于以上对生态产业链链接生态效率评价内容的分析，综合考虑确定生态产业链链接生态效率的评价指标，将其分为排放率指标和重复利用率指标两大类。排放率指标包括废气排放率、废水排放率、固体废物排放率；重复利用率指标包括废气重复利用率、水资源重复利用率、固体废物重复利用率、能量重复利用率。各指标的具体含义如下：

（1）废气排放率：企业最终向环境排放的废气量与生产过程中产生的废气总量的比率。

（2）废水排放率：企业最终向环境排放的废水量与生产过程中产生的废水总量的比率。

（3）固体废物排放率：企业最终向环境排放的固体废物量与生产过程中产生的固体废物总量的比率。

（4）废气重复利用率：生态产业链整体被重复利用的废气量与链上各企业生产过程中产生的废气总量的比率。

（5）水资源重复利用率：生态产业链整体被重复利用的废水量与链上各企业生产过程中产生的废气总量的比率。它能综合地反映水资源的重复利用程度。

（6）固体废物重复利用率：生态产业链整体被重复利用的固体废物量与链上各企业生产过程中产生的固体废物总量的比率。

（7）能量重复利用率：生态产业链整体被重复利用的能量与链上各企业生产过程中所消耗的总能量的比率。

（二）评价方法的选取

在对不同生态产业链链接的生态效率进行评价比较中，通常具有信息不完全、数据少、系统行为不确定等特征，可以说是一个灰色系统。因此，应用灰色系统的原理和方法，建立灰色比较模型（Comparison of Gray Model）来评价比较不同生态产业链链接的生态效率将是可行的。灰色比较模型的原理如下：

视决策内容为一事件，对生态产业链链接的生态效率进行比较排序。记单个事件为 a_i，事件集 $A=\{a_1, \cdots, a_n\}$，对于不同的事件，可选的对策也不是唯一的；记单个对策为 b_j，对策集 $B=\{b_1, \cdots, b_n\}$，事件与对策的组合称为局势，记为 $s_{ij}=(a_i, b_j)$，$A \cdot B=S$，$s_{ij} \in S$。局势 s_{ij} 在目标 p 下的数字表现称为样本 u_{ij}^p，即：

$u=\{u_{ij}^p \mid i \in I=\{1, 2, \cdots, w\}, j \in J=\{1, 2, \cdots, m\}, p \in P=\{1, 2, \cdots, l\}$

对局势在一定目标下所产生的实际效果进行比较的量度，称为效果测度，记为 r_{ij}^p。不同目标的极性不一定相同，采用统一效果测度变换将各目标极性统一为极大极性。

① 当 p 为极小目标，即越小越好时，使用下限效果测度：

$$r_{ij}^p=\frac{\min_i\min_j u_{ij}^p}{u_{ij}^p} \tag{3-5}$$

② 当 p 为极大目标，即越大越好时，使用上限效果测度：

$$r_{ij}^p=\frac{u_{ij}^p}{\max_i\max_j u_{ij}^p} \tag{3-6}$$

③ 当 p 为适中目标时，使用适中效果测度：

$$r_{ij}^p=\frac{\min\{u_{ij}^p, u(0)\}}{\max\{u_{ij}^p, u(0)\}} \tag{3-7}$$

式中，$u(0)$ 为理想的适中值，一般取各指标样本值的平均值。

随后，即可用均值法求出综合效果测度：

$$r_{ij}^{\Sigma}=\frac{1}{l}\sum_{p=1}^{l} r_{ij}^p \tag{3-8}$$

则事件 a_i 的综合测度空间为：$\{r_{i1}^{\Sigma}, r_{i2}^{\Sigma}, \cdots, r_{im}^{\Sigma}\}$

根据最大效果测度（measure of the largest effect）原则，可以确定每一事件的1个或几个最优对策，即从对付事件 a_i 的各种对策 b_j（$j=1, 2, \cdots, m$）

中，选择效果测度最大的对策。即，若 $r_{ij}^{\Sigma} * = \max\{r_{i1}^{\Sigma}, r_{i2}^{\Sigma}, \cdots, r_{m}^{\Sigma}\}$，称 s_{ij}^{*} 为满意局势，b_j^{*} 为对付事件 a_i 的满意对策，当然也可以由此进行排序。

（三）算例

假设存在 5 条生态产业链，对其链接的生态效率进行比较。这 5 条生态产业链标号分别为 A、B、C、D、E。按上述确立的生态产业链链接的生态效率评价指标，即废气排放率、废水排放率、固体废物排放率、废气重复利用率、水资源重复利用率、固体废物重复利用率、能量重复利用率等进行评价，也可根据具体情况选取相应的指标。从上述的定义可以看出，对于前 3 个属于排放率的指标，是从产业链单个企业的角度加以定义的，而对生态产业链链接的生态效率评价是从生态产业链系统整体来考虑的。因此，对于这 3 个排放率指标都是取生态产业链系统内各企业相应指标的平均值。从上述的定义还可以看出，重复利用率指标是生态产业链系统的整体性指标。这里不妨假设生态产业链 A、B、C、D、E 的指标数据，具体可见表 3-5。

表 3-5 生态产业链 *A*、*B*、*C*、*D*、*E* 的指标数据

Table 3-5 The indicator data of the EIC-*A*, *B*, *C*, *D*, *E*

指标 \ 生态产业链	*A*	*B*	*C*	*D*	*E*	极性①
废气排放率（%）	38	60	50	35	56	极小
废水排放率（%）	45	32	30	40	78	极小
固体废物排放率（%）	66	45	38	45	23	极小
废气重复利用率（%）	57	20	26	47	35	极大
水资源重复利用率（%）	45	45	48	50	13	极大
固体废物重复利用率（%）	15	47	56	25	60	极大
能量重复利用率（%）	55	34	68	28	33	极大

注①：根据所取指标具体确定，分为极大、适中、极小。

具体计算如下：

（1）事件：5 条生态产业链；生态产业链链接的生态效率排序。

（2）指标和极性（见表 3-5）。

（3）样本（见表 3-5）。

（4）效果测度。根据指标和极性的不同，使用不同的效果测度，前 3 个极小极性的指标利用公式（3-5），后 4 个极大极性的指标利用公式（3-6），计算并建立如下效果测度矩阵：

$$R=\begin{bmatrix} 0.9211 & 0.5833 & 0.7 & 1 & 0.6250 \\ 0.6667 & 0.9375 & 1 & 0.75 & 0.3846 \\ 0.3485 & 0.5111 & 0.6053 & 0.5111 & 1 \\ 1 & 0.3509 & 0.4561 & 0.8246 & 0.6140 \\ 0.9 & 0.9 & 0.96 & 1 & 0.26 \\ 0.25 & 0.7833 & 0.9333 & 0.4167 & 1 \\ 0.8088 & 0.5 & 1 & 0.4118 & 0.4853 \end{bmatrix} \tag{3-9}$$

（5）将式（3-9）代入式（3-8），分别可得：

$$r_{11}^{\Sigma}=\frac{1}{7}\sum_{p=1}^{7}r_{11}^{p}=0.6993$$

$$r_{12}^{\Sigma}=0.6523$$

$$r_{13}^{\Sigma}=0.8078$$

$$r_{14}^{\Sigma}=0.7020$$

$$r_{15}^{\Sigma}=0.6241$$

由此可得到生态产业链 A、B、C、D、E 的生态效率评价结果分别为：0.6993、0.6523、0.8078、0.7020、0.6241。显然，生态产业链 C 的链接生态效率最高；生态产业链 E 的链接生态效率最低，其废水排放率也是较高的，与其他 4 条生态产业链相比存在明显差距，这必然影响整个生态产业链链接的生态效率。因此，如果要提高生态产业链 E 的链接生态效率，就必须降低其废水排放率，提高水资源的重复利用率。

上述算例虽然不是生态产业链企业的实例，但现实中若获得园区产业链的有关指标数据，经示例步骤演算，即可做到具体应用评价。

本章在相关理论与实践综述的基础上首先提出生态产业链系统的概念，对 EIC 链接的动力机制及其作用机理作了探析，并结合实例分析了 EIC 企业之间的链接关系：一对一链接，一对多链接，多对一链接，混合链接。通过对 EIC 企业之间的博弈关系分析发现：要实现园区生态产业链上游至下游的顺利链接，即博弈结果为“下游接受，上游提供”，除了政府在这个过程中扮演重要角色、起着不可忽视的作用外，上、下游企业之间废物或副产品利用的一些具体因素都将影响企业决策，因而需要对 EIC 链接的生态效率进行评价。

第四章　EIC 系统构建

本章针对 EIC 系统构建问题展开研究，内容包括 EIC 系统构建原则、EIC 系统构建步骤、EIC 系统的模型构建与分析，并以甘肃金昌市为例，对金昌市 EIPs 中的 EIC 系统内的核心企业与围核企业及 EIC 的链接作实例分析。

生态产业链是依据生态学原理，对两种以上产业的链接所进行的设计或改造，其原则是在企业提高经济效益的同时保护生态环境。因此，在生态产业链系统构建过程中，要以使自然资源存量增大为基本宗旨，即所设计与开发的生态产业链系统的最高目标是，在追求经济发展的同时，推动生态系统的恢复和良性循环；同时，生态产业链又是为提高资源生产效率而设计的，因此，它也侧重于通过产业链的链接与转换过程的设计、开发与实施，使生态资源在原始投入和最终消费方面提高效率。

第一节　EIC 系统构建原则

生态产业链系统，是指生态工业园区中的入链企业之间实现资源、信息和能量闭环高效流动的循环工业体系。生态产业链系统的构建是一项系统创新工程。它要求园区产业链企业从产品、企业合作、区域协调等多层次上进行物质、信息和能量的交换，降低系统内物质、能量流动的比率，减小物质、能量流动的规模。生态产业链系统的构建要以技术创新为基础，以生态经济为约束，通过探讨产业链企业之间废物和副产品等资源的循环流动、各链条之间的链接形式等，调整产业链企业内资源与能量的"序"与"流"，建立整个园区生态经济系统。因此，从某种意义上说，园区规划与设计的核心是生态产业链系统的构建。依据生态学原理，生态产业链系统的构建是实现园区可持续发展的关键。一般而言，生态工业园区中生态产业链系统的构建需要秉承以下几个原则：

(1) 结合区域实际原则。园区生态产业链系统的构建应与区域自然生态系统相结合，充分考量当地生态环境容量，科学规划与调整产业结构和产业布局，合理预见园区建设对区域生态系统可能产生的影响。产业链系统成员应该能够适应当地的环境条件，并通过多种协作关系实现与周围环境的和谐发展。

(2) 系统集成原则。生态产业链系统必须本着系统集成的原则。系统集成是指综合考虑园区内的物质流、能量流和信息流，通过共享信息和公共基础设施，统筹产业链企业之间、链与链之间，以及和自然之间的物质交换和能量利用，实现园区的高效率、低消耗的可持续发展。生态产业链系统集成包括 3 个方面的内容，即物质集成、能量集成和信息集成。物质集成是产业链系统的最基本要素。它涉及企业内部的化学反应转化、质量交换和企业间的废物交换、再生循环等，是产业链系统集成的核心内容。通过确定产业链企业之间的上下游关系，同时根据物质供需双方的要求，以确定物质交换的组成、数量和路径，实现生态产业链系统的构建。能量集成就是要实现对生态产业链系统内能量的有效利用，不仅包括每个生产过程内能量的有效利用，也包括各链条之间的能量交换。提高能源利用率、降低能耗不仅节约能源，也意味着减少环境污染。对能量系统的有效利用，现已有较成熟的理论基础和实践技术，如过程系统的能量分析和夹点技术。[①] 在产业链系统的能量集成中应用这些技术，可以实现整个园区能量的最大利用率。信息集成即建立完善的信息数据库、计算机网络和电子商务系统，利用先进的信息技术对产业链系统内的所有信息进行系统整理，充分发挥信息在整个生态产业链系统中的作用，促进园区的发展。

(3) 软、硬件建设并重原则。园区产业链系统内的硬件建设是指工业设施、基础设施、服务设施等具体工程项目的建设。软件建设包括园区环境管理体系的建立、信息支持系统的建设、各种政策（尤其是奖惩政策）的制定等。产业链系统的构建必须突出核心企业的关键工程项目的硬件建设及其相应的软件建设，使之发挥带头作用，保证园区得到健康、持续发展。

---

① 夹点技术（Pinch Technology），是英国 Bodo Linnhof 教授等人于 20 世纪 70 年代末提出的一种换热网络优化设计方法，是以热力学为基础，从宏观角度分析过程系统中能量流沿温度的分布，从中发现系统用能的“瓶颈”，并给以“解瓶颈”的一种过程系统节能技术。

（4）区域特色发展原则。要将园区产业链系统的构建与地方特色经济相结合，与区域生态环境综合整治相结合。通过培训和教育计划、工业开发、住房建设、社区建设等，加强园区与社区间的联系。要将园区规划纳入区域社会经济发展规划，实现区域内经济效益、环境效益和社会效益的有机统一。

第二节　EIC 系统构建步骤

园区产业链系统的构建大致分为如下 5 步：

（1）确定核心企业。结合区域实际，确定核心企业。所谓核心企业，是指处于生态产业链系统关节点，资源、能源、水耗较大，废物和副产品排放量大，对环境影响较大且能拉动和牵制其他企业、行业发展的主导产业。它对构筑园区产业链系统起着关键作用。核心企业往往决定产业链系统的形成与完善，影响系统功能的发挥。核心企业一旦消失或削弱，整个生态工业园就可能发生根本性的变化甚至崩溃。因此，确定核心企业至关重要。

（2）选择围核企业。核心企业确立后，分析其工业代谢特点，以其副产品和废物为基点，有针对性地建立围核企业（指把核心企业的废物或副产品作为生产原料的企业，是围绕核心企业发展的非核心企业，也有学者称为卫星企业）。围核企业对于生态工业园的发展壮大起着承上启下的作用，对维护系统内产业多样性和整个园区的稳定性具有重要的作用。随着生态产业链的不断进化发展，围核企业和核心企业之间的相互影响会越来越大，围核企业也有可能发展成为核心企业。

（3）引入补链企业。补链企业作为生态产业链系统构建的一个重要关节点，其作用在于，一旦产业链某一环节断裂，能迅速替补，进入角色。它是产业链系统的“预备役”。因此，补链企业的生产规模应与其对接的企业匹配，并建立长期的合作关系，同时补链企业在满足其对接企业需求的前提下，应建立原料多方供应渠道，满足生产需要，提高产业链系统的稳定性；通过发展关键补链项目和静脉产业来丰富园区产业的多样性，以增强产业链系统的稳定性，提高园区的竞争力。

（4）不同类型 EIC 的构建。构建生态产业链是依据工业系统中物质、能量、信息流动的规律和各成员之间在类别、规模、方位上的匹配，实现物质、能量和信息的交换，完善资源利用和物质循环，建立生态工业系统。因此，在生态工业园的生态产业链系统中应包括4类链条，即：

① 物质循环链。物质循环链是指产业链企业之间进行物质传递、供应、废物或副产品交换而建立的生态产业链。如图4-1a所示。

② 能量梯级利用链。根据国际经验，有效的能量利用是削减费用和环境负担的主要战略。在园区产业链系统内，不仅单个企业在寻求各自的电能、蒸汽或热水等使用的最大效率，而且产业链企业之间尽力实现所谓“能量层叠”梯级利用，如热电联产等。如图 4-1b 所示。

③ 水循环利用链。同能量一样，对于水资源的使用应当实现“水层叠”。实际上，工业用水有5个等级：超纯水、非离子水、饮用水、洗涤用水、灌溉用水。园区产业链企业之间通过构筑水循环，利用生态产业链，分级使用水资源，既可以节约水资源，又可以提高水的利用率，还可带来可观的经济效益。如图 4-1c 所示。

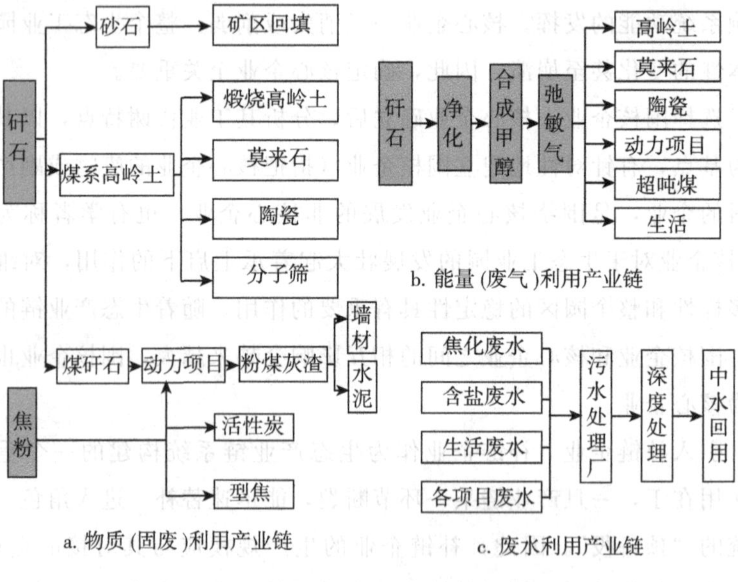

图 4-1 煤业集团物质、能量、水循环利用 EIC 简图

Figure 4-1 Recycle of material, energy and water EIC in Coal Industry Group

④ 信息共享链。园区产业链企业之间充分交流信息是产业链系统健康运行的保证。因此，开发服务于产业链系统运行的管理信息系统，实现计算机化管理，是提高产业链系统信息管理水平的关键。

(5) 综合与完善。通过以上4步构建生态产业链系统，虽然可以初步确定园区产业链系统的大致框架，但是，由此构建的生态产业链系统必然会存在一些不足，如因企业数量过少而导致生态产业链条过短且单一、缺少灵活性等，这些都会直接影响该产业链系统的稳定性。因此必须重视支持系统的设计，需要对构建出来的产业链系统进行补充完善，如可建立生态工业孵化器。企业孵化器起源于20世纪50年代的美国。它是一种新型的社会经济组织，通过提供研发、生产、经营的场地，通信、网络、办公等方面的共享设施，系统的培训、咨询以及政策、融资、法律和市场推广等方面的支持，降低企业的创业风险，提高企业的成活率和成功率（唐华，李峻，2005）。借鉴企业孵化器的模式，建立生态工业孵化器，其主要服务功能有两项：一是为加盟产业链的企业进行生态评估，并为这些企业与现有企业的相容性进行评估；二是为产业链系统的工业生态改造、延伸，维持工业生态系统的健康运转提供技术支持，有针对性地提出产业链的“补链”企业需求，担负起把产业链系统建设成为工业生态系统的任务。此外，通过设置多种渠道的原料、产品或副产品的输入输出途径，根据市场供求关系设计生态产业链的延伸等，以此丰富生态产业链系统，保障园区的可持续发展。

第三节 EIC系统模型构建

随着生态工业园区中生态产业链的不断发展，形成生态产业链系统是其必然的发展趋势。园区生态产业链系统的形式主要有依存型、平等型、混合型、虚拟型等4种。

一、依存型EIC系统

依存（Inter-dependent）型生态产业链是生态工业园区中最基本，也是最广泛存在的一种产业链接形式。它有两种表现形式：

（1）单中心依存型EIC系统。当园区内只有一家核心企业时，围绕该核心企业建立的产业链系统称为单中心相互依存型产业链系统。它的存在比较普遍，尤其是在一些大型企业集团（如青啤），为了充分利用各种副产品和工业剩余物，往往在其内部建立自主实体共生系统。如图4-2所示。

（2）多中心依存型EIC系统。当园区内存在两家或两家以上的核心企业

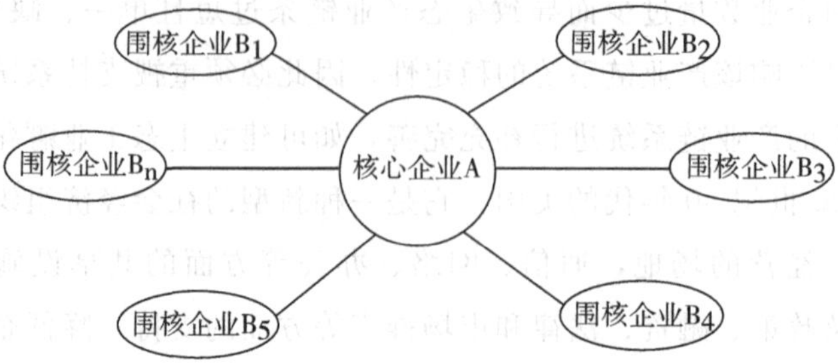

图 4-2 单中心依存型 EIC 系统模型

Figure 4-2 The single-center interdependent EIC-system model

时，所建立的产业链系统称为多中心相互依存型产业链系统。每家核心企业与其围核企业之间有着广泛的副产品和工业剩余物交换关系，互利共存。一般地，多中心相互依存型产业链系统内的核心企业之间也会通过物质和能量的交换建立一定的协作共生关系，但相比之下，核心企业之间通常并不存在紧密联系，而是保持着相对的独立性。如图 4-3 所示。

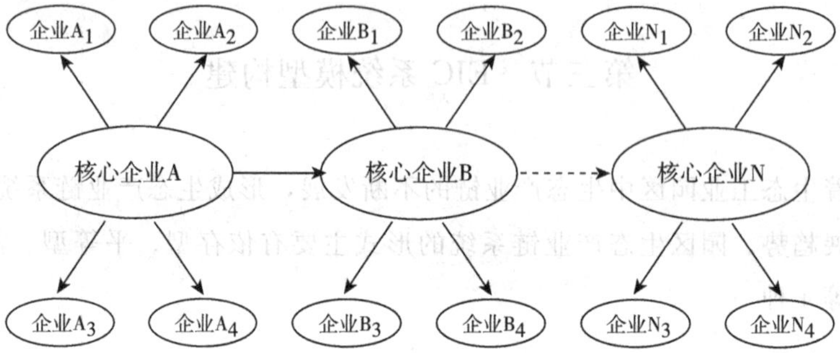

图 4-3 多中心依存型 EIC 系统模型

Figure 4-3 The multi-center interdependent EIC-system model

生态工业园区内的核心企业往往伴随产业链系统的形成和发展而确立。依存型生态产业链核心企业的确立主要有以下两种模式：

（1）企业主导模式。生态产业链系统本身是以某个企业集团为主体建立的。围绕这个关键企业集团，其他企业通过产权联系或长期稳定的契约关系构成了一个企业联合体，形成相应的生态产业链系统。这种模式的优点在于既保证了生态产业链系统内核心企业的发展，也带动了围核企业的发展。以原煤开采为例，在原煤开采生态产业链系统中，围绕煤炭开采主业，延伸出煤焦电厂、瓦斯电厂、洗煤厂、矿井水处理厂、新型建材厂、水泥厂、生活污水处理厂等产业，从而以煤炭开采为核心形成煤的生态产业链系统。如图 4-4所示。

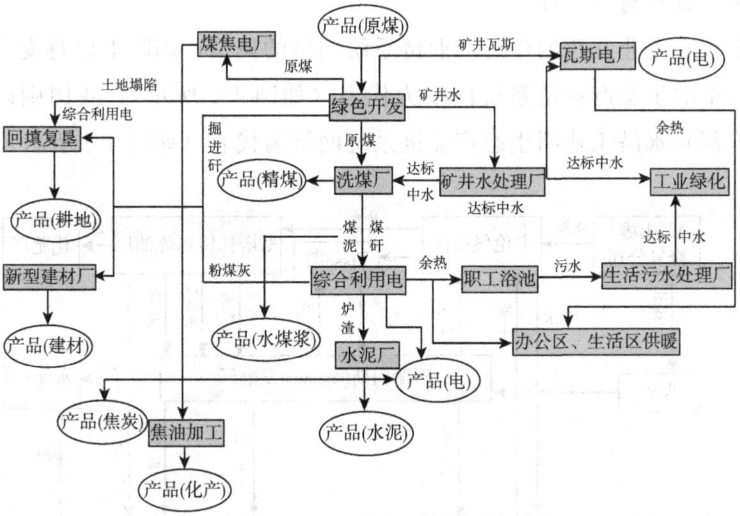

图 4-4　原煤开采 EIC 系统

Figure 4-4　Coal mining EIC system

（2）资源主导模式。资源主导模式是依据当地特有的资源发展而成的。生态产业链企业都依赖于这种资源，从而形成生态产业链系统。在这种模式中，各个企业独立存在，往往也存在比较大型的核心企业，但它在生态产业链系统内的主导地位明显弱于企业主导模式下的核心企业。产业链企业存在长期稳定的合作关系，即使个别企业撤出或倒闭，产业链系统也不会受到太大的影响，这主要是因为产业链得天独厚的资源优势，会及时有补链企业跟进。

由于产业链系统内核心企业的存在，一方面，需要其他企业为它提供大量原料；另一方面，核心企业又产生大量的副产品（如废水、废料等资源和废弃的能源等）。当这些廉价副产品可作为相关中小型企业的原料时，就会出现许多围核企业加盟，这就使得园区产业链系统内的依存型链接得以实现。例如：摩托罗拉公司落户天津开发区后，曾先后吸引近 40 家相关的上、下游中小企业进入园区，在原料供应和副产品吸收方面与之建立了广泛的联系，形成生态产业链系统。需要指出的是，产业链系统内的核心企业并非是唯一的，即产业链系统内的核心企业可以有多个。具有多个核心企业的产业链系统可以大大地降低系统的运营风险，并提高整个园区的稳定性和安全性。在很多情况下，系统内核心企业之间也会通过原料或副产品交换建立松散的物质交流关系，但更多的是保持其相对独立性。

多个核心企业并存的生态产业链系统网络的典型，国际上以丹麦卡伦堡生态工业园中的生态产业链系统网络为代表（如图 4-5 所示）；我国则以甘肃金昌市（镍都）永昌工业园生态产业链系统网络为代表（如图 4-6 所示）。

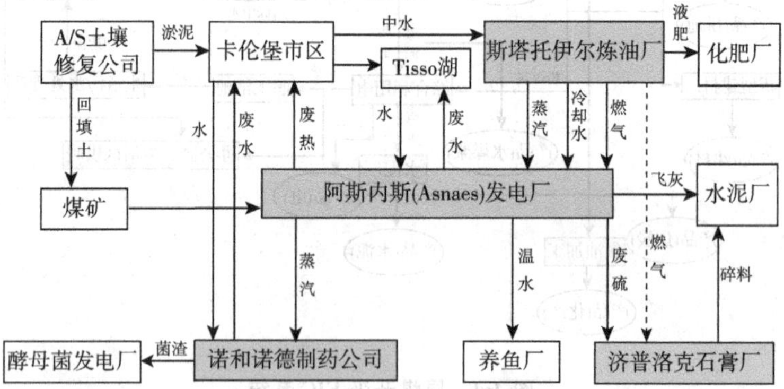

图 4-5 丹麦卡伦堡生态工业园中 EIC 系统内的核心企业

Figure 4-5 The core enterprises in the EIC system in Kalunborg EIPs

二、平等型 EIC 系统

平等（Equality）型生态产业链是指产业链企业之间处于平等地位，企业通过物质、能量、信息、资金和人才等的相互交流，形成生态产业链系统，整个系统通过自我调节以维持运行。平等型生态产业链系统模型如图 4-7所示。

在平等型生态产业链系统形成中，一家企业会同时与多家企业进行物质和能量交流，产业链企业之间不存在依附关系，在合作谈判中处于相对平等地位，依靠市场调节机制来实现增值。当两家企业之间的交换不再给对方带来利益时，就终止合作关系，重新寻求合作伙伴。参与平等型生态产业链的企业一般为中小型企业，其组织结构较为灵活，依靠市场机制调节，以利益为导

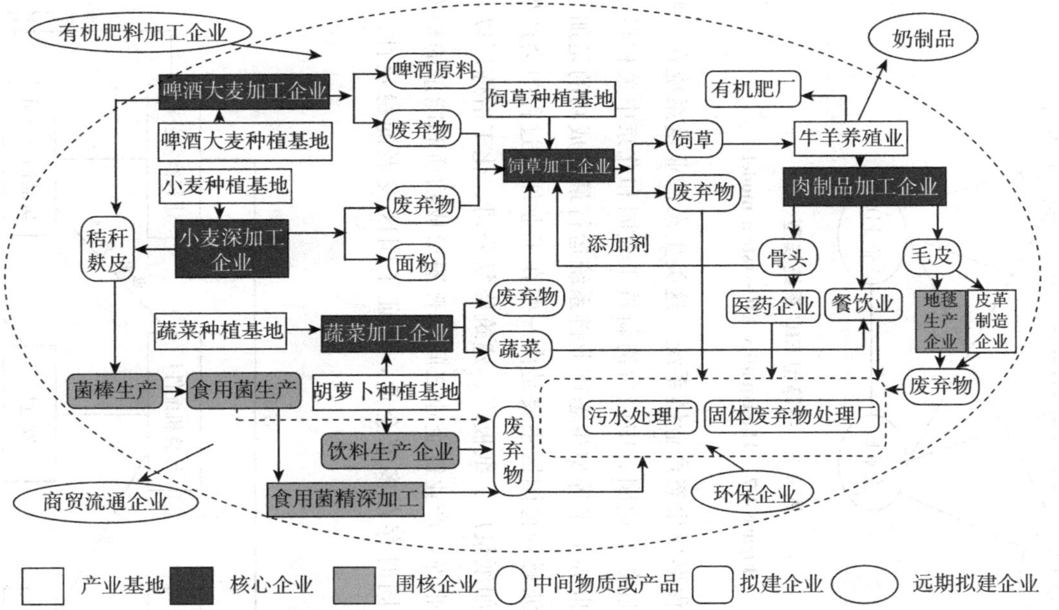

图4-6 甘肃省金昌市永昌工业园EIC系统内的核心企业和围核企业

Figure4-6 The core and star enterprises in the EIC system in Yongchang EIPs,Jinchang City,Gansu Province

(资源来源:永昌工业园,2008)

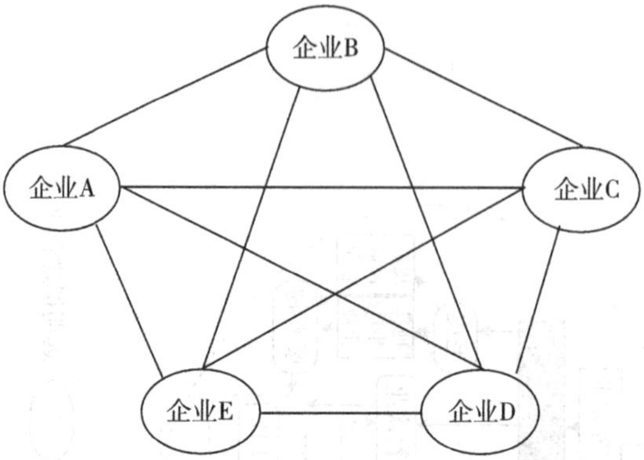

图 4-7 平等型 EIC 系统模型

Figure 4-7 The equality EIC-system model

向，通过自组织过程形成生态产业链系统。这类生态产业链系统在一些高科技园区，例如：美国硅谷工业园、中国台湾新竹工业园和北京中关村科技园区内较普遍存在。目前世界上平等型生态产业链系统运行最为成功的是加拿大波恩赛德生态工业园。波恩赛德园区主要是由一些在工业加工过程中会产生剩余物的小型企业组成，如纸浆厂、纸板厂、建筑修复公司、化工冶炼厂以及一些相关深加工高科技企业等，产业链企业之间已普遍形成物质和能量的梯次循环利用，系统关节点间同时存在多家企业，保证了园区发展的稳定性。如图 4-8 所示。

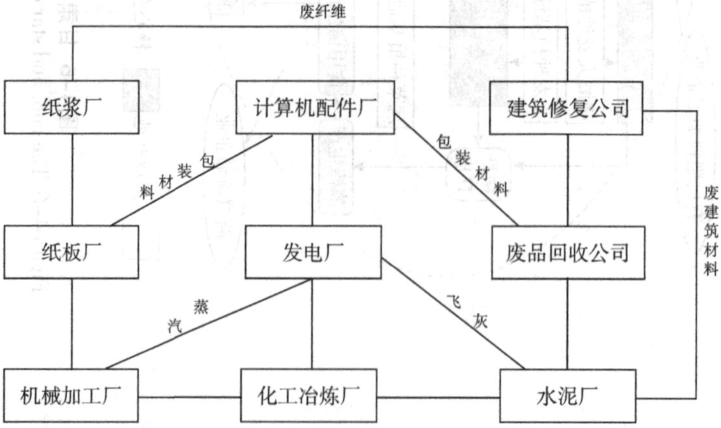

图 4-8 加拿大波恩赛德生态工业园中的平等型 EIC 系统

Figure 4-8 The equality EIC-system model in Burnside EIPs in Canada

需要指出的是，由于受经济利益影响较大，平等型产业链企业选择合作伙伴的主动权增强，因此，单靠市场调节很难保障产业链系统的稳定性和安全性，需要政府管理者的适度参与。

三、混合型 EIC 系统

依存型生态产业链系统和平等型生态产业链系统是生态产业链系统的两种极端形式。前者过于依赖于某一企业，具有非常强的专一性；后者过于松散，很难形成系统内的主体生态产业链。随着世界各国园区的不断发展，生态产业链系统也在不断进化，一种介于二者之间的新型生态产业链系统——混合(Mixed)型生态产业链系统在实践中开始出现。混合型生态产业链系统是一种复杂的生态产业链系统，它吸收了依存型生态产业链系统和平等型生态产业链系统的优点，由多家核心企业及其围核企业通过各种业务关系构成。在混合型生态产业链系统内，核心企业之间通过产品、信息、资金和人才等资源的交流建立生态产业链系统，并形成主体产业链，同时，每个核心企业又吸附许多中小型围核企业。这些围核企业以该核心企业为中心，形成子产业链。此外，各核心企业的围核企业之间也存在业务关联。园区所有加盟企业通过各级生态产业链系统相互交织在一起，既有核心企业之间的平等型链网和围核企业的依存型链网，又有子产业链之间的相互渗透，从而形成错综复杂的混合型生态产业链系统网络。混合型生态产业链系统模型，如图 4-9 所示。

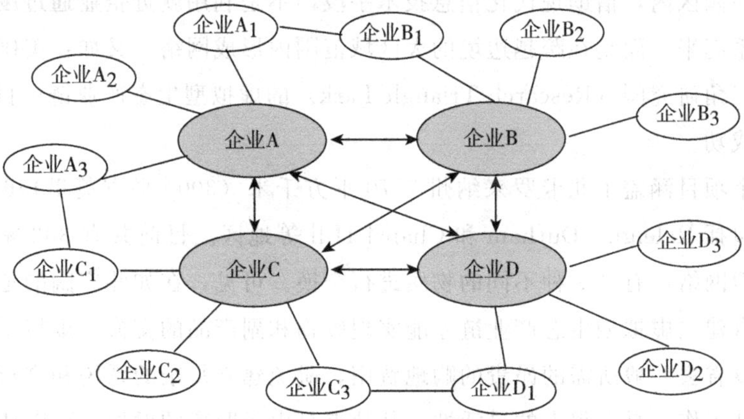

图 4-9 混合型生态产业链系统模型

Figure 4-9 The mixed EIC-system model

甘肃省金昌工业共生体生态产业链是国内混合型生态产业链系统网络发展的典型代表。金昌市依据区域实际，规划发展多产业链，主要有有色产业链、冶金产业链、硫化工产业链、磷化工产业链、氯碱化工产业链、煤及煤化工产业链等。这些产业链之间进行物质和能量交换，密切合作，使金昌形成错综复杂的产业链系统网络，呈现“你中有我，我中有你”的关系，保证金昌工业共生系统的复杂性、稳定性和安全性，为镍都金昌的经济腾飞奠定了雄厚基础。如图 4-10 所示。

四、虚拟型 EIC 系统

虚拟（Dummy）型生态产业链系统是突破传统固定地理界限和具体实物交流范围，借助现代信息技术手段，用信息流建立生态产业链企业的开放式动态联盟。它组建和运营的动力来自多样化、柔性化的市场需求，以市场价值的实现作为目标。整个区域内的产业发展形成灵活的梯次结构，因此具有极强的适应性。同时，参加合作的企业通过各自核心能力的组合突破资源限制，整个虚拟组织以生态产业链为依托，充分发挥协同工作和优势互补的作用。

美国布朗斯维尔生态工业园是目前世界上虚拟型生态产业链运作较为成功的代表。它位于美国和墨西哥两国交界处，有两座城市包含在内，即美国的布朗斯维尔市及其跨边境“姊妹城市”——墨西哥的马塔莫罗斯（Matamoros）市。在该园区内，借助现代化信息技术手段，不是利用就近企业通过废物交换将其联系起来，而是在跨越边境的大区域范围内形成网络。又如：美国北卡罗来纳州三角研究园（Research Triangle Park）的虚拟型生态产业链项目也取得了初步成功。

这个项目涵盖了北卡罗来纳州 7770 平方千米（3000 平方英里）6 个郡的区域，包括 Raleigh，Durham 和 Chapel Hill 等地区。目前共有 382 家企业加入该虚拟网络，有 249 种不同的物质进行交换。可见，在如此广阔的地域范围内，只有建立虚拟型生态产业链才能实现废物和副产品的交换。虚拟型生态产业链可以省去一般所需的昂贵的购地费用，避免建立复杂的系统和进行艰难的工厂迁址工作，具有很大的灵活性；其缺点是由于距离的增加，可能要承担较昂贵的运输费用。

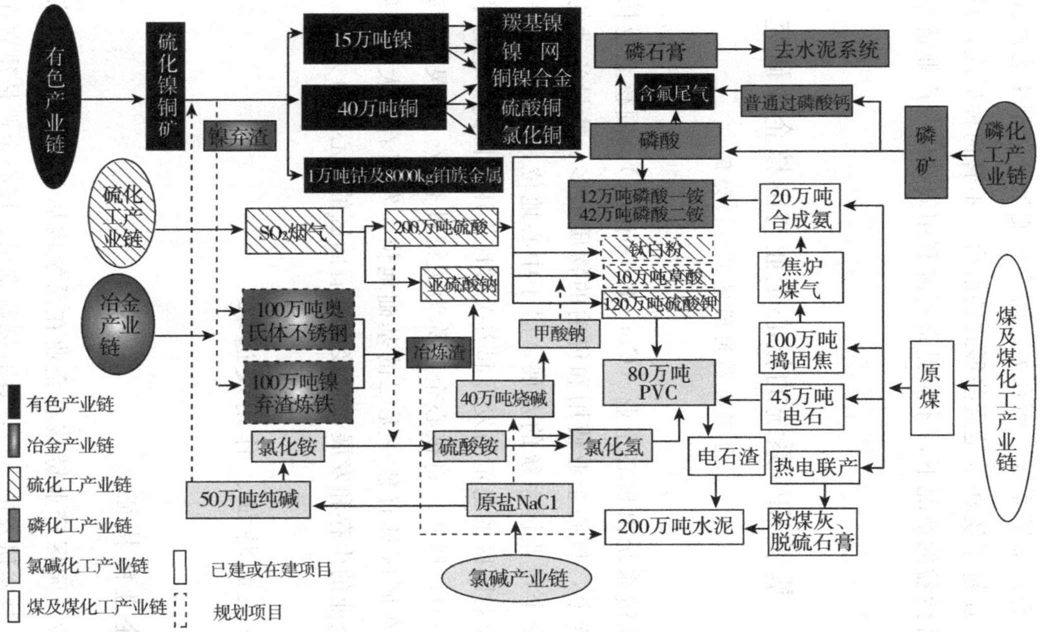

图4-10 甘肃金昌工业共生体混合型生态产业链系统网络

Figure4-10 The mixed EIC-system net in Jinchang EIPs,Gansu Province

（资料来源：金昌市发改委，2008年）

由上述分析可见，生态产业链系统的4种模式各具优点和不足，在园区生态产业链建设实践中很难只采用单一模式，需根据区域特点、企业规模和类型，综合考虑和运用各种共生关系及竞争关系，有选择地加以采用。另外，在一个生态产业链系统形成的过程中，不同的发展阶段会有不同变化，在某一阶段可能是依存型生态产业链系统，而在另一阶段可能是平等型生态产业链系统或者混合型生态产业链系统甚至是这些形式的混合。不管何种形式，只有使参与企业在获取经济效益的情况下，才能提高资源利用效率以及产业链系统的稳定性和安全性。

第四节　基于EIC系统的核心企业与围核企业研究

——以甘肃金昌河西堡工业园为例

园区生态产业链系统由核心企业（Core Enterprise）、围核企业构成。前已论及，在产业链上，核心企业使用和传输的物质最多、能量流动的规模最大，带动和牵制整个产业链系统的发展，居于中心地位，也是生态产业链的“链核”。核心企业对园区的稳定与发展起着关键性作用，因此，也有学者依据关键种理论（Robert，1969）将核心企业称为关键种企业（王灵梅，张金屯，2003）。核心企业在园区具有独一无二的基础地位，发挥着强大的辐射功能，能够带动产业链企业的生存和发展，直接决定着园区的核心竞争力。

一、核心企业的特征、作用及选取

（一）核心企业的特征

（1）核心地位。园区产业链核心企业在系统内居于核心地位，综合效益好，发展潜力大，技术研发能力强，具有创新意识。核心企业是建立在规模生产并基于商品市场基础上的专门化、社会化和商品化程度较高的主导企业，在园区具有核心地位。

（2）导向作用。核心企业是园区主导产业，代表区域经济发展方向和园区产业结构发展趋势。园区产业结构调整的不同阶段有着与之相适应的核心企业。

(3) 溢出效应。园区产业链企业之间相互关联、相互影响。一个企业或产业链对其他企业或产业链的影响称为这个企业或产业链的溢出效应。核心企业作为园区经济发展和企业结构变动的主角，其所在的生态产业链条长，关联度高，对园区经济发展的驱动力大，具有较强的带动其他产业发展的能力。核心企业的发展对园区经济增长会产生溢出效应：将自己的优势辐射到生态产业链其他企业中去，带动和促进整个园区发展。核心企业这种溢出效应的大小与企业关联度的紧密程度及关联水平高低有关，也与企业的规模和数量等因素有关。

(4) 技术或制度创新。核心企业实力雄厚，拥有人才、技术等方面的核心资源和超强优势，因而具有很强的创新能力，能够依托核心资源不断创新，吸引其他产业加盟，培养并建立自己的产业群落。

(二) 核心企业的作用

园区产业链核心企业是产业结构的核心和结构进化的主角。园区选择核心企业的合理与否既关系核心企业自身发展，又关系整个园区发展和产业结构是否合理。核心企业是主宰园区产业链系统进化的重要参量，它的产生和发展是产业链企业之间链接与技术创新共同作用的结果。

核心企业具有上、下游连锁效应，能够使许多产业链企业产生的联系和协同作用，带动产业群发展进化，从而使产业链的系统结构产生巨大的改观。核心企业具有强大的资源辐射力，如：能源业、冶金业、制造业等，以此影响相关产业。核心企业对构筑产业链系统、维持园区稳定发挥关键性作用。它处于生态产业链系统的关节点，对整个园区发展产生重要的影响。

(三) 核心企业的选取原则

结合区域实际，合理选择核心企业，是实现园区产业结构正确布局的前提和基础。为此，应该坚持以下原则：

(1) 选择核心企业必须体现园区一定时期的经济发展方向，即确保核心企业的产品需求和市场潜力巨大。因此，在进行园区核心企业选择时，一定要在把握产业结构现状与发展趋势的基础上，准确预测主导产业发展前景，做出正确选择。

(2) 选择能充分发挥园区比较优势的产业，使区域经济得到快速、持续、稳定发展。作为核心企业，应尽量选择那些科技含量高、技术进步快、技术要素密集的产业，始终保持领先地位，及时吸收先进的科技成果，创造高效率和高附加值。

（3）园区核心企业的选择必须充分考虑生态产业链的长短和产业关联度的高低。因地制宜、优选突出地区产业优势或反映园区规划主题的主导产业，从而确定生态产业链系统核心企业，对园区可持续发展至关重要。

二、发展围核企业的必要性及作用

（一）必要性

园区规划产业结构首先要求正确选择核心企业，但同时要重视围核企业及其他产业的发展。

其一，核心企业对原料和能源的大量需求，必然形成巨大市场，需要有一定数量的企业与之配套。

其二，核心企业为了降低产品成本，实现高效率，必然实行内部分工和社会分工。内部分工需要建立新的生产单位，或者兼并已有的生产企业并对其进行改造；社会分工促使建立新的企业，加强与现有企业的联系。总之，核心企业确立后需要建立大量的围核企业或者吸引许多新企业加入产业链系统，进入生态工业园。

其三，核心企业规模生产的扩大，必然促使产品销售部门和相关销售企业的兴起，同样会导致销售企业向产业链系统集聚。

可见，如果离开围核企业的扶持与合作，核心企业就不可能顺利发展。核心企业与围核企业协同发展，既有利于充分利用区域资源，也有利于提高园区产业链系统的抗风险能力。因此，合理地配置园区产业结构，必须处理好核心企业与围核企业的关系。

（二）作用

围核企业的作用主要体现在以下几方面：

（1）建立在集聚地的围核企业，也能形成产业群，获得产业集聚效益。

（2）产业链围核企业位置相连，可以降低运输成本，从而降低产品成本。

（3）产业链围核企业能够从核心企业获得技术、管理和销售等方面的指导，降低产品成本。

(4) 核心企业与围核企业位置相连，有利于核心企业进一步“内化”，产业链企业之间的交易成本降低，满足核心企业扩张的预期要求。

需要指出的是，前3点是围核企业自身首先直接获利，继而对核心企业乃至园区发挥积极作用。

三、核心企业与围核企业的协调发展

核心企业居于园区产业链系统内物质流、能量流和信息流的关节点，是园区的核心和重心。它的发展和壮大对整个生态产业链系统的进化与稳定具有极其重要的作用。生态工业园固然需要核心企业的实力支撑，同时也需要围核企业多元化的结构和多样化的产品，这样才能分散系统风险，增强稳定性。主导性和多样性的合理匹配是实现生态工业园可持续发展的前提。核心企业确立后，必须注意与围核企业之间发展的协调与配套问题，这关系到园区产业结构的合理化及经济的全面发展，要使园区尽快地形成产业链企业之间相互渗透、相互融合、相互协作、相互促进的工业共生体系。

四、甘肃金昌河西堡工业园EIC系统构成分析

(一) 园区概况

河西堡工业园位于甘肃省金昌市永昌县河西堡镇，是镍都金昌“三点一线”(金川—河西堡—永昌)工业布局中的重要基地之一。园区设有化工、无机化肥生产基地，能源基地，建材生产基地；主导产业包括化工产业、能源产业、建筑材料产业、物流业。

(二) 园区的核心企业和围核企业

1. 核心企业

(1) 金昌化工集团(金化集团)：是以化肥为基础，以纯碱为主导的全国大型化工企业，拥有西北地区最大的复混肥、纯碱生产能力，建有国内先进的复混肥生产线，未来将建成全国最大的氮、磷、钾三元素齐备的全元化肥生产企业。

(2) 金铁集团：现已形成从采、选、烧、炼到铸造以及水泥生产等完整配套的生产体系；主导产品有铁精矿、生铁、铸铁管、硅酸盐、水泥。

(3) 金昌水泥集团（金泥集团）：水泥和膨润土为主导产业。

(4) 永昌发电公司：火力发电，为居民和工业发展提供电力保障。

2. 围核企业

围绕以上核心企业，河西堡工业园从实际出发，合理构建了太西煤集团、矿山采掘企业、预制构件厂等围核企业，为园区的核心企业提供原料（如铁矿石、砂岩、石膏）或者吸纳其工业废物和副产品（如煤灰、冶炼渣、磷石膏、脱硫石膏）。

可以看出，河西堡工业园中的生态产业链系统是由以化工厂、铁厂、水泥厂、火电厂为核心企业的生态产业链不断派生其他产业链而构成的。这些核心企业，产生的工业废物和副产品多，能耗高且不能充分利用，产业链条长，有能力带动和牵制围核企业的发展，是园区生态产业链系统的链核，地位举足轻重，也最能反映园区的特征。园区的稳定和发展离不开对这些核心企业的正确选取。

（三）园区主要产业链接关系

(1) 太西煤集团（原煤供应）→永昌发电公司（电力和能源供应）→园区工业用电和居民用电，提供能源（热电联产工程），中水回用（污水回用工程）。

(2) 太西煤集团（捣固焦）→金铁集团（冶炼渣）→金泥集团（干法水泥）。

(3) 太西煤集团（焦炉煤气）→金化集团（磷石膏、脱硫石膏）→金泥集团（干法水泥）。

(4) 永昌发电公司（焚煤灰、炉渣）→金泥集团（干法水泥）。

(5) 金化集团（含氟尾气、普通过磷酸钙）→氟化工企业（氟化钠、氟硅酸）。

(6) 矿山采掘企业（萤石矿）→拟建氟化盐类产品生产企业（氟硅酸）；矿山采掘企业（砂岩、石膏）→金泥集团（干法水泥）。

河西堡工业园生态产业链系统如图 4-11 所示。

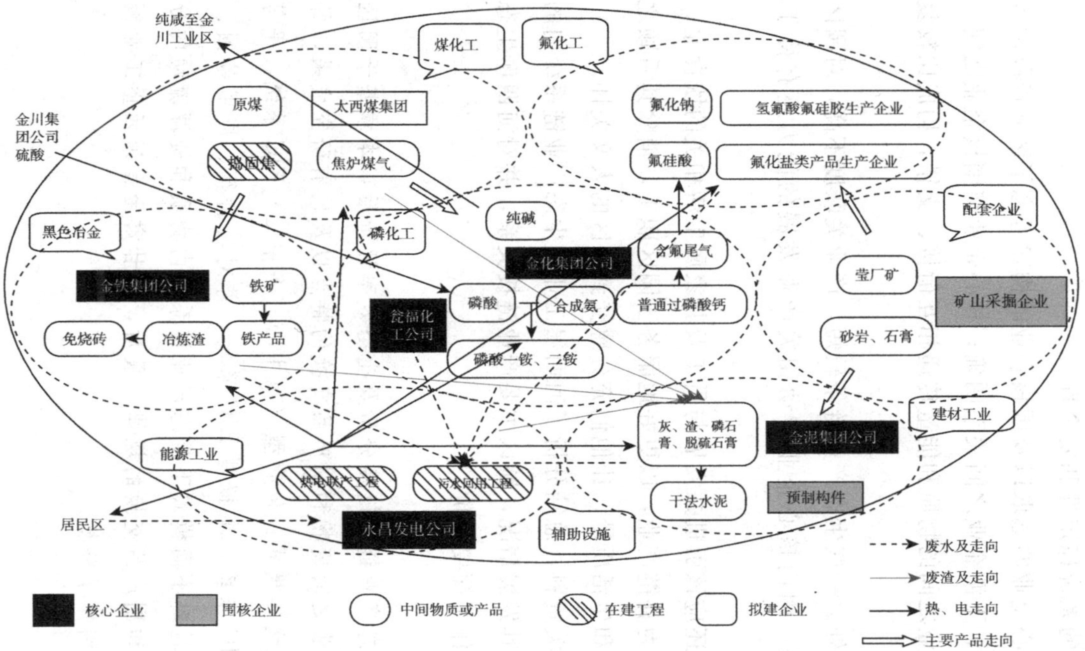

图4-11 甘肃省金昌市河西堡工业园和态产业链系统

Figure4-11 The EIC-system in Hexibao EIPs in Jinchang city,Gansu Province

(资料来源:河西堡工业园,2008)

（四）简要评价

（1）河西堡生态工业园目前有 4 家核心企业，是多中心相互依存型产业链系统，具有较强的系统稳定性和安全性。

（2）园区核心企业的选取以及围核企业的构建考虑了区域资源优势和地域特征；产业链上、下游企业之间关系明确；核心企业与围核企业之间、核心企业之间、围核企业之间的物质和能量传递相互衔接、交错，构成比较复杂的生态产业链系统。

（3）不足之处。一些生态产业链条较短，产业关联度不高，对园区经济发展的驱动力欠缺，因而核心企业带动相关产业发展的能力还有待于进一步提高。

此外，园区还应该引进并发展与员工及其家属生活相关的饮食业、金融和邮政等服务业作为补链产业，以更好地服务于园区职工，消除其后顾之忧，提高其生产积极性和生活质量，让他们充分感受到园区的人文关怀。

以上利用有关资料，总结分析了河西堡工业园生态产业链系统内的核心企业和围核企业及其发展情况，园区主要产业链接关系，并对河西堡生态工业园区的优势及不足作了简要评价。

在进行了生态产业链的链接分析及生态效率评价后，本章基于园区生态产业链上、下游企业之间废物和副产品交换的特点以及已有研究成果，补充完善了 4 种 EIC 系统运作模式：依存型（单中心、多中心）EIC 系统，平等型 EIC 系统，混合型 EIC 系统，虚拟型 EIC 系统；并对其特征、应用范围、适用条件进行研究。通过对不同模式下生态产业链系统内物质和资源流动的分析，初步揭示了其废物和副产品交换的规律。最后，以甘肃金昌河西堡工业园中的生态产业链系统为例作了分析。

第五章　EIC 系统运营的稳定性评价

本章对 EIC 系统运营的稳定性问题进行研究，包括 EIC 系统运营风险分析、EIC 系统稳定性评价、EIC 系统稳定性评价指标体系、EIC 系统稳定性评价模型。并以青啤 EIC 系统及其主要 EIC 为例，分别对其稳定性作出分析评价。

第一节　EIC 系统运营风险分析

根据生态工程控制论原理中的最小风险原理（Principle of Least Risk）：系统发展的风险和机会是均衡的，大的机会往往伴随高的风险；强的生命系统要善于抓住一切适宜的机会，利用一切可以利用甚至对抗性、危害性的力量为系统服务，变害为利（王如松，周鸿，2004）。生态工业园区显然适应这一原理。在园区内，上、下游企业资源和能源的梯级链接关系构成了生态产业链，物质、能量和信息沿着生态产业链逐级逐层流动。不同产业链上消费者企业之间的主、副产品和原料之间的横向耦合、协同共生，形成原料、能源、工业剩余物以及各种环境要素之间的立体环流结构，组成了一个纵横交错的生态产业链系统。生态产业链系统的结构特征决定了其不同于单个企业的简单运营机制：产业链企业在实现互利共赢的同时，也蕴涵着复杂的经营不确定性（Uncertainty）和风险性。其中，EIC 企业之间的投机行为导致的风险（Risk），EIC 系统内的结构性风险，EIC 系统内的关系风险，企业的文化背景与地域习惯差异导致的风险，是威胁园区生态产业链系统安全和稳定的主要因素。

一、EIC 企业之间的投机行为导致的风险

所谓园区产业链企业之间的投机行为，也称机会主义行为，是指产业链企

业为追求自身利益而采取的“偷懒”“搭便车”以及悖逆选择（即采取投机行为参与产业链系统的运行）行为，是关系风险的主要表现形式。本书对于产业链企业之间投机行为的分析基于这样的实际：产业链企业都是独立法人实体，不具有所有权上的隶属关系，经济上各自独立，企业之间的合作关系完全受利益机制驱动，因而，为追求自身利益最大化，企业通常会采用以下投机手段来“损人利己”：

其一，“敲竹杠（Fleece）”行为（王兆华，2005）。这有两种情形：一是，当生态产业链系统内的围核企业在原料和能源上完全依赖于核心企业时，核心企业在契约谈判和副产品交换过程中具有明显的主动权和绝对优势，很可能发生“敲竹杠”行为；二是，为了实现物质流和信息流，产业链企业会投资建设大量专用性资产，资产一经投资，再转作他用的可能性就非常小，特别是当固定资产投资是由一方单独完成时，投资方会处于非常被动的地位，一旦产业链协作企业终止合同，投资方就很难达到原先的利益目标，由于这一结果的潜在威胁，也会成为合作方对投资方进行“敲竹杠”的理由。可见，由于园区固定资产的专用性导致产业链企业采取“敲竹杠”行为的发生，是威胁产业链系统正常运作的一项重要风险。

其二，产业链个别企业处于私利，擅自改变产品原料的成分和数量或者提前中止合作。园区产业链企业之间根据契约，上游企业应该在某一时期按照下游企业生产的要求稳定供应一定数量和质量的副产品，确保下游企业的正常经营。然而受利益驱动，上游企业有时为满足消费者需求的变化或者为节约库存成本，生产原料的类型和产品数量会随市场而变化。此时，上游企业为了自身利益，可能会在事先没有与下游企业协商的情况下，擅自改变原料的成分和数量，导致输送给下游企业的物质不能满足其生产工艺的需求，危害下游企业的正常运行。更为糟糕的情形是，当上游企业面临生存危机时，为了维持其自身市场形象，不事先告知下游企业作好选择新的补链企业的准备，故意对外封锁消息，直到其突然倒闭。这种情形若真的发生，会给下游企业造成致命性的打击，甚至引起产业链连锁反应，导致整个系统瘫痪。

其三，乘副产品交换之际，窥探合作企业的核心技术。在园区产业链企业之间副产品交换过程中，企业生产所用原材料的成分配比、数量甚至工艺等都是暴露在合作企业面前的，这就为企业之间的“偷懒”和“搭便车”等投机行为创造了机会。特别是当围核企业依赖于核心企业时，核心企业的核心技术很难避免不被围核企业所模仿和扩散；如果产业链企业之间在某一领域存在竞争，为了在竞争中取胜，企业的核心技术也可能成为被窥探的目标。

其四，由于契约的不完备性而引起的败德行为。任何契约都不可能是完备的，因为要在契约中写明所有偶发事件的真实情景是非常困难的；即使可能，其成本也是昂贵的。这主要是由于环境的不确定性以及为更详细地明确契约的条款时，其搜寻成本、计量成本以及再谈判成本会增高。通常情况下，在签约时不可能将所要发生的事件都详尽说明，换言之，交易双方签订的只是一份不完全合约。因此，当偶发事件出现后，合作成员都会从自身利益考量，尽量做到趋利避害。这样，契约中未作明确规定的情形就可能被钻空子，投机行为随之产生。

二、EIC系统内的结构性风险

生态工业园中的生态产业链系统既要遵循生态学规律，又要受到市场经济规律的制约。并且，不同于自然界长期进化形成的稳定强大的生态链，园区产业链系统是人为设计规划出来的，这种特有的形成路径和结构特点决定了其运营中的稳定性将受到严峻挑战。

第一，生态产业链系统受到刚性制约。这是因为在一般园区内，产业链企业的数量有限，保障大部分废物运输的基础设施的性质所限，决定了管道运输只适合于固定伙伴之间固定的废物交换，而对于其他更为普遍的副产品交换，其运输将受到一定限制，并可能在运输过程中造成再次污染或者增加成本。

第二，履约风险。在生态产业链系统中，企业之间的合作是通过经济合同的形式进行的。当核心企业或上游企业擅自改变生产方式或引进新技术，或者只是一个普通合作企业终止其业务，如果再缺乏强有力的协调机制，那么，就会造成某种副产品数量不足，此时，整个产业链系统会受到严重干扰，甚至导致产业链系统瘫痪。如果生态产业链没有补链企业及时供给，就会使得园区产业链系统变得十分脆弱。一般情况下，生态产业链中副产品交换的理由主要是生产者企业与消费者企业之间毗邻，原则上完全可能中断从一个供货商那里的进货，改成从另一个供货商那里进货，而不论这个供货商在什么地方。事实上，园区产业链系统内理想市场的形成具有许多变数元素，原料的稳定供应是产业链企业都要面临的普遍问题，像丹麦卡伦堡生态工业园中的生态产业链系统那样的经济结构不可能在实际供应更为脆弱的情况下存在（卡伦堡园区产业链主要企业相互间的距离不超过数百米，生产者与消费者之间的废料交换十分邻近，由专门的管道网络紧密连接在一起)，例如像许多不实行废弃物交换的普通工业园区。

第三，产业链企业生产工艺对原料的质量要求非常高。工业生产工艺通常都设计使用符合严格的纯净标准和质量标准的天然原料，这就使企业同时使用多种副产品的回旋余地变小。例如：在卡伦堡，吉普洛克（Gyproc）石膏厂在接受阿斯耐斯（Asnaes）发电厂的副产品时不得不改变它的原料加工工艺，因为从阿斯耐斯电厂运来的石膏原料与天然石膏的温度是不一样的。虽然通过工艺改进，最终获得了成功，但两家企业也为此付出了很大的成本。因此，一般而言，当为了使副产品能为别的企业所用而进入改造生产工艺流程的细节时，经常会遇到技术上和经济上难以克服的困难。工业系统的“营养结构”并不一定比自然生态系统中所见到的更简单。因此，因生产工艺的限制因素，可能会造成生态产业链系统经常面临不稳定的威胁。

第四，产业链企业对生产原料的成分具有很高的要求，购买副产品的下游企业的工艺流程很难承受上游企业向它们提供的原料在性质上或在构成方面的变化。丹麦卡伦堡生态工业园中的吉普洛克石膏材料厂的情况就是一例明证。1995 年，吉普洛克在常规分析过程中发现石膏中含有大量的钒，这种金属可能对一些人造成变态反应，具有很大的危害性。经过仔细调查，最终发现钒污染的原因是，阿斯耐斯发电厂试用了一种从委内瑞拉采购的叫作奥利木森（Orimulsion）的价格十分低廉的燃料。奥利木森是一种从委内瑞拉奥里诺科（El río Orinoco）河流域开采来的石油。调查人员在这种石油里发现了钒，最终在石膏中也发现了钒。阿斯耐斯发电厂只好改进其设备，以防止钒的大量积累及脱硫装置生产的石膏污染其他产品。

第五，为了维持生态产业链的完整性和安全性，有时必须承受高昂的成本，经济上存在不合理性，影响产业链系统的长期稳定性。例如：为了防止可能对远距离供暖造成致命的竞争，卡伦堡市区没有安装天然气输气管道。事实上，对于个人消费者来说，由热电厂蒸汽网络所提供的废热比管道天然气供热要昂贵得多，但为了保证生态产业链系统的安全，卡伦堡市政府和居民必须为此支付较高的成本。这种情况想必在其他生态工业园中也会存在。

第六，园区内部产业链企业之间特有的广泛而紧密的关系容易造成专有信息扩散，对拥有专有信息的企业构成威胁。例如：根据某一企业的产品和副产品利用反求工程很容易模仿出该企业的生产工艺流程，使得该企业的技术和商业秘密难以得到有效保护，在园区内管理机构和政府监管调控不力的情况下，蕴含着恶性竞争的可能性。

以上因素都是影响生态产业链系统稳定性的主要障碍，是伴随副产品交换模式的产生一起出现的，并且有些因素具有产业链系统的固化性和普遍性。因此，在产业链运作过程中，为了防止以上因素影响生态工业园区的稳定性，除了在薄弱环节不断地引入补链企业，以增加其冗余度、柔性和系统的复杂性外，产业链企业之间还要加强合作，建立信誉机制和诚信档案，共同承担起维护生态产业链系统安全和稳定的责任。

三、EIC系统内的关系风险

按照风险的一般定义，关系风险是指工业共生网络中的合作双方因缺乏必要的沟通而造成的信任危机所产生的风险（丁冬梅，1999）。这种风险的产生一般基于两种情形：一是，产业链企业理性的不合作；二是，产业链企业非理性的不合作。所谓理性的不合作指的是，产业链企业为追求自身利益最大化而采取的不合作行为，或称为投机行为。对单个企业来讲，理性的不合作可能是合理的，但对生态产业链系统来说，则是缺乏效率的，有时对整个园区具有致命的损害。然而，令人遗憾的是，产业链系统的每个合作企业在可能的情况下都会存在以牺牲伙伴利益为代价去追求自身个体利益最大化的动机。非理性的不合作则不一定与追求企业个体利益有关，主要是在双方合作过程中，由于信息传递的扭曲甚至放大，信息的不对称，或是由于市场的变化致使一方无法采取合作行为等。总之，生态产业链系统在企业的关系方面会面临一些潜在的风险，产业链系统的结构和关系在本质上是不稳定的，这种不稳定性可能导致产业链条断裂。

在产业链企业的相互关系中，竞争地位的失衡可能会破坏交换双方的平等交流与协作。事实上，生态产业链得以维系的一个重要因素就是参与各方竞争地位的平衡。然而，随着合作双方在技术、资源、能力方面的交换与更新，有可能导致一方的竞争地位上升，而另一方则陷于竞争劣势。竞争地位的平衡格局逐渐被打破，此时处于强势的一方往往会视对方为累赘，从而形成彼此间在沟通与合作上的困难，置产业链条于断裂的险境。

产生关系风险的另一个源头是产业链企业收益不完全对称，从而阻碍企业间的平等合作。企业合作的必要条件是公平的分配机制，体现为副产品交换价格的公平、协约中地位的公平以及合作企业之间的相互尊重等。当产业链企业存在不公平交易时，虽然在短期内可能不会产生大的影响，但从长远来看，这不利于产业链系统的稳定性，最终会造成链条断裂。依据美国哈佛大学戴维·麦克利兰（David C McClelland）教授提出的成就动机理论中所阐述的成就需求（Need for Achievement）观点，人一般都具有争取成功并希望做得最好的需求；公平动机理论认为，遭受不公平待遇的人将设法恢复公平。同样，产业链企业都渴望做得最好并希望获得成功；并且，一个遭受到不公平赢利模式的企业有可能会对它的合作伙伴所表现出的不协调行为表示憎恨，甚至终止与它的合作关系。同时，如果产业链企业感觉其他合作方从联盟中获取了比自己更多的利益，就可能减少自我约束，甚至不顾自己的利益，采取对生态产业链系统不利的行为。因此，在很多情况下产业链企业在评估其关系时更多看重的是企业价值和公平而非效率。

产业链企业之间的合作关系其实是基于对未来的承诺，而这种承诺既可以公开规定，也可以默契达成。企业双方在参与合作过程中，担心由于合作而将自己的企业机密暴露给对方，导致自身在未来市场竞争中失去优势，因而为了保守各自的商业机密，避免不应转让的技术发生泄漏，防止不法竞争者以合作方名义窃取技术工艺和商业情报，会采取一些保护和防范措施。而与此同时，它们又希望对方能毫无保留地进行合作，以使自己在产业链上获得最大利益。这种不对称信息交流会造成产业链企业从自身利益出发，有提防、有保留地进行合作，导致企业间的信任度和亲密程度降低，使产业链绩效受到很大遏制。

应当指出，虽然生态产业链企业关系会产生如上所述的一定风险，在运作中还存在一些障碍因素，但其优越性仍是无法比拟的，企业不应仅因为管理困难和高失败率就轻易放弃这一战略选择。关键问题在于，生态产业链系统可以提高资源的利用效率和环境绩效，使企业在合作中获得更大的经济效益。因此，在生态工业园中构建生态产业链系统无疑是实现工业可持续发展的必然趋势和科学选择。

四、企业的文化背景与地域习惯差异导致的风险

当今世界经济一体化发展迅速，各国经济融合度大大提高。在“地球村”背景下，一个生态园区内可能出现不同国家的企业或者同一个国家不同地区的企业加盟合作的情形。因此，在生态产业链系统中，参与合作的企业形形色色，分别来自不同的国家或不同地区。它们因为具有共同的经济利益的追求而

走到一起，每个企业可能所经历的社会政治制度、法律制度不同，文化背景不同，都有各自的历史、价值观与信仰，由此形成的企业文化理念、经营方式、管理决策、企业行为方式等也存在很大差异。因此，在生态产业链协作过程中，由于企业文化背景和地域习惯差异会不可避免地出现各种冲突，这也是影响产业链系统稳定的重要因素之一。特别是当参与合作的两家企业分属不同国家，具有跨文化背景时，在其合作的过程中将会经常面临因文化和地域的差异而产生经营和管理上的分歧，战略兼容十分困难。如果经过一段时间的磨合后最终仍无法达成共识，合作链条就会断裂。这种现象在产业链系统中比较普遍，最初可能仅仅是文化背景的不同而已，但是，如果长时间缺乏沟通，就可能导致产业链企业之间缺乏相互信任，使其共生关系名存实亡，甚至使园区濒临瘫痪的危险。因此，对于产业链企业来说，有效的沟通是实现园区稳定的关键，一个企业长期培育的企业文化则是实现彼此间良好沟通和协作的坚实基础。但是，由于产业链系统的组织形式和动态性决定了它无法实施单一的文化管理，成员中不同企业、不同国别的文化差异，常常会带来沟通上的障碍甚至冲突。在跨文化背景下，个体的文化、组织的环境、管理的风格和技巧等都可能促成沟通和协调方面问题的产生，但是只要相关企业能够相互理解和包容，产业链合作关系仍然可以建立起来。例如：在丹麦卡伦堡生态工业园区中，大部分公司总部都设在其他地方，如Statoil炼油厂的总部在挪威，GyProc归属一家英国公司，卡伦堡只是它们的分公司或生产厂家所在地。研究发现，这些公司之所以能够成功地建立生态产业链系统，主要是通过本地化的交流与协商实现的。只有将公司的企业文化与本地的文化、民俗风情结合起来，它们才能"合群"，才会融入生态工业园的大家庭中，才有利于生态产业链系统乃至园区的稳定。

因此，为了克服因文化背景和地域差异而形成的对产业链系统的威胁，所有加盟企业应立足于本地，做好文化的宣传、管理与整合工作，努力做到兼收并蓄，取长补短。在园区内可设立专门部门负责协调运作，以增强产业链企业员工之间的心理磨合和情感交流，在不失去企业本位文化特色的情况下，善于接收和包容其他企业文化理念，汲取不同的社会经济文化的特长，尽量地减少因文化背景和地域差异而造成的对产业链系统稳定性的冲击。

总之，基于上述园区生态产业链系统隐含的风险，必须加以切实有效的防范和控制。那种将园区生态产业链系统过于理想化的观点是不现实的。为此，需要进一步探讨生态产业链系统的稳定性问题。

第二节 EIC系统稳定性问题

一、EIC系统稳定性含义

生态工业园中的生态产业链是一个完整系统。一个完整系统最鲜明的标志在于系统与外部环境的协调性，这种协调性最主要的体现在于系统自身的稳定性。一般系统的稳定性是指系统受到外部扰动后保持和恢复其初始状态的能力，是一个基于热力学原理的概念（杜旻，2003）。

结合一般系统稳定性的内涵，本书认为，生态工业园中的生态产业链系统的稳定性，是指整个园区生态产业链系统的内外部环境出现某种变动时，系统自身维持稳定状态的能力。稳定是指该系统有良性的循环状态；系统内外部环境的变动是指由于系统内部的构成要素发生改变及外部环境（包括市场环境、经济环境以及政策环境、法律环境等）发生变化时，整个系统运行机制上出现的某种波动（王国宏，2002）。

二、EIC系统稳定性问题

（一）EIC系统内含的具体问题

生态产业链系统模仿自然生态系统使各链接企业形成工业共生系统具有许多优点。比如，它提高了物质和能源的使用效率，减少了废物的产生，改善了环境，增加了企业的效益。然而，它终究不是一个真正意义上的自然生态系统，而是一个人为系统，因此必然存在许多问题，具体表现在以下几个方面：一是，产业链实际运作过程中，并非所有的废物都能够得到利用。产业链上循环流动的仅是那些能够作为下游企业原料的副产品，并且必须具有数量充足、可分离和价值高等特点，同时满足这些条件并非是轻而易举的，尤其对于产业链上的中小企业而言更是如此。二是，副产品或剩余物供应的不确定性严重影响产业链系统的稳定。一般地，企业的生产活动受原料供应状况的影响，当副产品或剩余物作为原料在产业链企业之间交换时，上游企业所供应的副产品或剩余物数量的改变势必会影响下游企业的生产活动。这种副产品或剩余物供应的不确定性会造成下游企业的生产发生波动。三是，如上所述，产业链个别企业的投机行为会使产业链系统经常面临巨大的潜在风险。产业链企业之间在本质上是一种互利合作关系，依靠契约和信用维系其运作，但由于企业都是以自身利益最大化为目标，这就很难避免其中某些企业为了自身利益而甘冒道德风险损害产业链的利益，甚至导致链条断裂，从而影响产业链企业的安全。此外，在产业链运作中还存在其他障碍，诸如法律障碍、信息不对称障碍、技术障碍和组织障碍等，这些都对产业链企业的安全构成威胁。由此可见，影响产业链企业发展的限制性因素不只是技术问题，在很多情况下，协调与管理产业链企业之间的关系往往比技术问题更重要；遗憾的是，在以往的研究过程中这一问题并没有引起学界的足够重视，这也使得从管理角度加强对产业链系统稳定性的研究显得尤其重要。

（二）EIC链接的多样性与EIC系统的稳定性之间的关系

前面有关章节对这一问题已略有论及，这里仍以丹麦卡伦堡生态工业园中的生态产业链系统的不断优化为例进一步分析说明。

（1）随着生态产业链的逐渐增多、结构的日趋合理，卡伦堡工业园生态产业链的稳定性不断增强。同时，在产业链进化的过程中，人们发现，虽然产业链上不断有新的企业加盟，但企业数量总的增长趋势放慢，而生态产业链数量在逐渐增加，表现出产业链链接关系日趋完整和复杂。其结果是，产业链系统网络内的资源效率、生态效率和经济效率显著提高。

（2）随着副产品交换机制的逐渐形成，园区内工业废物的交换机制，从最初废物的无偿供给转变为以市场交易为主的有偿交换模式，形成卡伦堡典型的自主实体共生模式。

（3）从工业剩余物的交换模式来看，由起初的核心企业单向输出，逐步演化为核心企业与围核企业之间的双向输出，形成系统内相互的物质交换模式，园区内产业链系统的复杂度提升：一条条类似于自然界生态系统食物链的园区生态产业链将多种资源和能源链接成一个相互依存、相互制约、互利共赢的整体，物质和能量沿着生态产业链梯级流动，原料、能源、废物、剩余物以及环境要素之间形成一个立体环流结构。在卡伦堡园区内，企业利用上下游主、副产品和原料的链接关系构成稳定发展的生态产业链系统：一个链条上某个企业所排放的废物，经过技术处理，再进入其他的生产过程，环环相扣，构成了产业链条的纵向闭合；与此同时，不同链条上的消费者企业之间利用主、副产品和原料之间的横向耦合、协同共生关系形成一个纵、横向交错的生态产业链系统网络。

卡伦堡生态工业园中的生态产业链进化发展的事实（由单中心相互依存型单一产业链系统不断进化为多中心相互依存型混合产业链系统）证明：①一个园区内生态产业链系统网络的结构越复杂，越完善，其稳定性就越强；②生态产业链系统稳定性的特征表现为，它是一种开放的稳定性，动态中的稳定性，整体的稳定性。

第三节　EIC系统稳定性评价指标体系

既然生态产业链系统存在风险，就必须对其稳定性加以评价。根据康奈尔（Cornell）模型，在进行生态工业园中的生态产业链系统评价时，市场问题是进行分析的首要因素，然后才是环境改善的问题。如果市场的可靠性存在问题，那么对于经典工业生态学的成功与失败就不能做出正确的判断，因为各组织单元会在很短的时间内消失，并且这样也抹杀了工业生态学效果的真实意义。因此，对于生态工业园中的生态产业链系统来说，出色的环境和商业运作是确保成本优势和创造利润的有效途径，同时也是避免恶意竞争、维持系统稳定性的重要途径。

作为循环经济的重要实现形式，生态工业园应该具有高效率、高效益、高生态化、低污染的特征。只有科学建立园区产业链系统稳定性评价指标（Evaluating Indicator）体系，合理评价生态产业链系统的稳定性，才能推进系统的不断完善和进化，保障生态工业园区的稳定运行（肖忠东，2002）。

一、评价指标体系建立的原则

生态产业链系统稳定性评价指标是对生态产业链系统稳定度进行数值表达的一种形式或计量尺度。生态产业链系统评价指标体系是由一系列相互联系、相互补充、具有层次性和结构性的评价指标组成的一个具有科学性、相关性、目的性、动态性的有机整体。生态产业链系统评价指标体系的建立，一般应该遵循以下8个原则：

(1) 目的性原则。各项指标的选取与制定，均具有典型性，多方位、多角度地反映循环经济的特征，本着以建设资源节约型、环境友好型社会为最终目标的原则。

(2) 系统性与层次性相结合原则。生态产业链系统稳定性评价指标体系必须能够全面地反映系统稳定性的各个方面，具有层次高、涵盖广、系统复杂的特点。它由不同层次、不同要素组成。它的各子系统之间、各组成要素之间以及子系统与组成要素之间，既相互联系，又相互独立，体现出系统性与层次性。因此，必须采取系统工程的研究方法和思路来研究生态产业链系统的评价指标体系。

(3) 科学性原则。评价指标体系应建立在科学基础上，指标和数据的选取、计算与合成必须以公认的科学理论（统计理论、管理与决策科学理论等）为依据，处理方法要科学，具体指标要能够反映出生态产业链系统稳定性的实现程度。

(4) 区域差异性原则。生态产业链系统稳定性所涉及的资源、环境和社会经济条件均具有明显的地域性，因而在衡量系统稳定性时所选用的评价指标体系应具有地域性，能代表区域环境方面的特性，反映出系统稳定性的区域特征。

(5) 动态与静态相结合原则。生态产业链系统的稳定性既是一个目标，又是一个持续改进的过程。生态产业链系统作为一个系统是不断发展变化的，是动态（Dynamic）与静态（Static）的统一。因此在设置指标的时候，既要考虑静态的数据，又要考虑动态的变量，使生态产业链系统稳定性的水平得到连续的反映。

(6) 定性与定量相结合原则。在评价指标体系中，应尽可能选取可量化的指标，力求少用那些难以量化的模糊性指标。但在稳定性的评价中，定性指标又是评价要素的重要组成部分，而且这些主观判断的结论能够弥补定量指标难以涵盖的模糊状态。不少实例表明，有些定性指标可以显示出几年以后可能被定量指标所确认的判断。因此，尽管这类指标在采集、处理起来都比较困难，但它是定量评价生态产业链系统稳定性不可或缺的指标。评价时应该尽量对系统要素尤其是不可度量的指标进行量化，以减少因不确定性造成的主观影响。

(7) 可操作性与可比性相结合原则。指标体系应把简明性和复杂性很好地结合起来，要充分考虑数据的可获得性和指标量化的难易程度，要保证既能全面反映生态产业链系统稳定性的各种内涵，又能尽量利用统计资料和有关规范标准。评价指标的可比性要求每一指标的内涵都是确定的、可比较的，即同一指标可以在不同的时间、空间范围内进行比较。

(8) 全面性与典型性相结合原则。生态产业链系统的稳定是各种要素综合作用的结果。指标体系要尽可能全面反映系统稳定性发展的各个方面，同时考虑到其指标量化以及数据取得的难易程度和可靠性，选择某一方面或某一领域的主要指标和综合指标。

按照以上8项原则，在广泛收集资料，对生态产业链系统稳定性相关诸要素进行系统理论分析、深入生态工业园区调查的基础上，建立生态产业链系统稳定性的评价指标体系。

二、建立评价指标体系应避免的问题

目前生态产业链系统稳定性仍处于理论探讨及从理论探讨走向实际应用的研究阶段，有待于进一步深入研究。由于生态产业链系统稳定性评价指标体系是一个庞杂的系统工程，加上有许多主客观因素的制约，因此在建立生态产业链系统稳定性评价指标体系时应注意避免以下3个方面的问题。

(1) 评价指标过于庞杂且不均衡。虽然评价指标体系应能全面地反映和测度稳定性的各个方面，但应注意避免将各种可能的指标不加分析、不加筛选地一一罗列出来，不仅数量过多，而且缺少章法；同时要注意将反映稳定性特征的动态指标与静态指标相结合，尤其要避免反映稳定性发展趋势的动态指标偏少。

(2) 评价指标与评价模型脱节。稳定性评价指标体系的一个重要功能就是定量评价和预测生态工业园区的发展状态与趋势。运用指标体系定量评价系统要求将各指标归纳成一个函数，甚至是多维函数；但要真实客观地构造这样的函数并非易事。评价指标体系所选的指标要易于量化处理，避免列出大量难以甚至不能量化的指标，与评价模型脱节。

(3) 评价指标与实际应用脱节。稳定性评价指标体系研究的目的是为了实际应用，促进研究区域社会经济发展与资源环境相协调，增强区域的可持续发展能力。因此，在设置评价指标时，要考虑评价的目标是为了实际应用的需要，避免评价指标的可操作性不强，同时加强将稳定性评价指标体系应用于区域环境监测、环境规划、环境管理以及社会经济发展规划中。为此，需要借鉴日本的经验，国家和地方政府相关部门、高等院校、研究机构等联合起来，共同推动园区建设的理论与实践研究，以指导和监督此项工作的顺利进行。

三、评价指标的筛选方法

建立科学合理的评价指标体系是进行园区生态产业链系统稳定性研究的关键，关系到系统稳定性评价结果的正确性。具体对评价指标的筛选应遵循综合性的原则，既要全面考虑上述评价指标设置的原则，又要考虑各项原则的特殊性及目前研究认识上的差异，根据实际情况确定各项原则的衡量精度及研究方法。力求依据各项原则，准确而又全面真实地描述和计量系统稳定度。对于指标体系的具体筛选方法，可采用频度统计法、理论分析法和专家咨询法。频度统计法主要是对目前提出的有关稳定性评价研究的指标体系进行频度统计，选取那些使用频度较高的指标；理论分析法主要是对生态产业链系统稳定性的内涵、特征、基本要素、主要问题等进行相关的分析、比较、综合，选择重要并且针对性强的指标；专家咨询法是在初步提出评价指标的基础上，进一步征询有关专家的意见，对指标进行调整。合理运用这三种方法，最终会得到较理想的生态产业链系统稳定性的一般评价指标体系。

四、评价指标体系的建立

根据生态学理论，在参考国家有关标准的基础上，综合考虑评价指标体系的建立原则、筛选方法，本书在已有研究的基础上构建生态产业链系统稳定性的评价指标体系。该指标体系主要分为：外部影响指标、生态产业链企业指标、生态产业链系统整体指标等3类一级指标；国家宏观政策、市场环境、企业竞争力、企业应变力、企业效益水平、系统信息化水平、系统柔韧性7类二级指标；21个三级具体指标。其中，三级指标包括定性指标和定量指标，具体在进行园区规划时可根据实际情况和特殊条件而定。

（一）外部影响指标 U_1

外部影响指标包括国家宏观政策、市场环境两个次级指标。

1. 国家宏观政策 U_{11}

国家宏观政策是指国家制定的相关行业的产业政策、金融政策和税收政策。这些政策对生态产业链系统稳定性的影响既有积极的，也有消极的。国家宏观政策涉及许多方面，方方面面都从外部作用于生态产业链企业内部，对企业的经营形式、管理效果、效益状况等都产生重要影响。在内部素质和能力基本相同的情况下，企业所处的外部环境越宽松，就越容易获利，抵御外界和内部的冲击的能力也就越高，系统的稳定性和安全性就会增强。从我国当前的实际出发，国家宏观政策应从对企业作用最大的产业政策、金融政策、税收政策等 3 个方面体现出来。

2. 市场环境 U_{12}

产业链企业在要素市场中所处优势或劣势，即企业的市场状况在一定程度上体现了企业的稳定状况。企业的市场环境主要通过企业在市场上原料供应稳定性、主导产品市场需求状况、产品市场持续性等方面体现出来。

(1) 原料供应稳定性 U_{121}：指产业链企业产品是否具有稳定的市场原料来源。

(2) 主导产品市场需求状况 U_{122}：指产业链企业的主要产品是否具有良好的市场需求，供需比例是否把握得当。

(3) 产品市场持续性 U_{123}：指产业链企业产品是否具有持续稳定的市场需求趋势，是否会随着时间和条件的改变而被市场淘汰。

(二) 生态产业链企业指标 U_2

产业链企业指标包括企业竞争力、企业应变力、企业效益水平等 3 个次级指标。

1. 企业竞争力 U_{21}

企业竞争力是指在市场经济条件下，企业作为商品生产者和经营者为了争取实现企业自身的经济利益，创造有力的商品和实现商品流通而进行市场争夺的能力。企业竞争力是企业综合实力的显现，也是企业活力的根本反映。企业竞争力的大小可用以下几个指标来反映和衡量。

(1) 工艺设备先进性 U_{211}：反映产业链企业工艺技术和装备方面的先进程度。

(2) 销售收入利润率 U_{212}：反映产业链企业总体销售收入中利润所占比例 (利润÷销售收入)。

(3) 产品种类多元化程度 U_{213}：指产业链企业的产品生产是否多元化，种类是否齐全丰富（吴伟等，2002）。

（4）产品价格竞争力U_{214}：指产业链企业主要产品价格与国内市场行业平均价格相比是否具有竞争力。

2. 企业应变力U_{22}

企业应变力是指外部条件激烈变化后，企业已不可能保持原来的稳定状态情况下，通过改变自身的结构、功能以适应环境的能力。企业在复杂多变的外部环境中，需要有很强的应变能力，才能对企业的生存与发展掌握主动权。这从客观上要求企业能对任何环境的变化做出灵敏反应，经常保持与系统外的信息流通顺畅，合理调整产业结构、产品结构，不断开发适销对路的新产品，保持与外部环境较高的协调度。只有这样，才会使企业的生命力增强。

产业链企业的应变力主要通过以下指标来反映：

（1）产品销售率U_{221}：反映工业产品实现销售的程度，可用于分析产销衔接情况；产品销售率越高，企业驾驭市场的能力越强。

（2）产品结构合理度U_{222}：反映企业应变能力的强弱；产品结构合理度越高，企业对市场的应变能力越强。

（3）企业与外界信息交流情况U_{223}：反映企业与外界信息的流通情况，是企业适应系统外部环境变化的基础。

（4）原材料来源途径U_{224}：也可认为是原材料来源可替代性，指企业生产所需原材料来源是否具有多样性，主要原材料是否容易就近找到替代品，以缓解原材料短缺对企业造成的冲击；若原材料来源较广，企业的生产柔性会相应地提高。

3. 企业效益水平U_{23}

企业效益水平主要是从产业链企业的经济效益水平和环境效益水平来考量。

（三）生态产业链系统整体指标U_3

生态产业链系统整体指标包括系统信息化水平、系统柔韧性两个次级指标。

1. 系统信息化水平U_{31}

系统信息化水平主要包括以下3个次级指标。

（1）产业链系统内的企业链接率U_{311}：生态产业链系统内两两具有物质或

能量链接的企业占系统内企业的比例，反映系统内企业之间通过物质流、能量流、信息流所构成系统的复杂程度，计算公式（元炯亮，2003）如下：

$$C=\frac{2l}{s(s-1)} \tag{5-1}$$

式中，l 为系统内企业间的物质流、能量流、信息流的相互联系数，有联系的即为 1，s 为系统内企业个数。

(2) 系统内企业开发链接技术的投入水平 U_{312}：生态产业链系统得以形成是以链接技术为基础的，因此产业链企业对链接技术的开发需要一定的投入才能促进生态产业链的系统化。

(3) 系统内企业信息共享程度 U_{313}：生态产业链系统的建立和完善是一个长期复杂的过程，在这一过程中需要大量的信息支持，大量信息的有序组织需要建立一个信息管理和决策支持系统，并在此基础上进一步建立生态产业链系统仿真和决策支持工具，以对产业链企业之间的物质流、能量流组合进行研究，对整个系统的效率作出估计，进行包括环境、经济和工作机会在内的多目标规划，为系统所在园区的设计、决策和维护提供参考（李有润等，2000）。

2. 系统柔韧性 U_{32}

系统柔韧性主要包括以下两个次级指标。

(1) 具有平行关系的企业占系统内企业总数的比例 U_{321}：即指除了固定的上（下）游企业之外，企业是否有其他与固定上（下）游企业发挥同样作用的企业，即具有平行关系的企业，用此类企业占系统内企业总数的比例来衡量系统的柔韧性。

(2) 产业链企业垂直延伸能力 U_{322}：指产业链企业的纵向延伸能力，即发展其上下游企业的可能。

生态产业链系统稳定性评价指标体系如图 5-1 所示。需要指出的是，生态产业链系统稳定性的评价指标体系并不是一成不变的，评价指标的选择及数量可根据系统内外部因素变化进行适当调整，这是由生态产业链系统特征及评价对象所处区域和行业性质所决定的。

五、评价指标的评价标准

在建立生态产业链系统评价指标体系的基础上，有必要明确各指标的评价标准。从认识生态产业链系统稳定性的过程来看，对于生态产业链系统稳

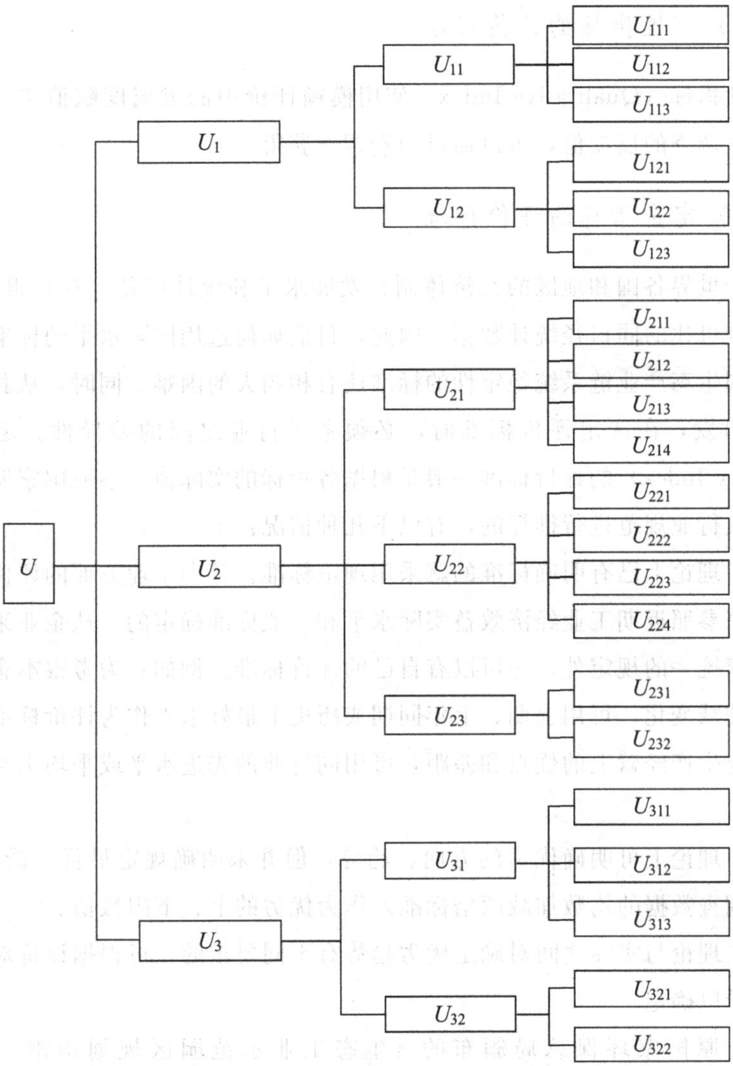

图 5-1　EIC 系统稳定性评价指标体系

Figure 5-1　EIC system stability evaluation index system

定性评价指标，虽然可以从不同角度说明生态产业链系统稳定性的不同方面，但这些评价指标中必然既有定性指标，又有定量指标，并且指标值参差不齐，量纲不统一，因此无法直接做出稳定性大小的评判。因此，确定生态产业链系统稳定性评价标准是建立评价指标体系后评价生态产业链系统稳定性的前提。

（一）定性指标的评价标准

定性指标（Qualitative Index）使用模糊评价中的隶属度赋值法，评价标准是专家调查的反馈值，可以通过问卷调查获得。

（二）定量指标的评价标准

由于世界各国和地区的经济体制、发展水平和统计口径等存在很大差异，缺乏直接可比的同口径统计数据，因此，目前如何选用国际水平的标准值作为评价我国生态产业链系统稳定性的标准还有相当大的困难。同时，从我国的实际情况出发，在选定评价标准时，必须考虑行业之间的差异性。定量指标（Quantity Index）的评价标准一般是根据各指标的实际值，参照国家颁布的相关标准或行业规范进行推算的，有以下几种情况：

(1) 理论上已有明确标准的就采用理论标准。其中工业方面的评价标准值是由国家参照近期工业经济效益实际水平和一般标准确定的。从企业来说，除执行国家统一的规定外，还可以有自己的评价标准。例如：为考察本企业经济效益的增减变化，可用上期、上年同期或历史上最好水平作为评价标准；为找出本企业生产经营上的优点和差距，可用同行业的先进水平或平均水平作为评价标准。

(2) 理论上可明确优劣的方向、趋势，但并未明确规定最优、最劣值时，可采用调查数据的均数加减两倍标准差作为优劣的上、下限数值。

(3) 理论与实际之间对确定优劣趋势有不同要求的，可根据评价对象的实际情况予以确定。

(4) 原国家环保总局颁布的《生态工业示范园区规划指南（试行）》(2005) 上有标准的，就采用规划上的标准。

第四节 EIC 系统稳定性评价模型

在生态产业链系统稳定性评价指标体系建立起来的基础上，需要对指标体系进行分析计算，以得到稳定性的最终评价结果。因此，需要选择合适的评价模型（Evaluation Model）进一步分析生态工业园中的生态产业链系统的稳定性水平，使得系统的稳定性有量值的表征。

评价模型的选择需要通过对比多种数学模型和方法，选出最适合园区产业链系统稳定性评价的一种方法。目前的科学计算方法主要有精确、模糊之分。精确方法的核心是建立数学模型，通过求解模型引出基本结论；但对于明显存在模糊性的复杂系统现象，原则上无法建立精确的数学模型。基于数学模型的定量描述要求有完备而足够精确的数据资料，但对于分析和计算复杂系统，往往难以获得这样的数据资料，精确方法在这种情况下便失去了使用的前提。模糊数学是一门方法性学科。在大系统、复杂系统、生命系统，特别是人文社会系统中，许多概念既无明确的外延，又无明确的内涵，属于模糊概念。而事物类属和性态的不分明性，即为模糊性。模糊性强调一种中间过渡性，即亦此亦彼、两极对立的不充分性及自身同一的相对性等。凡是从模糊性角度提出问题、分析问题和解决问题的方法，不论是经验的还是理论的，定性的还是定量的，都是模糊方法。

生态产业链系统稳定性的评价具有系统性表征的系统特征。由于系统的宏观性和认识的模糊性，以及稳定性指标体系中存在大量具有模糊性质的指标，使得稳定性评价不能使用精确计算方法对其进行测算。此外，由于对生态产业链系统稳定性的分析和评价是一个动态过程，目前常用的统计手段对这种复杂的动态过程直接加以模式化做定量计算是非常困难的。模糊综合评价法是一种以模糊推理为主的定性与定量相结合、精确与非精确相统一的分析评判方法。它在处理各种难以用精确数学方法描述的复杂系统问题方面，表现出了独特的优越性（徐建华，2002）。根据各种评价方法的研究，本书认为模糊综合评价法非常适于进行生态产业链系统稳定性的评价，因此，采用该法对稳定性指标体系进行分析评价。

一、定性指标隶属度及其模糊评价矩阵

定性指标的模糊综合评价是通过构造等级模糊子集把反映被评价事物的模糊指标进行量化（即确定隶属度），然后利用模糊变换原理对各指标进行综合（邱东，1991）。

二、定量指标隶属度及其模糊评价矩阵的确定

定量指标一般都有数值表现结果，可以通过它们与等级模糊子集的隶属函

数（Membership Function）得到隶属度（Degree of Membership）。具体步骤如下：

首先，建立分级标准表。分级标准表的建立根据定量指标的评价标准进行。根据生态产业链系统稳定性指标的分析，为了便于说明问题，不妨假定所取定量指标的隶属函数是线性的。将稳定性的等级划分为5个等级，设指标值为u，其分级标准值为v_{si}（$i=1$，2，3，4，5），设$u\in(s_i,\ s_{i+1})$，s为准则层，隶属度为$\mu^{(s_i)}(u)$，则每个指标对应的隶属函数可表示如下（叶文虎，栾胜基，1994）。

① 若u为正指标，即越大越好的指标时：

$$\mu^{(s_i)}(u)=\frac{s_{i+1}-u}{s_{i+1}-s_i} \tag{5-2}$$

$$\mu^{(s_i+1)}(u)=\frac{u-s_i}{s_{i+1}-s_i} \tag{5-3}$$

② 当$u\notin(s_i,s_{i+1})$时，若$u\geqslant s_5$，则$\mu^{(5)}(u)=1$；若$u\leqslant s_1$，则$\mu^{(1)}(u)=1$。

③ 若u为逆指标，即越小越好的指标时：

$$\mu^{(s_i)}(u)=\frac{s_i-u}{s_i-s_{i+1}} \tag{5-4}$$

$$\mu^{(s_{i+1})}(u)=\frac{u-s_{i+1}}{s_i-s_{i+1}} \tag{5-5}$$

④ 当$u\notin(s_i,s_{i+1})$时，若$u\leqslant s_5$，则$\mu^{(5)}(u)=1$；若$u\geqslant s_1$，则$\mu^{(1)}(u)=1$。

其次，在构造了等级模糊子集后，就要逐个对被评价事物从每个因素上进行量化，也就是确定被评价事物对各等级模糊子集的隶属度，进而得到定量指标的模糊评价矩阵（Fuzzy Appraisement Matrix）。

第五节　青啤EIC系统稳定性的评价与分析

一、青啤公司概况

青岛啤酒股份有限公司（以下简称青啤公司）的前身为国营青岛啤酒厂，

始建于1903年，是我国历史最悠久的啤酒生产企业，经营范围是啤酒制造、销售及与之相关的业务。公司在国内18个省、市、自治区拥有48家啤酒生产厂和麦芽生产厂，构筑了遍布全国的营销网路，基本完成了全国性的战略布局。

青啤公司在生产中遵循循环经济3R原则，积极开展循环经济建设工作，采用清洁生产工艺、废物回收生产技术和推行污染排放的生产全过程，全面建立节水、节能、低耗的现代化新型工艺。公司总结了试点工厂的经验，从节能、节水和废物的合理利用方面制定青啤发展模式，要求每位员工都按照统一模式，积极开展创建循环型企业的工作。青啤公司的环境观是：好心有好报。企业处在自然、社会的大环境之中，总是与外界交换着信息和能量，公司与环境之间是双向互动关系，有付出就有回报。通过付出，企业形象不断提升，企业信誉不断加强，从而提高了品牌号召力和核心竞争力。青啤公司的环境方针是：青啤公司通过建立环境管理体系，对环境管理和环境行为的持续改进以预防污染、节能降耗、保护环境。为提高环境管理水平，青啤公司承诺：遵守所有适用的与环境有关的法律与其他要求。

二、青啤EIC系统稳定性的简单模糊评价

首先，建立青啤EIC系统稳定性评价指标体系。由于缺乏有关数据资料，笔者不妨依据如图5-1所示的生态产业链系统稳定性评价指标体系，并结合青啤集团实际，设立青啤生态产业链系统稳定性评价指标体系。一级评价指标集合为$U=\{u_1, u_2, u_3, \cdots\}$，二级评价指标集合为$U_1=\{u_{11}, u_{12}, \cdots\}$，$U_2=\{u_{21}, u_{22}, \cdots\}$，$U_3=\{u_{31}, u_{32}, \cdots\}$，同理可得三级评价指标$U_{ijk}$（$i=1, 2, \cdots, l$；$j=1, 2, \cdots, m$；$k=1, 2, \cdots, n$）。

其次，划分生态产业链系统稳定性等级。将稳定性（V）划分为5个等级，即$V=\{v_1, \cdots, v_5\}=\{$一级，……，五级$\}$。级别越高，表示生态产业链系统的稳定性越强。

最后，确定青啤EIC系统三级评价指标的模糊评价矩阵。对于青啤生态产业链系统定性指标，不妨首先根据全国同类型生态产业链系统的整体水平并借鉴已有评价确定其隶属度（赵涛，徐凤君，2008）。评价结果见表5-1。

表 5-1 青啤生态产业链系统定性指标的隶属度

Table 5-1 The degree of membership of qualitative indicators of the EIC system in Tsingtao Beer Group

定性指标 \ 等级	一级	二级	三级	四级	五级
相关产业政策 U_{111}	0	0	0.65	0.35	0
金融政策 U_{112}	0	0.05	0.95	0	0
税收政策 U_{113}	0	0.45	0.55	0	0
产业链企业原料供应稳定性 U_{121}	0	0.35	0.25	0.40	0
主导产品市场需求状况 U_{122}	0	0.30	0.65	0.05	0
产品市场持续性 U_{123}	0	0	0	1.00	0
工艺设备先进性 U_{211}	0.70	0.30	0	0	0
销售收入利润率 U_{212}					
产品种类多元化程度 U_{213}	0.05	0.25	0.70	0	0
产品价格竞争力 U_{214}	0	0	1.00	0	0
产品结构合理度 U_{222}	0	0	0.30	0.70	0
产业链企业与外界信息交流情况 U_{223}	0	0.45	0.55	0	0
产业链企业经济效益水平 U_{231}	0	0	0.70	0.20	0.10
产业链企业环境效益水平 U_{232}	0	0	0.30	0.50	0.20
产业链企业开发链接技术的投入水平 U_{312}	0	0.10	0.50	0.30	0.10
产业链企业信息共享程度 U_{313}	0	0	0.40	0.50	0.10
产业链企业垂直延伸能力 U_{322}	0.50	0.20	0.30	0	0

对于定量指标，首先明确其分级标准，然后按照前述方法计算可得。青啤生态产业链系统稳定性指标体系定量指标分级标准如表 5-2 所示。表中定量指标分级标准的确定也是根据全国同类型生态产业链系统的整体水平并借鉴已有评价确立的。

表 5-2　青啤生态产业链系统稳定性指标体系定量指标分级标准

Table 5-2　The classification standard of quantitative indicators of the EIC system stability index in Tsingtao Beer Group

定量指标 \ 等级	一级	二级	三级	四级	五级
销售收入利润率 U_{212}（%）	0.25	2.25	4.25	6.25	8.25
产品销售率 U_{221}（%）	91	93	95	97	99
原材料来源途径 U_{224}（个）	1	2	3	4	5
产业链系统内的企业链接率 U_{311}	0.05	0.25	0.45	0.65	0.85
具有平行关系的企业占产业链系统内企业总数的比例 U_{321}（%）	5	10	15	20	25

（1）若已知青啤的销售收入、利润，可得其销售收入利润率，再根据上述隶属函数公式（5-2）和（5-3），求出其销售收入利润率（U_{212}）隶属度。同理，若已知青啤的产品销售率、原材料来源途径（个数）、产业链企业数、具有平行关系的企业占产业链系统内企业总数的比例，根据隶属函数公式，则可再分别求出青啤的产品销售率（U_{221}）隶属度、原材料来源途径（U_{224}）隶属度、产业链系统内的企业链接率（U_{311}）隶属度、具有平行关系的企业占产业链系统内企业总数的比例（U_{321}）隶属度。由此可得到定量指标的隶属度。综合定性、定量指标的隶属度，可得所有的评价矩阵。

（2）使用两两比较的 9 分制标度方法，由专家评价给出比较判断矩阵，然后用层次分析法（Analytic Hierarchy Process，AHP）求得各三级指标的权重，并验证其是否通过一致性检验，从而确定各三级指标在所属二级指标中的权重和三级指标的模糊评价矩阵。

（3）用三级指标的权重和三级指标的模糊评价矩阵进行模糊运算，得到二级指标的模糊评价矩阵。

（4）同理确定各二级指标在所属一级指标中的权重和二级指标的模糊评价矩阵；用二级指标的权重和二级指标的模糊评价矩阵进行模糊运算得到一级指标的模糊评价矩阵。

（5）由一级指标的判断矩阵求得一级指标的权重，通过一致性检验。

（6）用一级指标的权重和一级指标的模糊评价矩阵进行模糊运算，得到青啤生态产业链系统的总体评价结果矩阵。根据最大隶属度原则，即可判断青啤生态产业链系统稳定性状态级别为4级，处于中上等稳定状态。

三、青啤 EIC 系统构成及稳定性分析

（一）青啤 EIC 系统构成

青啤集团生态产业链系统构成如图 5-2 所示。

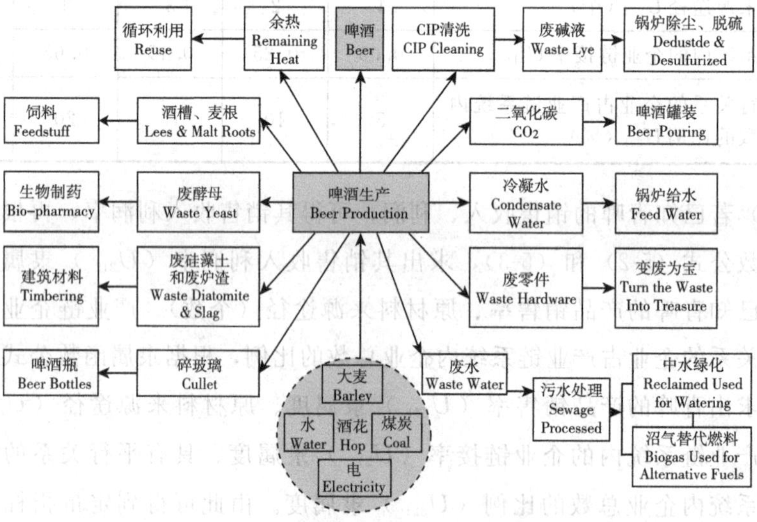

图 5-2　青啤 EIC 系统构成

Figure 5-2　The EIC system constitute of Tsingtao Beer Group

注：本图由笔者根据 2008 年青啤集团提供的有关资料改绘。

从图中可见，青啤 EIC 系统属于单中心依存型生态产业链系统：即围绕啤酒生产单一核心企业，充分利用各种废物、副产品和工业剩余物，在集团内部建立自主实体共生系统。

具体而言，在集团的啤酒核心企业生产过程中产生了酒糟、麦根等大量副产品，废酵母、废硅藻土、废炉渣、废水、废零件、废碱液等工业废物，碎玻璃等工业剩余物，以及不能被充分利用的二氧化碳、余热等能源，需要饲料厂、生物制药厂、建筑材料厂、啤酒灌装厂、污水处理厂等下游的围核企业进行吸收。当啤酒生产中的上述废物、副产品或工业剩余物质成为商品时，无论是对核心企业还是对下游围核企业都将从经济上获利。可见，啤酒生产核心企

业为这些围核企业的发展提供了巨大的市场机会，换言之，这些中小型围核企业基本依赖于啤酒生产核心企业而生存；但与此同时，啤酒生产核心企业在一定程度上对于这些中小型围核企业也存在着依赖。这种相辅相成的关系构成了集团独特的单中心相互依存型工业共生系统。

青啤单中心依存型生态产业链系统的基本特点是：①系统内有一家大型核心企业（主导产业），诸多中小型围核企业（被动产业）都围绕它来运作，形成工业共生系统；②核心企业与围核企业之间已经形成了密切的相互依赖、相互制约的“投入—产出”关系；③核心产业产生具有相当规模的废物、副产品和工业剩余物，形成一个主导产业带动多个被动产业的局面；④集团内基础设施的建设按照主动产业进行专业性的规划与建设。

（二）稳定性分析

如上所述，在青啤单中心依存型生态产业链系统中，啤酒生产核心企业是系统的组织者和管理者，它通过原料的供应或者说工业剩余物质的再利用与围核企业发生关联；围核企业单向受制于核心企业，它们的生存发展依赖于核心企业；围核企业离开啤酒生产核心企业就不能生存，而核心企业则是独立的，一般不依存于这些围核企业。

青啤单中心依存型生态产业链系统实现平衡的前提是，啤酒生产核心企业提供了大量的工业剩余物质给围核企业，即是说，核心企业的资源流占据了围核企业非常大的比例，而这些围核企业对核心企业资源输出、输入的贡献却不大。在达到平衡状态时，啤酒生产核心企业的生态效益总是大于其独立经营时的效益，核心企业也是受益者。总之，在这种系统模式中，啤酒生产核心企业与众多围核企业珠联璧合，相得益彰。

研究表明，青啤生态产业链系统模式是当今园区的国际实践规划中使用最多的模式：单一大型核心企业通常作为园区建设的组织者和核心，其生产过程中大量副产品和工业剩余物质以及不能被充分利用的能源等，交由围核企业进行吸收，因而形成系统内只有一家大型核心企业，许多中小型围核企业都围绕该核心企业运作的模式。这种模式还强调，围核企业依靠核心企业而生存，离开核心企业，围核企业也就失去生存的依据；而核心企业并不受围核企业的影响。这是一种较其他产业链系统模式容易达到系统稳定状态的工业共生关系。

因此笔者认为，像青啤这样的单中心依存型生态产业链系统是一种容易达到系统稳定状态的生态产业链系统，是园区一种理想的工业共生模式。

四、青啤主要EIC及其稳定性分析

（一）青啤主要EIC

从青啤EIC系统构成图中容易发现，青啤有8条主要产业链，如图5-3所示。

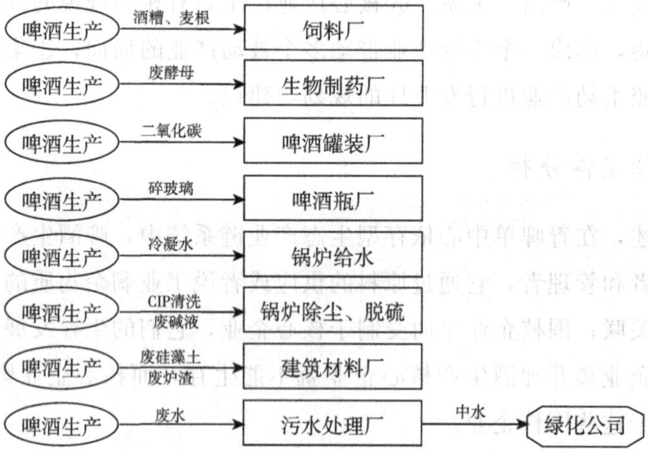

图5-3 青啤集团主要生态产业链

Figure 5-3 The main EICs of Tsingtao Beer Group

（二）稳定性分析

从图中可见，青啤8条主要生态产业链的链接形式，除废水处理产业链外，都是一对一的链接。

这里牵涉单条生态产业链的长度与其稳定性的关系问题。不妨先看自然生态系统的情形。

Pimm（1981）和Cohen（1986）先后对100多条自然生态系统的食物链进行分析后发现，大多数食物链有3～4个营养阶层，而有5个或6个营养阶层的食物链比例非常小，研究表明，生态系统典型的营养阶层是3个或4个。对此较为普遍的观点认为，食物链之所以不能太长，是受到能量流动损失和捕食者能量最低要求的限制。能量流说（Energetic Hypothesis）认为，只要有较高的初级生产力系统，食物链就可以变得长；动态稳定性假说（Dynamical

Stability Hypothesis）从生态系统特定的数学模型的研究中发现，动态稳定性意味着对食物链长度的限制。Pimm和Lawton（1977）利用Lotka-Volterra模型来组建不同长度的食物链。通过种群受干扰后需多长时间才能恢复平衡的途径判断其脆弱性。需要长时间的恢复意味着那个随机性变化的地区中某些物种灭绝的可能性上升。由此得到的结论是：当营养阶层数目上升，其平均恢复的时间也同样出现上升现象。这是因为，具有较长恢复时间的系统是不可能维持在一个随机世界中的。这表明，只是具有少数营养阶层的系统才会在自然界普遍存在，并且其稳定性较强。更通俗地说，自然生态系统中食物链的长度越短，其稳定性一般也越强。

生态产业链系统是对自然食物链系统的模仿。生态产业链的长度主要取决于两个因素（张艳，2006）：其一，现有的生产技术水平。生态产业链是基于人为的设计、技术与管理等因素而将相关的产业链接在一起。当社会平均的工业技术水平越高时，对工业剩余物的利用能力越强，利用效率就越高，生态产业链条就越长。其二，工业剩余物质的稳定性能。工业剩余物质的物理性能越稳定，其所经过的加工环节越多，由此形成的产业链条将越长。也就是说，生态产业链的长度与工业剩余物质的稳定性成正比。然而现实的情况是，生态产业链不可能维持太长，因为它在物质和能量传递中的流失与下游企业对工业剩余物起始规模的要求限制了产业链延续的可能性——太少的物质和能量无法维持下游企业的生产。因此同自然生态系统一样，短的生态产业链相比于较长的生态产业链，既符合产业规划的实际，也具有更强的稳定性。

以上的分析表明，就青啤整个生态产业链系统及单一的生态产业链来说，其稳定性和安全性都是比较强的。青啤集团应该在现有的基础上，进一步发扬这一优势，争取更大的发展机遇和空间。

五、青啤发展循环经济的重点工作

今后青啤公司生产企业发展循环经济的重点工作：

（1）在有效收集发酵工序产生的CO_2并成功供给包装车间等使用的基础上，开展燃煤排放CO_2的研究。

（2）现冬季供暖仍由工厂自己解决，应当引入集中供暖，以减少企业的环境负荷及温室气体排放。

（3）在管理部门及车间工作场所，夏季应明确控制制冷温度，避免造成资源浪费。

（4）对办公设备和技术设备购入应推行绿色采购。

（5）考虑自建污水处理设施，对深度处理后的再生水回用于企业，实现污水零排放。

（6）对已售出的啤酒发生过期变质现象采取预防措施，制定相关的回收处理措施。若经销商或用户将变质啤酒随意倾倒，会导致土壤和水体的污染，有害于人身健康。

（7）向公众宣传啤酒企业的环保理念及相关环保知识，让公众在畅饮青岛啤酒的同时，提高资源与环保意识。

本章就生态工业园中的生态产业链系统潜在的风险及其治理进行研究。EIC系统运营过程中存在诸多风险，包括：由EIC企业之间的投机行为导致的风险，EIC系统内的结构性风险和关系风险，基于企业的文化背景与地域习惯差异导致的风险等。由此，在确定园区EIC系统稳定性评价指标体系后，对EIC系统的稳定性和安全性进行评价。研究表明：EIC链接的多样性与EIC系统的稳定性密切相关。生态产业链系统稳定性的特征表现为，它是一种开放的稳定性，动态中的稳定性，整体的稳定性。最后对青啤EIC系统的稳定性作了简要分析和评价，得出其稳定性和安全性都比较强的结论。并对青啤公司生产企业今后发展循环经济的重点工作进行简要总结。

第六章　海尔工业园区和青岛新天地静脉产业园区实例分析

本章为案例研究。分别对海尔工业园区、青岛新天地静脉产业园区的生态工业发展情况作出分析；依据前述有关理论，对海尔园区 EIC 系统稳定性作简单模糊分析，对新天地静脉产业园区生态效率作简要评价；再结合实际揭示两园区存在的共同问题，并提出两园区进一步发展的对策及建议，以期为青岛生态工业园区建设实践提供一些参考。

第一节　海尔工业园区分析

一、海尔集团概况

海尔集团创立于 1984 年，经过近 30 年的发展，现已成为世界第四大白色家电制造商，也是中国电子信息百强企业之首。海尔是中国最具价值品牌。旗下拥有 240 多家法人单位，在全球 30 多个国家建立本土化的设计中心、制造基地和贸易公司。目前海尔产品销售网点已达 5.88 万多个，遍布世界各地；全球员工总数超过 5 万人；2005 年全球营业额达1039.35 亿元。海尔品牌旗下拥有家电、通讯、IT、家居、生物、软件、物流、金融、旅游、房地产、电器部件、数字家庭、生物医疗设备等 13 个产业，重点发展科技、工业、贸易、金融四大支柱产业，现已发展成为规模巨大的跨国企业集团。

2005 年年底，海尔进入第 4 个战略阶段——全球化品牌战略阶段（如图 6-1 所示），海尔集团贯彻落实科学发展观，以“产品开发侧重绿色设计、企业生产侧重绿色制造、工业园区建设侧重集成共享”的生态化建设为导向，实现了企业和单位内部的资源综合利用和循环利用，使集团逐步发展成为资源节约型、环境友好型企业，实现“资源—产品—再生资源”的物质循环式流程。

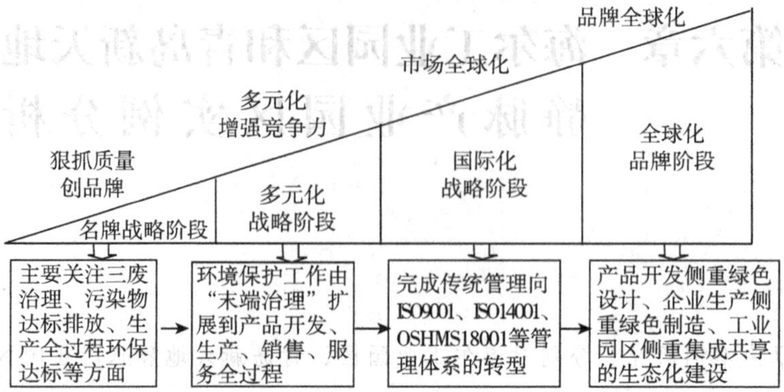

图 6-1 海尔四个发展战略阶段

Figure 6-1 Haier four stages of development strategy

资料来源：王军．循环经济的理论与研究方法［M］．北京：经济日报出版社，2007：489.

二、园区生态建设实践

（一）产品开发侧重绿色设计

一方面，优化设计方案，达到投入资源总量最小化、材料种类数和有毒有害物最少化；另一方面，重点关注可回收、可维护、可拆卸、可再造等环境设计目标，达到产品全生命周期内的环境负面影响最小化、资源利用率和再用率最大化的目的，使投向市场的产品逐渐向节能、节水和保护环境的生态化、集约化方向发展。

（二）企业生产侧重绿色制造

产品设计环节尽可能考虑材料使用少、对人及环境无害或少害、生产和使用过程低（零）排放、易回收和再资源化等相关问题；产品制造环节尽可能考虑降低资源消耗、实现水和能源的梯次利用、建立以副产品为投入品的生态产业链，使用清洁能源或再生新能源等相关问题；选用原料尽可能考虑具有环境友好、低（无）毒性、可回收和再资源化等相关问题；车间布局尽可能考虑是否具有安全、健康、环保和高效等相关问题；生产工艺尽可能考虑采用具有“五高五低”——高科技、高效益、高效率、高规模、高循环；低成本、低消耗、低（零）排放、低（零）污染、低（无）毒性等特征的工艺，对工艺环节产生的副产品和废物进行合理处理和再利用，以实现排放和废物的减量化、资源化；商品包装尽可能考虑满足减量化、可回收利用、可循环再生、可降解处理的无公害绿色包装等问题。

（三）园区建设侧重集成共享

工业园区建设侧重集成管理。着力建设物资集成利用系统、水资源集成系统、能源供给集成系统、信息共享集成系统、配套设施集成系统、技术研发集成系统等六大系统。

通过以上具体实践，海尔不断推进循环经济和节能减排工作，提高资源利用率，初步形成以资源节约型、清洁生产型和环境友好型为特征的发展格局。

三、园区生态产业发展绩效

（一）静脉产业发展迅速

园区充分发挥集团在国内家电行业中的引领示范作用，以搭建中国首个可以产业化运转废旧电器回收再利用工厂为目标，建设了中国第一个国家级废旧家电回收处理示范基地，并将建设成为中国第一个绿色环保宣传教育示范基地，确立了在国内家电行业静脉产业发展中的领先地位，为我国家电行业循环经济发展提供可参考、可复制的回收、处理体系规范，同时为家电行业循环经济发展提供关键的技术、设备支持。

1. 创新废旧家电回收模式

园区建立了独具特色的企业回收模式：集团尝试建立企业回收体系，各产品生产企业的研发、试制、生产、销售、售后等部门，产生的各种经过型式试验、寿命试验等的样机以及由售后部门返回的多次报修淘汰的报废机、使用年限已到期或超期而从用户手中收回的机型以及部分拆废机得以有效回收。同时海尔集团废旧家电的社会化回收体系也已具雏形，集团利用自己设在居民社区中的售后技术服务网点作为回收站点的依托，进行社会化回收体系的运作及探索。

2. 突破废旧家电处理关键技术

目前，海尔集团在冰箱制冷剂回收方法与回收装置、冰箱材料成分分析、压缩机拆解、家电中有价金属回收技术研究（常温破碎技术试验、金属和塑料分离技术研究）等方面都已经拥有了技术方案。在计算机方面已经完成废旧计算机的拆解技术规范制定、废旧计算机中含有有毒有害物质部件及其替代、阴极射线管拆解和清洗技术研究、含有毒有害物质部分处理处置技术研究（重金属分离技术、塑料部分中添加剂在利用和处置过程中的环境风险研究）、有毒有害物质的固化稳定化技术研究等前期的技术研究。在废旧电路板的处理方面进行了废旧电路板上元器件无损自动拆解、线路板热拆解设备及方法研究。海尔集团在自主创新的同时，积极对外合作，确保技术方案的不断更新和完善。

（二）资源综合利用率大幅提高

1. 废物

海尔工业废物回收利用规模扩大，并已实现工业废物循环利用。2007 年废钢铁回收利用 7441.756 吨，回收规模较 2006 年扩大 5 倍多，2008 年上半年较上年同期又增加 118.50%；废有色金属回收 1442.056 吨，较 2006 年扩大 4.7 倍，2008 年上半年比上年同期又增加 15.03%；废塑料回收 390.785 吨，较 2006 年增加近 2 倍，2008 年上半年较上年同期又增加 577.90%。同时废纸、废渣等废物的回收利用规模也逐渐扩大。见表 6-1。

表 6-1　海尔集团 2006—2008 年工业废物循环利用情况

Table 6-1　Iindustrial waste recycling case from 2006 to 2008 in Haier Group

工业废物利用类别	2006 年	2007 年	2008 年上半年	同期增长
废钢铁回收利用（吨）	1168.940	7441.756	5853.609	118.50%
废有色金属回收利用（吨）	252.209	1442.065	704.842	15.03%
废塑料回收利用（吨）	101.780	390.785	923.919	577.59%
废纸回收利用（吨）	501.496	2036.141	1078.577	11.91%

资料来源：海尔集团公司，2008 年；笔者有所补充完善。

2. 废水

2007 年工业废水排放量为 72 万立方米，较 2006 年下降 6.49%，2008 年上半年工业废水排放量为 32 万立方米，较上年同期下降 15.79%；2007 年工业用水循环利用率达到 84%，比 2006 年提高两个百分点，2008 年上半年工业用水循环利用率达到 86%，比上年同期又提高了两个百分点。

3. 废气

工业废气排放量明显下降。

（1）2005—2007 年万元产值 CO_2 排放量下降 2.5%。如图 6-2 所示。

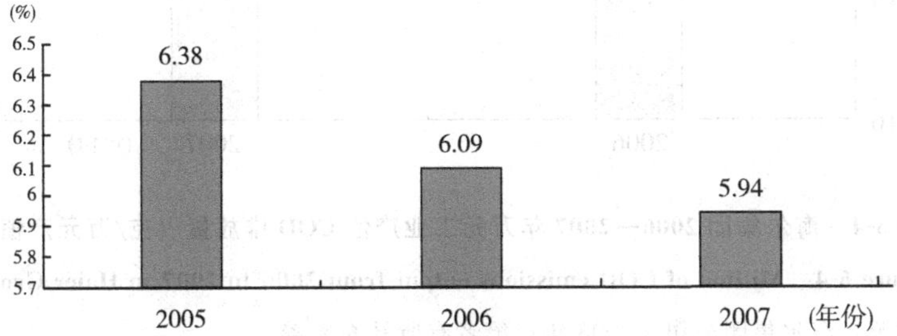

图 6-2　海尔集团 2005—2007 年万元工业产值 CO_2 排放量（千克/万元产值）

Figure 6-2　Million of carbon dioxide emissions output from 2005 to 2007 in Haier Group

资料来源：海尔集团公司，2008 年；笔者有所补充完善。

（2）2007 年 SO_2 排放量为 81 吨，较 2006 年下降 46.36%，2008 年上半年 SO_2 排放量为 42 吨，较上年同期下降 16%；2006—2007 年万元产值 SO_2 排放量下降 49.6%。如图 6-3 所示。

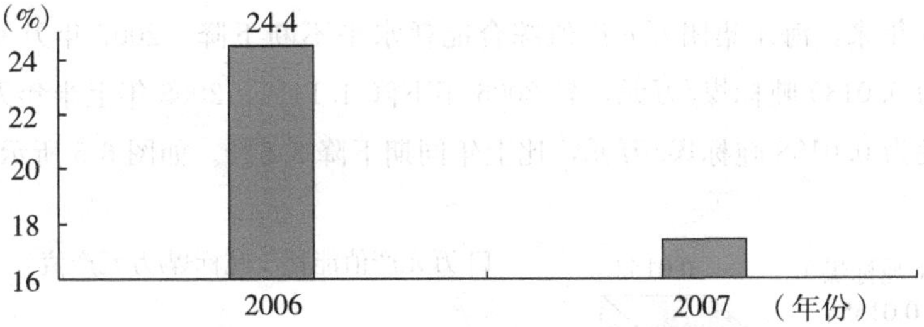

图 6-3　海尔集团 2006—2007 年万元工业产值 SO_2 排放量（千克/万元产值）

Figure 6-3　Million of sulfur dioxide emissions output from 2006 to 2007 in Haier Group

资料来源：海尔集团公司，2008 年；笔者有所补充完善。

4. COD

2007 年 COD 排放量为 61 吨，较 2006 年下降 4.69%，2008 年上半年 COD 排放量为 29 吨，较上年同期下降 9.40%；2006—2007 年万元产值 COD 排放量下降 14.6%。如图 6-4 所示。

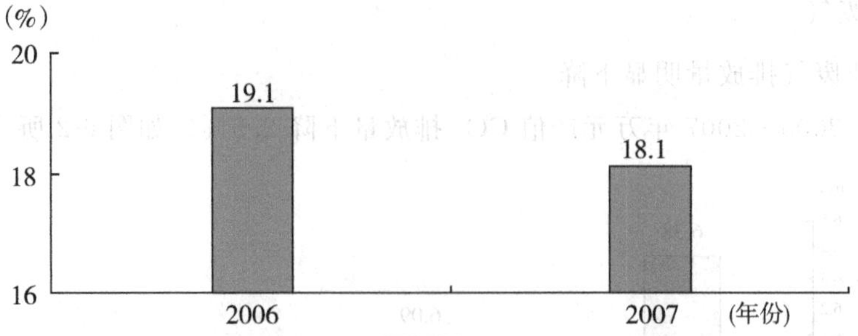

图 6-4 海尔集团 2006—2007 年万元工业产值 COD 排放量（克/万元产值）

Figure 6-4 Million of COD emissions output from 2006 to 2007 in Haier Group

资料来源：海尔集团公司，2008 年；笔者有所补充完善。

5. 烟尘

2007 年烟尘排放量为 38.7 吨，较 2006 年下降 3%，2008 年上半年烟尘排放量为 19.2 吨，较上年同期下降 9.86%。

（三）综合能耗水平显著下降

1. 单位能耗水平不断下降

近 3 年来，海尔集团万元产值综合能耗水平不断下降。2007 年万元产值综合能耗为 0.0139 吨标煤/万元，较 2006 年下降 4.14%。2008 年上半年万元产值综合能耗为 0.0138 吨标煤/万元，比上年同期下降 3.5%。如图 6-5 所示。

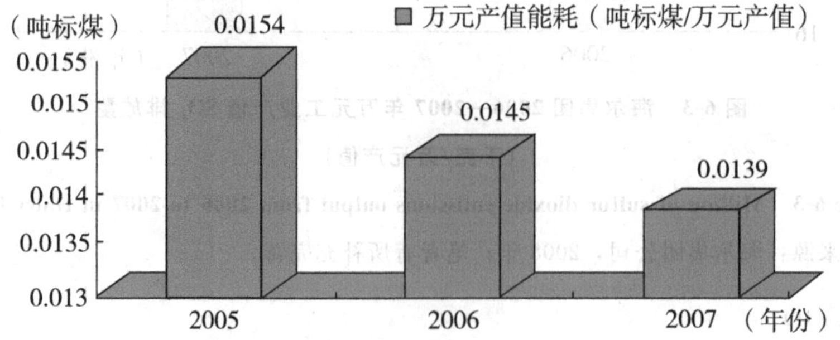

图 6-5 海尔集团 2005—2007 年万元工业产值能耗

Figure 6-5 Million in energy production from 2005 to 2007 in Haier Group

资料来源：海尔集团公司，2008 年；笔者有所补充完善。

2. 单位工业产值用水量不断下降

2007 年取水 221 万立方米，较 2006 年下降 0.9 个百分点，2008 年上半年取水 104 万立方米，比上年同期下降 7.14%；2007 年单位工业产值用水为 0.474241 立方米/万元，比2006 年下降 6.8%。2008 年上半年单位工业产值用水为 0.410137 立方米/万元，比上年同期下降 12.37%。如图 6-6 所示。

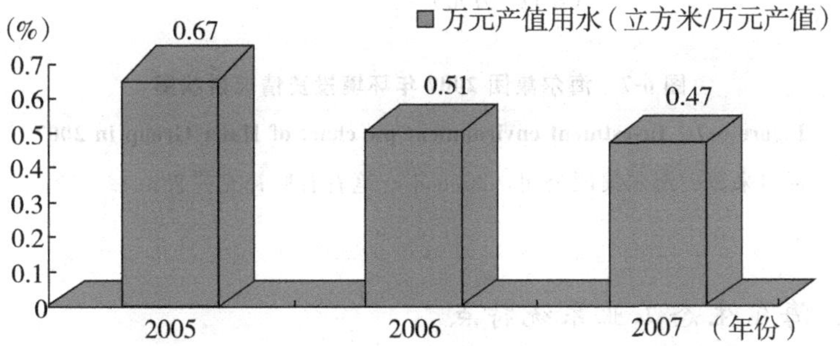

图 6-6　海尔集团 2005—2007 年单位工业产值用水

Figure 6-6　Water use per unit output value from 2005 to 2007 in Haier Group

资料来源：海尔集团公司，2008 年；笔者有所补充完善。

（四）循环经济产业模式更加丰富

海尔引入了 EMC（Electro Magnetic Compatibility，电磁兼容性），BOT（Build-Operate-Transfer，建设—经营—转让）等先进模式，整合社会资源，作为循环经济的资金投入，变一次性投入为分期投入，既利用了专业化能力整合先进资源，又减轻了资金压力，取得了良好的经济效益和社会效益。采用这种模式进行的节电改造工作已累计利用社会资金近 1500 万元，仅 2008 年至今已利用社会资金 1000 多万元，实现节电效率 30%以上，每年节约 600 多吨标煤，节省了数百万元的支出。

另外，海尔集团不断加大在节能环保领域的投资。2007 年在环境管理方面投资 40 万元，防止地球变暖方面投资 1469 万元，污染防治方面投资 203.5 万元，资源保护方面投资 2 万元，环境修复方面投资 31 万元。如图 6-7所示。

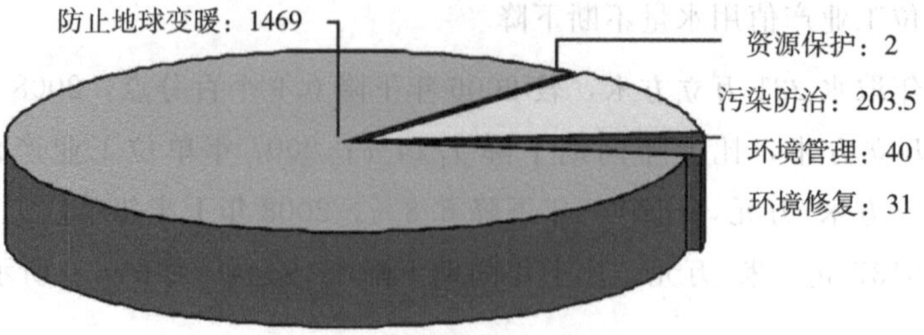

图 6-7 海尔集团 2007 年环境投资情况饼状图

Figure 6-7 Investment environment pie chart of Haier Group in 2007

资料来源：海尔集团公司，2008 年；笔者有所补充完善。

四、海尔生态工业系统特点

海尔集团经过多年的努力，在工业生态探索和实践方面走在了全国的前列，走出的是一条真正的循环经济发展模式与路子，而且具有成功运行的经验，即探索出了一条发展生态工业与循环经济的新路子——海尔产业链供应模式。其主要特点分析如下：

（一）供应商资源整合

海尔从 1998 年就开始对供应商网络进行优化，打散原来的供应商体系，重新选择供应商，以形成强强联合，合作共赢。海尔的供应商从 2200 多家优化到 721 家，其中世界500 强企业有 59 家，从侧重质量转向侧重全过程的激励与控制。对供应商的主要激励措施是通过配额分配，配额比例由原来的人工统计数字到现在的由系统根据质量考评、供货考评和价格排名等 3 个综合因素决定；而价格排名根据 BBP 平台网上招标的结果来确定。

海尔对供应商资源整合带来的效益显而易见，不仅可以采购到高质量的零部件，还给海尔带来了巨大的经济效益，仅 1999 年当年降低的采购成本就达 5 亿元，2001 年在 1999 年的基础上又降了 10 亿元。

海尔对供应商的评价主要侧重质量、成本、交货期、能否参与到早期设计过程等方面，具体考核指标包括：设计控制、文件和资料控制、采购和仓库、顾客提供物资、产品标识和可追溯性、工序控制、检验与试验、内部质量审核、培训等10个方面。而对供应商的评价包含在对供应商的质量体系的考核评价里面。海尔对3个月绩效不合格的供应商进行严格淘汰；对存在一定问题的供应商，要求其进行整改，保障供货的准时性。

（二）产业链上游优化

随着海尔经营规模的扩大和流程再造，海尔物流从2001年开始，除不断优化内部的供应链外，在产业链的上游，打破了与分供方之间传统的买卖关系，在青岛、合肥、大连、武汉、贵州等省市的制造基地建设以海尔为中心的产业链，引进爱默生、三洋等数十家国际顶尖供应商在当地投资建厂，建立配套工业园，而供应商可以直接参与海尔的产品设计，一个具有世界竞争力的家电优势产业集群初步形成，全球供应链资源网的整合使海尔获得了快速满足用户需求的能力。

到2004年年底，海尔在青岛城区与开发区等周边地区累计引进供应商74家，其中国外企业33家（目前位于胶州的海尔国际工业园已经聚集了三洋压缩机、爱默生电机等20多家国际化分供商），国内行业龙头企业24家，其中从珠三角地区吸引企业14家，从长三角地区吸引企业5家；组件、部件配套企业12家，零部件配套企业55家，原材料配套企业7家。累计引进资金42.5亿元，解决劳动力就业近4万人。

海尔的产业链建设通过工业园的布局模式可以体现产业链供应模式的规模效应和集群效应。供应商位于海尔工业园内，与海尔的生产线之间仅有一个大棚之隔，供应商零部件生产完成后，可以利用专用的工装容器，直接通过工厂之间的运输通道准时运送到海尔的生产线，提高供应的准时性，体现海尔“以时间消灭空间”的理念。

2004年以前主要吸引供应商在海尔周边建厂，2004年开始海尔自己购买土地，建厂房，租用给供应商，提高工业园的吸引力。而海尔品牌和供应商的集群可以进一步提升双方的速度竞争优势、成本竞争优势和市场竞争优势；对于海尔而言，可以依靠其强大的研发和制造优势，保证海尔产品技术的领先性，增加产品的技术含量，保持自己的发展优势。

（三）供应链享共赢

对于海尔内部来讲，产业链的建设使海尔供应链的响应速度更快、成本更低，在竞争中不断超越竞争对手。供应商在周边地区建厂后，由于距离的缩短，实现了准时生产方式（Just In Time，JIT）所要求的准时供货，园区内的供应商生产完成之后，直接向海尔的生产线按订单补货，实现“线到线”（Line to Line）的供货，以最快的速度响应全球用户的订单；同时供应商参与到海尔产品的前端设计与开发中，海尔能够根据用户的需求与供应商零距离沟通，保障了海尔整机技术的领先性。例如：爱默生参与到海尔洗衣机电机的开发中，形成技术领先的变频洗衣机；三洋参与到海尔冰箱的设计开发中，变频冰箱技术领先创造了市场；另外一些电源线、电脑板厂参与到海尔标准化的整合工作中，使海尔零部件的数量大大减少，通用化大大提高，增强了海尔成本的竞争力。由于零距离的响应，在物流成本与物流质量方面实现了零库存与零缺陷，做到了与供应商的双赢，整条供应链的竞争力增强。

对于海尔的供应商来讲，通过与海尔合作可享受到青岛市提供的优惠产业政策以及实现了与海尔的零距离，一方面，可以提高质量、成本、交货期的竞争力，不但获得更多、更稳定的海尔内部的大订单，而且可获得全球其他企业的订单，保证了较高的盈利水平；另一方面，其新材料与新技术可以优先应用到海尔的各种产品上，实现技术优先转化为生产力，大大提高了其本身的竞争力。

另外，海尔通过近 7 年家电产业链的建设，在青岛周边地区的家电产业链正在形成以下的特点：①中国北方最大的家电用压缩机配套基地，年产压缩机 1200 万台。②全国最大的家电用塑料加工配套基地，塑料配套的加工能力达到 15 万吨。③全国最大的家电用钣金加工配套基地，钣金配套的加工能力达到 35 万吨。④全国家电最完整的产业链，能够垂直整合5 层上下游的供应商。⑤产业链到产业平台逐步升级，初步融入大青岛的跨国采购中心的框架中，由于海尔产业链各环节的供应商出口份额逐年增加，海尔物流全球采购额的不断扩大，这些均与大青岛的跨国采购迅速接轨，形成产业链带动跨国采购与出口的半岛产业平台。

对于青岛市政府来讲，通过创造一流的投资环境，使青岛逐步形成家电产业链制造基地，不但发展了当地经济，而且增加了当地的就业人口，2004 年，海尔在青岛地区的采购额达 244 亿元，仅当地化配套就占 51%，使青岛、山东成为全国家电零部件制造聚集的强市与强省；另一方面，随着海尔配套厂的逐步扩大，其研发中心也纷纷转移到青岛，如爱默生已经将全球电机的研发中心逐步转移到青岛，使青岛制造基地的技术水平不断提升。

五、园区 EIC 系统稳定性的简单模糊分析

限于数据缺乏和笔者的学力不足，这里依据美国运筹学家 T. L. Seaty 提出的层次分析法，仅择取“图 5-1 EIC 系统稳定性评价指标体系”中所示的生态产业链系统整体指标 U_3，对海尔工业园 EIC 系统的稳定性指标略作模糊分析。

Seaty 认为，若某个问题涉及 n 个因素，欲知每个因素在整体中各占多大比重，当确切依据很不充分时，就只有凭专家经验进行判断了。但只要 $n>3$，任何专家都可能很难说出一组确切的数据。然而，若从所有因素中任取两个因素进行对比，专家一般都可以用同等重要、稍微重要、明显重要、十分重要、极其重要等定性语言，说明其中一个因素比另一个因素对总体而言的重要性程度。

Seaty 将这些定性语言量化，并引入函数 $f(x, y)$ 表示对总体目标而言因素 x 比因素 y 的重要性标度：

若 $f(x, y)>1$，说明 x 比 y 重要；

若 $f(x, y)<1$，说明 y 比 x 重要；

当且仅当 $f(x, y)=1$ 时，说明 x 与 y 同等重要，并且约定 $f(y, x)=1/f(x,y)$。

关于 $f(x,y)$，则采用列表法（彭祖赠等，2002）。详见表6-2。

表 6-2　评价因素 x，y 的重要性程度比较

Table 6-2　The importance comparison of the evaluation factors x, y

因素 x，y 相比较	说　明	$f(x, y)$	$f(y, x)$
x 与 y 同等重要	x，y 对总目标有相同的贡献	1	1
x 比 y 稍微重要	x 的贡献稍大于 y，但不明显	3	1/3
x 比 y 明显重要	x 的贡献明显大于 y，但不十分明显	5	1/5
x 比 y 十分重要	x 的贡献十分明显大于 y，但不特别突出	7	1/7
x 比 y 极其重要	x 的贡献以压倒优势大于 y	9	1/9
x 比 y 处于上述两个相邻判断之间	相邻两个判断的折中	2，4 6，8	1/2，1/4 1/6，1/8

这样，所选取的海尔工业园 EIC 系统的稳定性指标评价因素集为：

$$U_3=\{u_{31}, u_{32}\}$$

$U_{31}=\{u_{311},\ u_{312},\ u_{313}\}$

$U_{32}=\{u_{321},\ u_{322}\}$

假设专家评定这 5 个因素对系统稳定性目标而言：

u_{321}与u_{322}同等重要；

u_{312}比u_{311}，u_{321}比u_{313}的重要性均介于同等重要与稍微重要之间；

u_{311}比u_{321}，u_{322}，u_{322}比u_{313}都稍微重要；

u_{311}比u_{313}的重要性介于稍微重要与明显重要之间；

u_{312}比u_{321}，u_{322}都明显重要；

u_{312}比u_{313}十分重要。

据此即可得判断矩阵为：

$$A=\begin{bmatrix} 1 & \frac{1}{2} & 4 & 3 & 3 \\ 2 & 1 & 7 & 5 & 5 \\ \frac{1}{4} & \frac{1}{7} & 1 & \frac{1}{2} & \frac{1}{3} \\ \frac{1}{3} & \frac{1}{5} & 2 & 1 & 1 \\ \frac{1}{3} & \frac{1}{5} & 3 & 1 & 1 \end{bmatrix}$$

依据上述判断矩阵求出 5 个因素对海尔工业园 EIC 系统稳定性目标而言的重要性权重。同理可得其他因素对海尔工业园 EIC 系统稳定性目标而言的重要性权重。最后进行模糊运算得到系统的总体评价结果矩阵。根据最大隶属度原则，即可判断海尔工业园 EIC 系统的稳定性状态程度。

以上作为示例的简单分析虽因缺乏资料和数据而显得模糊，但理论上却是可行的。一旦条件具备，就可据此作出实际上的评价。

第二节　青岛新天地静脉产业园区分析

青岛新天地静脉产业园是我国第一个静脉产业类国家生态工业园，具有一定的代表性，突出体现了我国东部沿海港口城市的静脉产业发展模式。针对园区产业链规划设计和实践中的经验与问题，对新天地静脉产业园的稳定性进行评价分析，预测其发展方向，以期提供进一步建设规划的正确方向，保证园区的可持续发展。

一、园区概况

青岛新天地静脉产业园位于山东半岛城市群和半岛制造业基地中心地域的青岛莱西市姜山镇苏家泽口西北约 2km 处，与韩国、日本隔海相望，具有明显的交通和区位优势。

作为中日循环型城市建设合作项目中的一项重要内容，2005 年 9 月经原国家环保总局批准，青岛莱西姜山镇创建国内首个国家级静脉产业类生态工业园——青岛新天地静脉产业园（环函〔2005〕347 号）。随后在青岛市环保局指导下，由山东大学对园区进行总体规划，同年 12 月，园区规划通过专家评审。2006 年 2 月山东省环保局批准园区为山东省生态工业示范园（鲁环函〔2006〕17 号）。园区承担了国家发改委废旧家电及电子产品回收和综合利用示范工程，目前已建成废旧家电拆解、医疗废物及危险固废处置、一般固废处置、废旧轮胎处置等产业项目，完成投资 2 亿元左右，各项工作进展顺利。

二、园区总体规划

园区规划占地面积 2.2 平方千米，计划总投资 20 亿元人民币。

（1）功能定位。青岛新天地静脉产业园区的功能定位是固体废物处理处置技术研发中心、青岛市生态环境保护教育基地、高等院校实习基地、固体废物资源化与污染控制生态工业园区。

（2）区域划分。将园区划分为研究区、实验区、生产区、服务区等 4 个功能区和 1 个预留区。每个功能区各有侧重，主要功能不同但又相互联系。

在研究区，园区计划与中国环境科学研究院、青岛市环境科学研究所等单位合作建设国家环境保护静脉产业园污染防控与资源化工程技术中心，主要研究内容包括固体废物处理技术、危险废物鉴别技术、可利用固体废物的资源化新技术、污染土壤修复的新技术、各种回收材料的深加工技术，以及各种测试手段的实施，相关技术标准的制定、验证和人员培训等。该中心的建设将为固体废物资源化和循环经济的发展提供技术支持，成为园区固体废物处置技术的孵化器，极大地促进环保产业的科技进步。

实验区的主要功能是：以实验中心为主，主要包括技术孵化中心和中试基地。主要功能是各项研究数据的实验验证、相关固废处理与综合利用技术的推广应用、污染土壤修复技术的推广应用、根据国家布置的课题进行实验研究、园区的实验基地和中试基地、大学实验基地建设等。

生产区是园区的核心组成部分。主要包括各种固废处理与处置车间和固体废物无害化填埋场所。其主要功能是：生活垃圾处理、危险废物、医疗废物和其他固体废物的处理与处置；废旧家电及资源化综合利用、废旧汽车拆解、废旧机电产品综合利用、电线电缆、铅蓄电池、灯管、橡胶、废塑料、废玻璃的处置与利用项目；污染土壤修复项目和各种环保产品的生产等。

服务区主要建设山东省固体废物信息交换中心、园区管理服务中心和静脉产业宣传教育基地，包括办公楼、宿舍楼、展览中心、参观人员接待设施（宾馆、饭店等）、固废信息交换平台、营销中心、生产调度中心、控制中心、设备管理中心、监测中心、综合服务中心（电、暖、水、汽、通讯等）、生产技术管理中心和危险废物处理中心等，为园区提供信息、管理、宣传和后勤等全方位的服务。主要功能是园区的日常管理、生产调度、园区环境状况及生产过程的实时监测、应急处理、固废信息交换、接待考察人员、其他服务工作等。

园区按照“统一规划、分步实施”的原则分为近期与远期，近期为 2010 年，远期为 2020 年。园区通过自主研发和引进吸收相结合，采用先进的无害化和资源化技术，建设各种静脉产业类项目，完善各类基础设施，通过基础设施和信息共享，按照“污染最小化和利用最大化”的原则，实现园区物质、能源的集约利用和梯级利用。通过建设新天地静脉产业园内部的“小循环”，形成与服务客户之间的“中循环”，融入地区经济的“大循环”，成为集现代环境服务、固体废物资源化和环保产品生产为一体的新型生态工业园区。

青岛新天地静脉产业园区建设规划总体架构如图 6-8 所示。

三、园区产业项目

（一）青岛危险废物处置中心

项目规划占地 302 亩，总投资 1.46 亿元，是根据国务院批准实施的《全国危险废物和医疗废物处置设施建设规划》建设的区域性重点环境保护工程，也是 2008 年奥帆赛的重要配套设施之一。项目的危险废物焚烧系统是我国首台执行欧盟 2000 污染排放标准设计建设危险废物处置中心，安全填埋场也是参照欧盟标准进行设计和建设的。

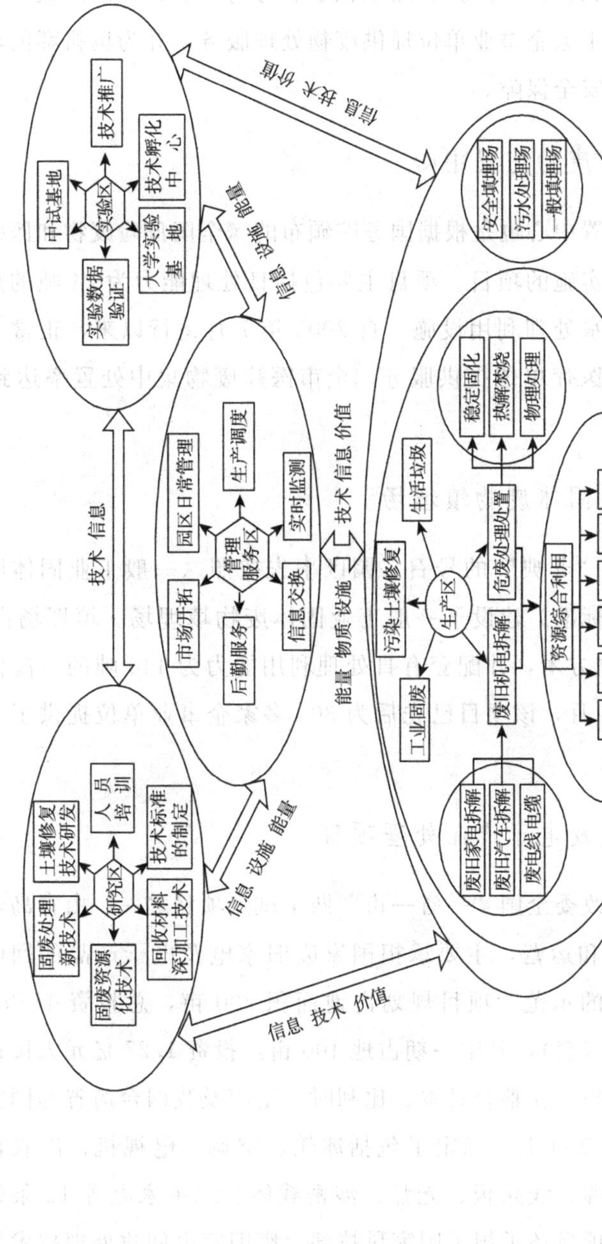

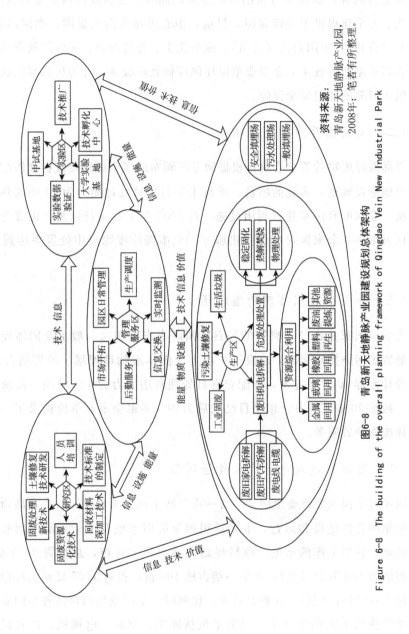

图6-8 青岛新天地静脉产业园建设规划总体架构

Figure 6-8 The building of the overall planning framework of Qingdao Vein New Industrial Park

资料来源：青岛新天地静脉产业园，2008年；笔者有所整理。

作为园区的核心设施，青岛危险废物处置中心在为青岛、烟台、威海、日照 4 市地区的客户提供全方位的环境服务的同时，也为园区内部废物减量化、无害化、安全化提供了基础保障。目前，中心正在为海尔集团、澳柯玛集团、马士基（青岛）、中国石化（青岛）、丽东化工、青岛啤酒、一汽解放青岛汽车厂、青岛英派斯等近千家企事业单位提供废物处理服务，并为奥帆赛的成功举办提供了可靠的环境安全保障。

（二）青岛医疗废物处置中心

青岛医疗废物处置中心也是根据国务院颁布的《全国危险废物和医疗废物处置设施建设规划》实施的项目。项目主要包括日处理能力为 24 吨的热解焚烧系统一套和配套污水处理利用设施。自 2005 年 7 月运行以来，正常为青岛市七区五市 340 余家医疗单位提供服务，全市医疗废物集中处置率达到 92%以上。

（三）一般工业固体废物填埋场

为响应国家抗击“非典”的号召，园区率先按照《一般工业固体废物贮存、处置场污染控制标准》建设了一般工业固体废物填埋场。填埋场占地 98 亩，设计库容 10 万立方米，并配套有日处理利用能力为 140 吨的渗滤液处理设施。截至 2008 年 8 月，该项目已先后为 300 多家企事业单位提供了一般工业固体废物处置服务。

（四）废旧家电及电子产品处理项目

该项目是国家发改委全国“一省一市”两个试点项目之一，由青岛新天地与海尔集团合作建设和运营，主要承担国家废旧家电及电子产品的回收、拆解、破碎、利用工作的示范。项目规划占地面积 200 亩，总投资 1.59 亿元，年处理能力 180 万台（套），其中一期占地 100 亩，投资 1.27 亿元人民币，年处理能力 60 万台（套）。在整合日本、比利时、德国及我国台湾省等国家和地区先进的技术工艺的基础上，确定了包括冰箱、空调、电视机、洗衣机、电脑、小家电、电线电缆、线路板、光盘、涉密载体、二手家电等 12 条处理处置工艺路线与设备。项目还承担了国家科技部《废旧家电回收处理技术与设备研发》863 项目和多项青岛市科技发展计划项目。

（五）废旧轮胎资源化利用项目

该项目采用国际领先的无剥离、微负压轮胎处理工艺，获国家“十一五”科技支撑计划支持，由青岛新天地与上海绿人合作建设和运营。投资3000万元建设的一条1万吨废旧轮胎热裂解能源化生产线，可生产炭黑产品3500吨/年、燃料油4500吨/年、可燃气体1000吨/年，并回收废钢丝1000吨/年。在项目成功运营的基础上，已申请15项专利技术，获得5项发明奖，计划建设年生产20套成套废旧轮胎热裂解能源化生产设备工厂，对外销售。

（六）青岛市固体废物信息交换中心

为降低废物回收成本、提高回收效率，保障园区项目的物料来源，园区还建设了覆盖青岛地区的回收网络体系，包括1个回收信息调度管理中心和12个回收站、回收热线400－6580055和回收网站www.qdxtd.com.cn。目前，覆盖全省范围的信息交换体系（包括16个分信息中心和137个回收站）正在加快建设。同时，运用现代编码体系建立了回收信息识别系统，采用GIS/GPS技术实现废物储存、运输全过程动态监控，系统可立足山东、面向全国开展废物回收、处置信息服务。

四、园区物质代谢分析

（一）水资源代谢分析

通过对园区的废水和生活污水进行回收、再利用和再生循环等过程的废水集成，园区新鲜水用量、需处理废水总量和污染物总量大幅度减少。通过园区雨水收集来开发水源，逐级用水，实现一水多用、再生水回用和再生水的利用，提高水的重复利用率，因地制宜，强化处理，建立分散式与集中式处理系统相结合、工业与生活污水相配合的废水处理系统。对工业废水中大量的可回收物质或重金属先进行回收，对有毒有害物质先进行安全处置，再进行集中处理，出水用于绿化和杂用。

（二）能源代谢分析

通过对园区消耗的液化气、燃料油、煤炭、电力等能源现状的分析，再根据入园项目和企业的能源需求进一步确定园区内能源消耗。主要方式为减少能量消耗，在园区企业内推广新型节能技术和节能工艺，限制采用能耗大、利用率低、对环境污染严重的工艺，并积极推广再生资源的使用，避免能量数量上的损耗；优化用能结构，集中供热供电，将园区内焚烧炉的余热充分利用起来，从而节约能源、改善环境、提高供热质量、节约成本、提高经济效益。

（三）物质代谢分析

入园固废包括废旧汽车、废旧家电、生活垃圾、危险废物、废电线、废电缆、废电机、废变压器、废玻璃、废橡胶和塑料等。这些固废作为处理对象被收集运输至园区进行处理，一部分转化为其他生产过程的原材料，一部分无利用价值的固废被安全填埋，从而实现固废的减量化、资源化和无害化。园区建设初期接纳的固体废物以青岛及周边城市为主，随着园区规模的扩大及设施的逐步发展与完善，其接纳固体废物的范围将包括整个山东半岛并最终面向全国，建成国内最大的固废处理处置与综合利用基地。园内建有报废汽车、废机电拆解、废家电拆解、废轮胎废橡胶加工、废旧塑料加工、废玻璃加工、废电缆加工和其他固体废物加工等板块，从而实现各种废物的综合利用和无害化处理。

各板块的代谢过程如图 6-9 所示。

五、园区生态产业发展绩效

园区产业项目建成投产以来，取得了显著的节能减排效果，获得了良好的经济效益和社会效益。园区的废物处理能力、节能减排效果、资源回收数量分别见表 6-3、表 6-4 和表 6-5。

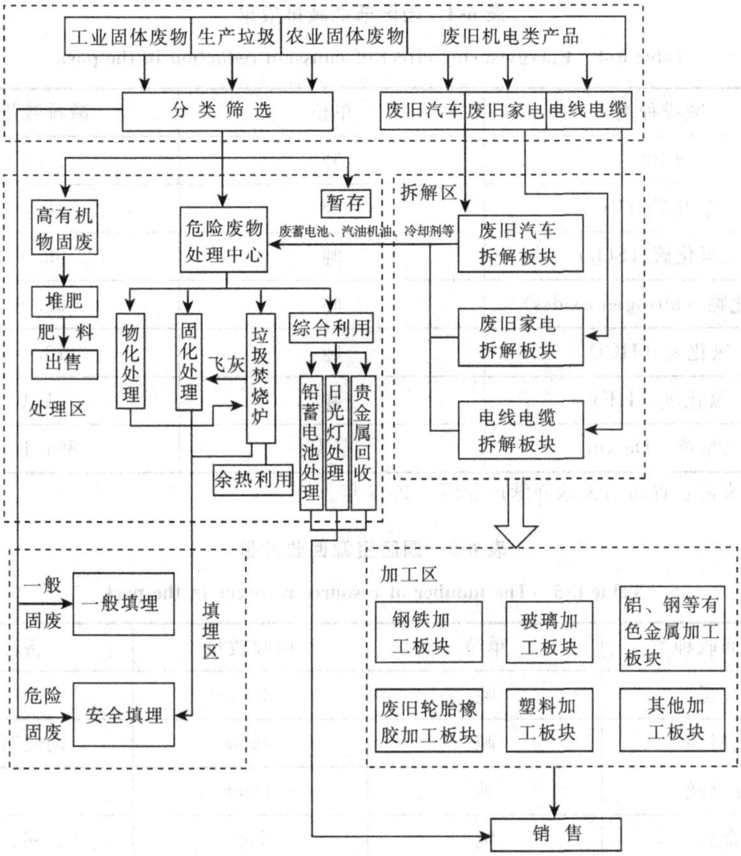

图 6-9　园区内固体废物代谢示意

Figure 6-9　The sketch map of solid waste metabolism in Qingdao Vein New Industrial Park

资料来源：王军．循环经济的理论与研究方法［M］．北京：经济日报出版社，2007：545.

表 6-3　园区废物处理能力

Table 6-3　Waste treatment capacity in the park

废弃物种类	单位	处理数量	备注
废旧家电	万台（套）	20.0	各类电子电器
废旧轮胎	万吨	1.0	
医疗废物	万吨	0.3	青岛地区
危险废物	万吨	4.0	各类危险废物
一般废物	万吨	1.5	

资料来源：青岛新天地静脉产业园，2008 年。

表 6-4 园区节能减排效果

Table 6-4 Energy-saving effect of emission reduction in the park

减排种类	单位	减排数量
烟尘	吨	15.6
一氧化碳（CO）	吨	6.7
二氧化硫（SO_2）	吨	56.0
氮氧化物（nitrogen oxides）	吨	67.0
氯化氢（HCl）	吨	13.4
氟化氢（HF）	吨	1.4
二噁英（Dioxin）	毫克	894.168

资料来源：青岛新天地静脉产业园，2008 年。

表 6-5 园区资源回收数量

Table 6-5 The number of resource recovery in the park

资源回收种类	单位	回收数量	备注
炭黑	吨	3500	
燃料油	吨	4500	助燃剂用
废钢丝	吨	1000	
金属	吨	750	铁、铜、铝等
塑料	吨	625	造粒
家电零部件	套	2000	再利用

资料来源：青岛新天地静脉产业园，2008 年。

六、园区生态效率评价体系简析

（一）指标体系

本书把生态工业园的生态效率理解为，生态工业园各项产出与投入之间的比较。这些产出和投入表现在经济、环境、社会等 3 个领域。根据美国生态学家 H. T. Odum 等学者提出的能值分析法，把决定和影响各项指标的原始数据都转化为表示产出和投入的基准能值变量。根据层次分析法，把指标体系设置为评价目标、评价准则、评价指标等 3 个层次。

设：E——EIPs生态效率综合指标。

则有评价目标：$E=F\ (E_1,\ E_2,\ E_3)$

式中：E_1——EIPs经济子系统状况指数；

E_2——EIPs环境子系统状况指数；

E_3——EIPs社会子系统状况指数。

又有评价准则：$E_1=G\ (E_{11},\ E_{12},\ E_{13},\ E_{14})$

式中：E_{11}——EIPs经济总产出与资源总投入能值比；

E_{12}——EIPs废物综合利用产值与经济总产出能值比；

E_{13}——EIPs电力使用量与总使用资源能值比；

E_{14}——EIPs燃料使用量与总使用资源能值比。

再有评价准则：$E_2=H\ (E_{21},\ E_{22},\ E_{23},\ E_{24},\ E_{25},\ E_{26})$

式中：E_{21}——EIPs循环利用废物与总使用资源能值比；

E_{22}——EIPs排放废物与总使用资源能值比；

E_{23}——EIPs使用可更新资源与总使用资源能值比；

E_{24}——EIPs拥有可更新自然资源与总使用资源能值比；

E_{25}——EIPs资源环境负荷率；

E_{26}——EIPs废物环境负荷率。

还有评价准则：$E_3=K\ (E_{31},\ E_{32},\ E_{33},\ E_{34})$

式中：E_{31}——EIPs人均能值产出量；

E_{32}——EIPs能值功率密度；

E_{33}——EIPs周边社区对园区满意度；

E_{34}——EIPs职工对生态工业认知率。

（二）指标权重

依据层次分析法，可采用向青岛市环境保护局、青岛新天地静脉产业园的相关工作人员发放调查问卷的方式，并结合专家意见，征集评价指标对评价准则、评价准则对评价目标影响强度的主观赋值；再运用频数统计法把主观赋值转化为比较矩阵的相对重要性标度。

表6-6所示的是“目标—准则层”判断矩阵。同理可得“经济子系统—指标层”判断矩阵、“环境子系统—指标层”判断矩阵、“社会子系统—指标层”判断矩阵。据此可计算出各判断矩阵的最大特征值、归一化权重系数、一致性检验指数、随机一致性比率。

表 6-6　目标—准则层判断矩阵

Table 6-6　The determination matrix of the goal-criteria layer

E	E_1	E_2	E_3
E_1	1	1	8/7
E_2	1	1	8/7
E_3	7/8	7/8	1

（三）评价指标公式

上述评价生态工业园生态效率的 3 类 14 个评价指标，是由若干投入和产出变量的比率表示的。这些投入和产出变量是由一系列具有可获得性的原始数据决定和影响的。为了使变量具有可比性，根据能值分析法，先把这些原始数据转化为基准能值变量。例如：循环利用的废气、废水和固废→循环利用废物的能值；使用的电力→耗电的能值；废物循环利用创造的能值→废物综合利用产出能值；已经开发和具有开发潜力的土地→园区可利用的土地面积；园区职工和周边居民的总人数→园区常住人口数；等等。进而给出各项评价指标的公式。见表 6-7。

表 6-7　评价指标公式

Table 6-7　The evaluation formula

评价指标名称	公式
经济总产出与资源总投入能值比	$E_{11}=O/I$
废物综合利用产值与经济总产出能值比	$E_{12}=M/O$
电力使用量与总使用资源能值比	$E_{13}=D/U$
燃料使用量与总使用资源能值比	$E_{14}=F/U$
循环利用废物与总使用资源能值比	$E_{21}=C/U$
排放废物与总使用资源能值比	$E_{22}=W/U$
使用可更新资源与总使用资源能值比	$E_{23}=(R_2+R_3)/U$
拥有可更新自然资源与总使用资源能值比	$E_{24}=R_1/U$
资源环境负荷率	$E_{25}=N/R_1$
废物环境负荷率	$E_{26}=W/R_1$
人均能值产出量	$E_{31}=O/P$
能值功率密度	$E_{32}=U/A$
周边社区对园区满意度	E_{33}＝居民对环境满意度①
职工对生态工业认知率	E_{34}＝职工认知率②

注①②：通过调查问卷获得；调查表来源于原国家环保总局发布的《静脉产业类生态工业园区标准（试行）》（*Standard for Venous Industry Based Eco-industrial Parks*〈*On trial*〉），2006-06-02。

在缺乏全国统一的 EIPs 生态效率评价标准的条件下，不妨以青岛新天地静脉产业园的阶段发展目标作为评价标准 x^0。

设：x_{ij}——第 i 类评价准则第 j 项评价指标的实际数值；

$x_{ij}{}^0$——第 i 类评价准则第 j 项评价指标的评价标准；

f_{ij}——第 i 类评价准则第 j 项评价指标的标准值。

则有：

$$f_{ij} = x_{ij}/x_{ij}^0 \tag{6-1}$$

再设：w_i——第 i 类评价准则的权重；

w_{ij}——第 i 类评价准则第 j 项评价指标的权重。

则有：

$$E_1=\sum_{j=1}^{4} f_{1j}W_{1j} \tag{6-2}$$

$$E_2=\sum_{j=1}^{6} f_{2j}W_{2j} \tag{6-3}$$

$$E_3=\sum_{j=1}^{4} f_{3j}W_{3j} \tag{6-4}$$

$$E=\sum_{i=1}^{3} E_iW_i \tag{6-5}$$

若获得青岛新天地静脉产业园的有关统计数据，结合专家意见和问卷调查，即可运用上述方法，基本得到其生态效率评价结果。进而对园区的经济子系统生态效率、环境子系统生态效率、社会子系统生态效率作出评价。

作者目前尚缺资料，但设计的方案是可行的。

第三节　基于 EIPs 基本结构的两园区比较分析

一、生态工业园区基本结构

生态工业园区基本结构模型如图 6-10 所示（王兆华，武春友，2003）。实践中可根据园区产业性质（动脉产业、静脉产业）作适当调整。

（一）园区的“生物群落”（A—B—C）

在整个生态工业园中，存在着各种要素与元素。这些要素与元素之间存在着十分复杂的关系。这些关系既有上、下游企业之间的副产品交换、信息和资金的流动关系，也存在当地政府、园区管理者的政策和管理活动以及市场的竞

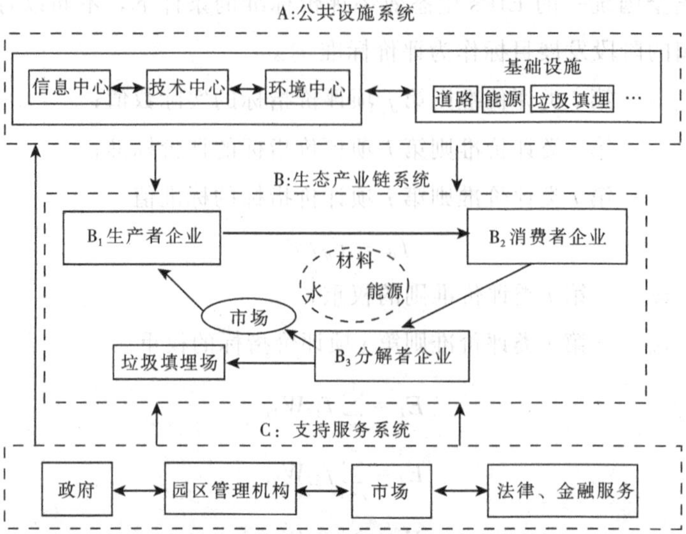

图 6-10　EIPs 基本结构模型

Figure 6-10　The basic structure model of EIPs

资料来源：王兆华，2003。

争与合作关系。按照食物链的分析方法，本书将生态工业园中的各种要素、元素分成三大类：第一类是公共设施系统（A），即支持园区产业链企业发展的一些公共设施，包括信息中心、技术中心、环境中心，道路交通、垃圾填埋厂、能源中心（电、热、气）等；第二类是生态产业链系统（B），是指生态工业园中的生态产业链企业，这是园区的主体，它们按照生产者、消费者和分解者的关系分别处于产业链系统的不同节点上，并按照食物链的运作规律进行着资源（材料、能源、水）、信息、资金和人才的流动；第三类是支持服务系统（C），包括政府、园区管理者、市场和法律、金融等，这些因素将从政策、资金和市场的角度来影响园区产业链企业。A，B，C 三类要素除了其内部具有十分密切的关系外，其三者之间的关系也具有很强的依存性。公共设施系统是为了提高生态工业园内产业链企业的资源和生态效率而建立的一些基础设施，由于这些设施的存在，节省了企业大量的本来由自己去投资建设的开支，成为吸引企业进驻园区的一个重要因素，同时也是构成企业生物群落的基础；生态产业链系统是园区的主体因素，相当于企业生物群落中的生物种群；支持服务系统构成了生态工业园产业链企业生物群落生存与发展的大的环境与条件，对于园区各要素都将产生影响。

（二）园区的公共设施系统（A）

生态工业园中的公共设施系统包括园区内的各种服务中心和基础设施。在各种服务中心中，信息中心、技术中心和环境中心在生态工业园中具有重要的位置。它们从总体上对园区中的企业活动进行跟踪与服务。其中，信息中心是园区的“司令部”，负责收集与发布产业链企业的各项生产活动，信息中心可以为园区内、外的企业寻找潜在合作的机会提供各种信息渠道。技术中心则可以为园区内产业链企业在副产品交换、资源（材料、能源和水）的流动提供技术支持；环境中心负责对园区环境的指导、管理和协调，并跟踪监测企业生产过程中的环境状况。基础设施则与各种服务中心相互协作，共同组成生态工业园中的公共设施链条。

（三）园区的 EIC 系统（B）

生态工业园中的生态产业链企业之间存在着各种各样的复杂关系，上游企业成为下游企业的供应商，包括原料供应商、设备供应商、服务提供商和投资公司等。按照食物链的关系，它们可以分为生产者企业、消费者企业和分解者企业。它们之间通过副产品交换、资金和人才的交流为纽带相互联系在一起，在园区内实现材料、能源和水的循环流动，相互依赖，相互促进，从而形成一个闭环系统。当园区内产业链企业发展到一定的数量和规模，园区内的资源将不再是沿着单一的链条流动，各种链条之间的相互交叉和结网将会成为一种普遍现象，一家企业可能同时处于几个链条的关节点，进而在生态工业园内形成工业共生网络（Industrial Symbiosis Network）（宋秀杰，2002）。

（四）园区的支持服务系统（C）

获得相关部门的支持与服务要素是园区生存与发展的必要条件，对于园区所有因子都有着十分重要的影响。政府和园区管理者从政策上对企业进行支持与管理，这也是促进园区内生态产业链形成和维护生物链完整的重要影响因素。解决市场问题当然是企业非常关心的，在市场方面获得服务与支持也是企业进入生态工业园的一个重要原因。法律、金融等相关服务体系的完善对节约交易成本，促进企业发展也具有重要作用。

总之，王兆华等学者设计的该模型将生态工业园区的基本构成要素分为三大类：一是基础设施系统，即支持园区企业生产发展的基础设施；二是生态产业链系统，这是园区的主体，按照食物链的规律进行着物质、能源和信息的循环，而且各自又进行着企业内部的循环；第三类是园区的公共服务系统，该系统为园区的正常运行提供职能上的保障。显然，该模型的构建充分考量园区长期规划与发展的实际，是较为科学合理的设计。

二、两园区发展面临的共同问题

（一）及时调整和优化生态产业链

（1）两园区的生态规划和建设实践其实尚处于发展的初期，无论是静脉产业链，还是动脉产业链，均不同程度地表现出以下不足：生态产业链不够健全，结构比较单一，某种程度上还缺乏灵活性和稳定性。因此，两园区应进一步结合各自的实际，以循环经济理念以及工业生态学的理论和方法为指导，采用生态产业链系统设计方法，进行园区产业链总体设计和不同行业的分链设计，并对各个局域的生态产业链系统进行纵向补充，从而实现原料和资源的闭合循环，促进上、中、下游产业链化，强化园区企业全过程的关联程度。

（2）两园区的未来发展要注重建立多渠道的原料、产品或副产品的输入、输出调节链，适度扩展生态产业链，以增强系统的复杂性和稳定性，这样可以避免当生态产业链系统某一环节突然中断时，有调节链及时填补空位或构筑新的生态产业链。

（3）两园区还要注意通过发展关键补链项目和增建资源回收型企业来丰富生态产业链系统的多样性，以增强工业生态系统的稳定性；逐步加强各成员企业之间以及生态产业链系统的横、纵向耦合关系，提高系统的环状循环能力，从而提高整个园区生态产业链系统内资源的利用效率和系统的稳定性。

（二）加强园区的公共设施系统和支持服务系统建设

园区可参照上述 EIPs 基本结构模型，进一步强化和完善园区的基础设施与服务系统的规划建设，以确保园区的生态产业链这一核心系统的顺利链接和有效运营。在基础设施方面，由于园区的规模性、密集性特征，便于设立信息交流中心，实现生态园区内各种信息资源的共享；建立废物交换平台，使废物资源在企业间、社会间得到合理集中、配置和交换；建立“中水”回用管网和污水处理设施，实现工业生产用水与生活用水分供，园区内实现水资源循环利用；设置环保监测站，等等。其他设施可视生态园区内企业特点相机增设，如工业废热循环利用管网、废气回用管道等。这些基础设施系统与服务系统的提供，既可以降低园区产业链企业的交易成本，又能降低废弃物再资源化的成本。园区的整体系统框架优化可参照如图 6-11 所示的规划模式进行。

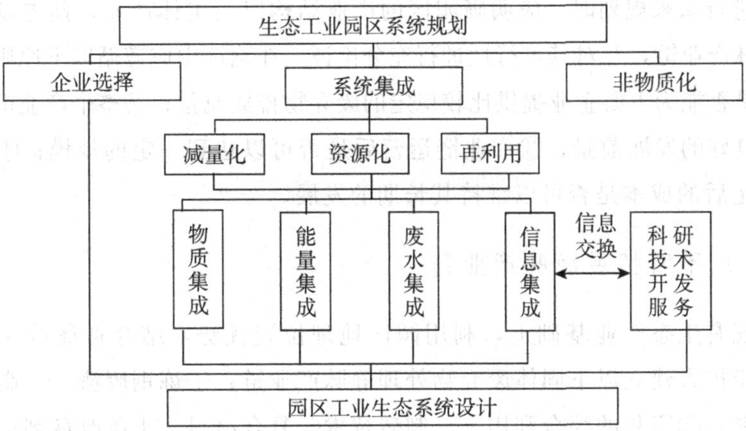

图 6-11 生态工业园区系统规划框架

Figure 6-11 The Planning of the framework of EIPs system

（三）积极推行动脉产业和静脉产业的互动耦联

日本学者最早提出“静脉产业”这一概念（崔晓莹，2008）。他们认为，根据物质流向的不同，可以分为以下两个过程：一是从原料开采到生产、流通、消费的过程；二是从生产或消费后的废弃物排放到废弃物的收集运输、分类分解、再资源化或最终废弃处置的过程。仿照生物体内血液循环的概念，前者可以称为动脉过程；后者则可称为静脉过程。相应地，承担动脉过程的产业称为动脉产业；承担静脉过程的产业称为静脉产业。由此可见，静脉产业，以及与之相对的动脉产业，并不是经济发展过程中新生的产业部门，而是对已有产业部门的新的划分方式。这样划分的意义在于：引导经济活动的主体以系统性、全局性的视角重新审视传统线性经济模式，将着眼点由动脉产业逐步地转向整个动、静脉产业系统，以解决日益严峻的资源与环境问题，进而实现整个社会的可持续发展。因此对于两园区今后的发展来说，应大力探索和积极推行园区内外的动脉产业和静脉产业的耦联，形成一个闭环流动型的资源循环体系，推动全园区生态产业链系统的高效运行和全面发展。

三、新天地静脉产业园发展的对策及建议

（一）重视园区长远规划

在进行未来规划时，应明晰园区的产业结构以及主体产业，预先设计好完整的静脉产业链，并对其可行性进行充分论证。在论证中应遵循以下原则：①主体产业是否能为下游企业提供比较稳定的废弃物排放流量；②整个产业链系统是否具有良好的发展前景；③产业链运营后是否可以达到一定的规模；④产业链运营稳定后的成本是否可以维持其长期的发展。

（二）不断拓展静脉产业链

在现有生态产业基础上，利用园区地理位置优势，结合青岛城乡发展实际，逐步扩大建立以下固体废弃物处理静脉产业链：①炼钢废渣——高速公路铺装材料；②飞灰的综合利用——制砖技术、复合材料、土壤改良剂；③废旧包装材料回收利用；④城市生活垃圾焚烧技术（高温热解气化炉），城市生活垃圾焚烧发电技术，城市生活垃圾 LFG（填埋场沼气）利用技术；⑤生活垃圾堆肥技术（高温快速堆肥技术）；⑥食品废物堆肥技术（高温快速堆肥技术）。与此同时，进一步加强与国内外在静脉产业建设领域的实质性合作。利用虚拟园区与静脉产业园的结合发展，延长静脉产业的产品链，链接更多的产品相关的上、下游企业。

（三）依靠核心技术与关键设备

工欲善其事，必先利其器。对于静脉产业园而言，废物处理所需要的核心技术与关键设备异常重要，关乎园区发展的产业绩效与前途。由于资源综合利用技术要求高，使得技术障碍成为园区内的很多工业项目难以达到生态工业要求的瓶颈。技术因素是废弃物在静脉产业能够得到再次利用的关键因素。有了技术上的保障，静脉产业才能顺利运转。因此，园区必须重视技术研发，重点解决静脉产业产品开发中的技术难题。可以说，静脉产业技术开发同样是静脉产业发展的主要支撑力量。

一般而言，在静脉产业技术中主要包括两类设备和技术：①废物变成可用原料（即由废物变成再生原料的过程）所需的单元技术与设备；②对需要处理处置的废物进行无害化处理的技术和设备。这一过程与通常的废物处理处置过程相同。

目前通用的单元技术和设备有：①机械处理方式所需的收集（真空收集、管道收集）、运输、破碎、分离分选（筛分、磁力、风力、比重、静电、弹性分选等）技术和设备。②干法处理技术和设备。包括低温熔融、固化、高温熔融、脱水、造粒、成形、气化、油化、炭化、热回收、甲烷发酵、堆肥化技术等。③湿法处理技术和设备。利用酸碱的湿法溶解、中和、沉淀、萃取等。

园区应依据实际，在加强自主技术研发的同时，借鉴并采用国内外先进经验、技术和设备，进行高起点、长远的规划发展。

（四）积极开拓静脉产业市场

目前中国的静脉产业还处于一个刚刚起步的发展阶段，无论是从技术水平还是从制度环境等方面都存在许多亟待解决的问题，并进而制约了静脉市场的发展。只有当一个规范有序、运行正常的静脉市场存在时，静脉产业的经济价值与社会价值才能真正得以实现。发达国家给我们提供了有益的借鉴，例如，德国、日本等国为了推动静脉产业，政府不仅拿出巨额资金，重点开展静脉产业技术开发，重点解决静脉产业产品开发中的技术难题，而且在融资、贷款、税收等方面采取倾斜、扶持、减免税收等政策来推动静脉产业的发展。从这个角度来讲，青岛新天地静脉产业园的未来发展，绝不单纯是自己的事情，需要国家和青岛市政府的政策支持与大力扶持，共同培育静脉产业市场，为园区营造良好的发展空间（如图 6-12 所示），探索建立具有中国东部沿海开放城市区域特色的静脉产业发展的新天地。青岛新天地静脉产业园的发展任重而道远。

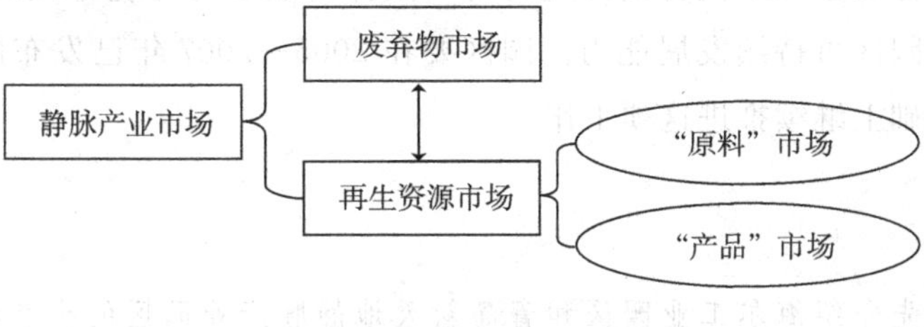

图 6-12　静脉产业市场的分类

Figure 6-12　The classification of the vein industry market

四、海尔工业园区发展的对策及建议

（1）坚持科学发展观，在全园区内要全力培育循环经济理念。随着国民经济持续快速发展和人民生活水平的大幅度提高，经济社会发展面临的资源和能源供求矛盾会日益尖锐，环境压力也会与日俱增。因此，大力推动技术进步，努力实现节能降耗和污染减排，加强资源节约和循环利用技术的攻关和产业化，尤其是重点开发有重大推广意义的资源节约和综合利用共性技术和关键性技术，应成为海尔经济可持续发展所高度关注的迫切问题。

(2) 积极推进节能降耗和污染减排，完成更高目标的生态要求。为加快发展循环经济、建设资源节约型、环境友好型企业，园区在生产过程中应继续强化生态设计，增强节能降耗和污染减排意识，进一步开展节能、节水、节材型新家电产品的技术研发，担负起对更高层次环保节能型家电和电子产品的研发和推广重任。

(3) 搞好资源综合利用，拓展循环经济发展空间。园区应以强化废旧家电的回收和资源化为突破口，加快废旧家电循环利用示范工程建设，为此必须采取严格的准入制度，研发具有抵御环境风险能力的废旧电器处理系统。近期工作重点是提高废旧家电回收利用技术水平和再生产品附加值。重点研究电子元器件高效自动拆解技术、废旧家电（电视机、洗衣机、电冰箱）减容与减量技术、贵重金属回收再生技术以及不可再生部分的安全处理处置技术。

(4) 公开园区环境信息，增强园区可持续发展能力。一方面，要不断借鉴吸收国内外先进的科学技术和管理经验，加强循环经济技术领域的信息交流；另一方面，海尔工业园区应通过各种形式对外发布环境信息，如环保宣言、环境报告书等，让社会了解园区在生态设计、减少有毒有害化学物质、节能降耗、资源循环利用、污染治理及社会公益事业方面所做的努力，让公众在了解园区发展目标的基础上监督其环境行为，发挥公众参与环境管理的积极作用，进一步增强园区可持续发展能力。园区要在2005—2007年已发布的3年环境报告书的基础上继续推进这项工作。

本章首先介绍海尔工业园区和青岛新天地静脉产业园区的生态建设实践及生态产业发展绩效。依据前几章的有关理论，对海尔园区EIC系统稳定性作了简单模糊分析，对新天地园区生态效率作了简要评价。基于园区EIC基本结构的分析，通过比较，揭示两园区存在的共同问题。并结合两园区实际，分别提出其发展的对策及建议。

第七章 总结与讨论

第一节 主要结论

本书融合了循环经济理论、清洁生产和绿色制造理论、工业生态学理论、交易成本理论等，采用实证研究与规范研究、定性研究与定量研究、理论与实践相结合的研究方法，对生态工业园中的生态产业链系统的构建及稳定性问题进行了比较系统的研究。本书主要的研究工作可概括如下：

（1）通过对相关领域理论和实践的研究发现，基于工业生态学理论指导，作为区域层面的循环经济实践的重要形式——生态工业园区的建设，从生产领域到消费领域都必然要求贯彻以清洁生产和绿色制造为核心内容的循环经济理念。

（2）工业生态学理论是园区生态产业链的重要研究基础，它所涉及的内容非常广泛，循环经济理论、清洁生产和绿色制造理论、生态工业园区的理论与实践等，都与生态产业链的研究有着密切的联系。

（3）搜寻成本、信息成本、谈判成本、讨价还价和决策成本等事先的交易成本，以及履约成本、风险成本等事后的交易成本，都不利于生态工业园中的生态产业链企业稳健发展，且增加了互利共生的成本，是摩擦力。因此，弄清这些交易成本及其成因，对于园区生态产业链系统的构建及稳定性研究具有重要的理论意义。

（4）生态产业链链接的动力机制探析：从企业净收益和社会净收益出发，分析它们在园区产业链发展中的变化趋势；基于环境资源的公共物品属性，分别从生产者、消费者角度分析生态产业链下和线性生产链下的市场供求状况，研究表明，生态产业链下的产品供给量小于线性生产链下的产品供给量，生态产业链下的产品需求量小于线性生产链下的产品需求量；资源利用效率的比较体现产业链企业采用循环经济技术较传统线性经济所带来的效益变化情况。

(5) 要实现园区生态产业链上游至下游的顺利链接，即博弈结果为“下游接受，上游提供”，除了政府在这个过程中扮演重要角色、起着不可忽视的作用外，上、下游企业之间废物或副产品利用的一些具体因素都将影响企业决策。

(6) 在已有研究基础上补充并完善了4种EIC系统模式：依存型（单中心、多中心）EIC系统，平等型EIC系统，混合型EIC系统，虚拟型EIC系统。基于EIC系统的核心企业与围核企业研究，分析了甘肃金昌河西堡工业园EIC系统构成。

(7) EIC系统运营风险包括：EIC企业之间的投机行为导致的风险；EIC系统内的结构性风险；EIC系统内的关系风险；企业的文化背景与地域习惯差异导致的风险。因此，必须加以有效的防范和控制。将园区EIC系统过于理想化的观点是不现实的。

(8) 以Kalunborg和青啤为例，通过对EIC系统的稳定性研究得到以下结论：①一个园区内生态产业链系统网络的结构越复杂，越完善，其稳定性就越强。②生态产业链系统稳定性的特征表现为，它是一种开放的稳定性，动态中的稳定性，整体的稳定性。③单中心依存型EIC系统是一种容易达到系统稳定状态的EIC系统，是生态工业园区的一种理想的工业共生模式。④单条EIC的长度越短越稳定。

(9) 运用有关理论，对海尔工业园区生态产业链系统的稳定性、青岛新天地静脉产业园区生态效率评价体系等作了实例分析和研究，并针对两园区存在的共同问题，提出了对策和建议。

第二节 本书的创新点

循环经济理念被引入我国后，学界和政界给予了极大的关注，其理论研究与实践都方兴未艾。由于我国发展循环经济的社会基础还较差，社会公众的循环经济意识相对淡薄，国内起步晚，经验少；国外经验与中国国情又存在很大差距，因此决定了建立中国特色循环经济模式的理论与实践探索之路还很漫长。总的来看，学界对我国区域层面的循环经济实践探索研究不足，对生态工业园区建设之研究较少，对园区生态产业链系统的构建、生态产业链系统内潜在的各种风险与防范以及生态产业链系统的稳定性评价等方面的研究则更少。本书在前人研究成果的基础上有所发展，力图在一些薄弱层面上作一些填补，或提出一些新认识。本书的创新点主要体现在应用层面。

（1）对生态产业链构建机理作了较系统的分析。依据生态工业系统中物质、能量、信息流动的规律和各成员之间在类别、规模、方位上的匹配，实现物质、能量和信息的交换，完善资源利用和物质循环，构建 EIC 系统；在已有研究基础上补充并完善了 4 种 EIC 系统模式：依存型（单中心、多中心）EIC 系统，平等型 EIC 系统，混合型 EIC 系统，虚拟型 EIC 系统。

（2）以 Kalunborg 和青啤为例，在 EIC 系统稳定性研究方面也有些新意：一个园区内生态产业链系统网络的结构越复杂，越完善，其稳定性就越强；生态产业链系统稳定性的特征表现为，它是一种开放的稳定性，动态中的稳定性，整体的稳定性；单中心依存型 EIC 系统是一种容易达到系统稳定状态的 EIC 系统，是园区一种理想的工业共生模式；单条 EIC 的长度越短越稳定。

第三节　研究局限

尽管本书对生态工业园中的生态产业链系统构建及其相关问题进行了相对深入的研究，但由于园区生态产业链系统是一个崭新的研究领域，国内研究方兴未艾，加之受到篇幅、研究时间以及自己学力不足的限制，决定了无法对生态工业园中的生态产业链系统的所有问题都进行详尽和深入的研究。从总体上看，笔者在今后至少还需要对以下问题开展深入的研究：

一是，在生态工业园中的生态产业链模型构建方面，虽然本书在前人研究成果基础上补充完善了 4 种模式，然而在现实条件下，不同时期、不同地域的园区规划实践过程中涉及的问题将异常复杂。由此，如何从实际出发，科学构建具有地域特色的园区生态产业链系统，带动当地的经济腾飞，仍是该领域学术界及笔者今后研究的一个迫切问题。

二是，园区生态产业链系统面临的风险主要包括关系风险和结构风险，本书对其进行了初步的研究和探讨。但由于受实践水平和数据资料等方面的限制，对生态产业链系统风险问题的研究还不够深入，如何有效地维护生态工业园中的生态产业链系统的稳定性和安全性，尚待今后进行更加完善和深入的定量研究。

第四节　讨论与展望

生态工业园区的构建是否合理，是关乎区域循环经济发展的一个十分重大且影响深远的课题，实践中必须从实际出发，科学考量当地经济发展水平与园区建设的条件。建设与当地经济相适宜的生态工业园，推动区域循环经济发展，这是经济长远发展所需；但也要警惕理论与实践上的泛园区化。

随着国际生态工业园区建设在实践中的不断推广，生态产业链系统构建作为一个崭新的研究领域将会得到进一步拓展，未来的研究趋势将主要集中在以下几个方面：

首先，对于不同地域规划和建设的园区生态产业链系统的科学性及稳定性，亟须作进一步的实证研究。限于笔者的学识与能力，又苦于很难获得必要的数据，本书所做的研究虽然取得一点成绩，然而还相当粗浅。学术界今后宜进一步加强与园区生态产业链实践领域的密切合作，尽可能地为决策部门适时提出可靠的科学依据和可操作的方案。

其次，由于生态工业园中的生态产业链系统是人为构建起来的系统，因此，如何将生态学融入管理学，以生态管理学理论贯穿于生态工业园区管理工作的全过程，建立和健全生态工业的管理机构和管理体制，也是需要学术界给予重点关注的紧迫问题。即是说，学术界今后应该加强从管理角度对园区生态产业链系统的构建及其稳定性问题的研究。

再次，生态工业园区进一步的发展应该以科学技术为主要推动力在世界范围进行生态产业链系统耦合，在健全的法制环境与社会监督机制、高效的国际贸易制度和较高的人文素质的条件下，不断提高产业的生态、经济、社会综合效益。

最后，随着信息科学技术的迅速发展，生态产业链系统构建必将突破生态工业园区的地域范围限制，成为更为广泛区域的虚拟网络，与生态城市、生态省乃至生态国家等概念相融合，并形成跨国界的全球生态工业网络，最终造就真正属于全人类可持续发展的生态工业地球园。那该有多么美好啊！

总之，生态工业园中的生态产业链系统构建是一个不断发展的研究领域，目前所存在的问题为今后的研究明确了方向，随着国内外的专家和学者对该领域研究的不断深入，这一领域将会逐渐得到丰富和完善。

附录　园区生态工业发展水平常用测度指标解释

1. 园区劳动生产率：从占用的劳动力产出效率角度反映园区资源利用效率的指标，用“平均每个员工实现的园区生产总值”表示。计算公式为：

$$园区劳动生产率=\frac{园区生产总值}{在职员工}$$

2. 园区资本产出率：从资本占用角度反映园区资源利用效率的指标，用“平均每百元固定资产原值实现的园区生产总值”表示。计算公式为：

$$园区资本产出率=\frac{园区生产总值}{固定资产原值}$$

3. 园区能耗产出率：从能源消耗角度反映园区资源利用效率的指标，用“单位综合能源消耗实现的园区生产总值”表示。计算公式为：

$$园区能耗产出率=\frac{园区生产总值}{综合能源消耗}$$

4. 园区用水产出率：从水资源使用消耗角度反映资源利用效率的指标，用“单位用水量实现的园区生产总值”表示。计算公式为：

$$园区用水产出率=\frac{园区生产总值}{用水量}$$

5. 万元工业产值废水排放量：指每万元工业产值的工业废水排放量。该项指标比率越小，表明经济增长的同时工业废水的产生量越少，工业废水的产生量得到有效控制。计算公式为：

$$万元工业产值废水排放量=\frac{工业废水排放量}{工业生产总值}$$

6. 万元工业产值废气排放量：指每万元工业产值的工业废气（具体为SO_2）排放量。该项指标比率越小，表明经济增长的同时工业废气的产生量越少，工业废气的产生量得到有效控制。计算公式为：

$$万元工业产值废气排放量=\frac{工业废气（SO_2）排放量}{工业生产总值}$$

7. 万元工业产值固体废物排放量：指每万元工业产值的工业固体废物排放量。该项指标比率越小，表明经济增长的同时工业固体废物的产生量越少，工业固体废物的产生量得到有效控制。计算公式为：

$$万元工业产值固体废物排放量=\frac{工业固体废物排放量}{工业生产总值}$$

8. 工业废水排放达标率：指工业废水排放达标量与工业废水排放量的比率。工业废水排放达标率越高，表明对废水处置的力度越大。计算公式为：

$$工业废水排放达标率=\frac{工业废水排放达标量}{工业废水排放量}\times100\%$$

9. 工业废气（SO_2）排放达标率：指工业废气排放达标量与工业废气（具体为 SO_2）排放量的比率。工业废气排放达标率越高，表明对废气处置的力度越大。计算公式为：

$$工业废气排放达标率=\frac{工业\ SO_2\ 排放达标量}{工业\ SO_2\ 排放量}\times100\%$$

10. 危险废物集中处理率：指列入国家危险废物名录或根据国家规定的危险废物鉴别标准和鉴别方法认定的，具有爆炸性、易燃性、易氧化性、毒性、腐蚀性、易传染疾病等危险特性之一的废物的集中处理程度，反映一个园区对危险废物的处置情况。计算公式为：

$$危险废物集中处理率=\frac{危险废物集中处理量}{危险废物产生量}\times100\%$$

11. 工业固体废物综合利用率：指工业固体废物综合利用量与工业固体废物产生量的百分率，反映工业固体废物作为资源再次循环利用的程度。计算公式为：

$$工业固体废物综合利用率=\frac{工业固体废物综合利用量}{工业固体废物产生量}\times100\%$$

12. 工业用水重复利用率：指在一定的计量时间（年）内，生产过程中使用的重复利用水量与总用水量的比值，反映一个园区工业用水的循环利用程度。该指标越高，反映对水资源重复利用情况越好。计算公式为：

$$工业用水重复利用率=\frac{工业用水重复利用量}{工业用水总量}\times100\%$$

13. 危险废物综合利用率：指危险废物综合利用量与危险废物产生量的百分率，反映危险废物作为资源再次循环利用的程度。计算公式为：

$$危险废物综合利用率=\frac{危险废物综合利用量}{危险废物产生量}\times100\%$$

14. 园区污水再生利用率：指园区污水再生利用量与园区污水排放量的百分率，反映园区污水作为资源再次循环利用的程度。计算公式为：

$$园区污水再生利用率=\frac{园区污水再生利用量}{园区污水排放量}\times 100\%$$

15. 科技进步贡献率：这一指标用于分析园区经济增长与科技进步、劳动和资本的长期发展趋势与相互关系，反映园区经济发展中科技与管理水平提高的贡献份额。

16. 环境污染源治理本年投资额：指园区本年在污染治理工程（或设施）建设中实际投入的资金总额。包括工业污染治理投资、新建项目环保设施“三同时”投资两部分。

参考文献

[1] 罗宏．国外工业园区的环境管理［J］．环境导报，2001（1）：48～50.

[2] David，et al. Implementing industrial ecology-planning for eco-industrial parks in the USA［J］．Geoforum，2005，36（4）：452～456.

[3] Jill Grant. Planning and designing industrial landscapes for eco-efficiency［J］．Journal of Cleaner Production，1997，5（1）：75～78.

[4] 诸大建．可持续发展呼唤循环经济［J］．科技导报，1998a，（9）：39～42.

[5] 诸大建．循环经济：上海跨世纪发展途径［J］．上海经济研究，1998b，（10）：28～32.

[6] 诸大建．循环经济与上海可持续发展［J］．上海环境科学，1998c，（10）：1～4.

[7] 胡锦涛．在中央人口·资源·环境座谈会上的讲话（2004 年 3 月 9 日）［EB/OL］．http：//www.sh.xinhuanet.com/2005－06/13/content_4426905.htm.

[8] 温家宝．在十届全国人大四次会议《政府工作报告》中《关于〈国民经济和社会发展第十一个五年规划纲要（草案）的说明〉》（2006 年 3 月 5 日）［EB/OL］．http：//house.sina.com.cn.

[9] 邱寿丰．循环经济规划的生态效率方法及应用——以上海为例［D］．上海：同济大学博士学位论文，2007.

[10]［美］苏伦·艾尔克曼．徐兴元译．工业生态学［M］．北京：经济日报出版社，1999.

[11] 齐建国．循环经济理论与实践综述［N］．人民日报，2006-06-09（15）．

[12] 恩格斯．自然辩证法［A］．马克思恩格斯全集［M］．北京：人民出版社，1971（20）：519.

[13] 雷宏江．В.И. 维尔纳茨基关于生物圈的学说及其意义［J］．地理译报，1995，14（2）：60～63.

[14]［美］加勒特·哈丁．戴星翼，张真译．生活在极限之内——生态学、经济学和人口禁忌［M］．长春：吉林人民出版社，1997.

[15] 中国科学院可持续发展战略研究组．中国可持续发展战略报告——建设资源节约型和环境友好型社会［M］．北京：科学出版社，2006：83.

[16] 陈宗兴，刘燕华．循环经济的战略思考［M]．沈阳：辽宁科学技术出版社，2007：3，9.
[17]［美］巴里·康芒纳．侯文蕙译．封闭的循环——自然、人和技术［M]．长春：吉林人民出版社，1997.
[18]［美］比尔·麦克基本．孙晓春，马树林译．自然的终结［M]．长春：吉林人民出版社，1997.
[19]［美］罗伯特·福罗什．加工业的战略［J]．科学美国人，1989（1）.
[20] 翁瑞．环境材料学［M]．北京：清华大学出版社，2001.
[21] 中国科学院可持续发展战略研究组．2000中国可持续发展战略报告［M]．北京：科学出版社，2000.
[22] 黄贤金．循环经济：产业模式与政策体系［M]．南京：南京大学出版社，2004：7～11.
[23] 张燕．区域循环经济发展理论与实证研究［M]．北京：经济科学出版社，2007：17～19.
[24] 任勇．中国循环经济内涵及有关理论问题探讨［A]．循环经济发展之路（张小冲，张学军主编）［C]．北京：人民出版社，2006：5.
[25]［美］莱斯特·R. 布朗．林自新等译．生态经济——有利于地球的经济构想［M]．北京：东方出版社，2002.
[26] 李善局．马克思主义关于生态问题的理论贡献［J]．衡阳师范学院学报（社会科学版），2003，24（2）.
[27] 崔铁宁．循环经济概论［M]．北京：中国环境科学出版社，2007:52，62～63.
[28] 韩玉堂．国际视角的循环经济：实践、经验及启示［J]．学习与探索，2009（6）.
[29] 韩玉堂．我国循环经济理论研究综述［J]．经济纵横．2008（10）:122～124.
[30] 杨雪锋．循环经济的运行机制研究［D]．武汉：华中科技大学博士学位论文，2006.
[31] 诸大建．从可持续发展到循环型经济［J]．世界环境，2000（3）.
[32] 毛如柏．关于循环经济理论与政策的几点思考［N]．光明日报，2003-11-03.
[33] 徐嵩龄．循环经济是对物质闭环流动型经济的简称［N]．光明日报，2004-01-06.
[34] 解振华．坚持求真务实，树立科学发展观，推进循环经济发展［N]．光明日报（C2版），2004-06-23.
[35] 马凯．贯彻落实科学发展观，推进循环经济发展［N]．人民日报，2004-10-19.
[36] 段宁．物质代谢与循环经济［J]．中国环境科学，2005（5）.
[37] 任勇等．我国循环经济的发展模式［J]．中国人口资源与环境，2005（5）.
[38] 马世骏．社会—经济—自然复合生态系统［J]．生态学报，1984（1）.
[39] 吴绍忠．循环经济是经济发展的新增长点［J]．社会科学，1998（10）.
[40] 冯之浚．论循环经济［J]．中国软科学，2004（10）.
[41] 吴季松．循环经济［M]．北京：北京出版社，2003：3.
[42] 张连国．广义循环经济学的科学范式［M]．北京：人民出版社，2007：3.
[43] 徐匡迪．未来的工程科技应走绿色制造道路［J]．化工学报，2005（2）.

[44] 季昆森．循环经济与资源节约型社会［A］．循环经济在实践——中国循环经济高端论坛（冯之浚主编）［C］．北京：人民出版社，2006：211～218.
[45] 崔和瑞．基于循环经济理论的区域农业可持续模式研究［J］．农业现代化研究，2004（2）．
[46] 李赶顺．发展循环经济，实现经济与环境的“双赢”［J］．河北大学学报（哲学社会科学版），2002（3）．
[47] 丁同玉．发展循环经济的宏观措施之我见［J］．经济师，2004（3）．
[48] 曲格平．循环经济与环境保护［N］．光明日报，2001-11-20.
[49] 毛如柏．关于循环经济理论与政策的几点思考［N］．光明日报，2003-11-03.
[50] 刘平宁．论循环经济发展的必然性［J］．绿色经济，2002（4）．
[51] 左铁镛．加快发展循环经济，构建节约型社会［J］．中国建材，2005（10）．
[52] 佘正荣．中国生态伦理传统的诠释与重建［M］．北京：人民出版社，2002：183～189.
[53] 齐建国．中国循环经济发展的若干理论与实践探索［J］．学习与探索，2005（2）．
[54] 钱易．清洁生产与可持续发展［J］．节能与环保，2002，20（7）：11.
[55] Evans，Stevenson. Cleaner prodution perspectives for the next decade. UNEP's，6th international high-Level seminar cleaner production［R］［C］．Montreal，Canada，Oct，2000：421～426.
[56] 甘永辉．生态工业园区工业共生研究——江西循环经济及生态工业园区发展研究［D］．南昌：南昌大学博士学位论文，2007.
[57] 清洁生产的概念、内容、实施途径和方法．http：//www. xhjj. netzxztqjsc/2006-04-25/1145964175d35964. html.
[58] Robert A. Frosch，Nicholas E. Gallopoulos. Strategies for manufacturing. Scientific American. September，1989：144～152.
[59] Suren Erkman. 徐兴元译．工业生态学［M］．北京：经济日报出版社，1999：18.
[60] Allenby B R，Frosch R A. The greening of industrial eco-systems. National Academy of Science. Washington：1991. 232～237.
[61] Tibbs，Hardin. An environmental agenda for industrial. Industrial Ecology Whole Earth Review. Winter，1993：25～28.
[62] Hawken，Paul. The eeology of commerce. Harper Business（New York），1993：53～55.
[63] Raymond P Cote，J Hall. Industrial parks as Ecosystems. Jounal of Cleaner Produetion，1995，（3）：1～2.
[64] Frosch R. The industrial ecology of the 21st century. Scientific American（September），1995：65～69.
[65] North Jonathan，Suzanne Giannini-spohn. Strategies for financing eco-idustrial parks. Commentary，Fall，1999：56～59.
[66] 戴锦．产业生态化理论与政策研究［D］．大连：东北财经大学博士学位论文，2004.

[67] 商华．工业园生态效率测度与评价［D］．大连：大连理工大学博士学位论文，2007.
[68] 钱易．循环经济与可持续发展［A］．中日循环经济理论与实践学术研讨会论文集［C］．北京：2002（10）：1～7.
[69] 段宁．关于推进我国生态工业园区建设的思考和建议．环境保护，2002，30（2）：10～16.
[70] 王金南．循环经济——21世纪的战略选择［J］．沿海环境，2002，4（1）：5～11.
[71] Suren Erkman. 徐兴元译．工业生态学［M］．北京：经济日报出版社，1999：42.
[72] Pieter H. Pellenbarg. Sustainable business site in the Netherlands：A survery of policies and experiences［J］．Journal of Environment Planning and Management，2002，45（1）：59～84.
[73] Ernest Lowe. 耿勇译．工业生态学和生态工业园［M］．北京：化学工业出版社，2003.
[74] 段宁．清洁生产、生态工业和循环经济［J］．环境科学研究，2001，16（6）.
[75] 李兆前．发展循环经济是实现可持续发展的战略选择［J］．中国人口、资源与环境，2002，12（4）.
[76] 边均兴．面向可持续发展的生态工业园建设理论与方法研究［D］．天津：天津大学博士学位论文，2005.
[77] Cohen-Rosenthal，Ed and Tad McGalliard. Designing eco-industrial parks：The US experience［J］．Industry and Environment，UNEP，December，1993，19（4）：14～18.
[78] http：//www. indigodev. com/Eco-dustrial Parks.
[79] Lowe E. Creating by-product resource exchange：strategies for eco-industrial parks［J］．Cleaner Product，1997，5（1－2）：58.
[80] Raymond P Cote，E Cohenthal. Designing eco-industrial parks：a synthesis of some experiences［J］．Journal of Cleaner Production，1998，6：181～188.
[81] Lowe E，Moran S，Holmens A. A fieldbook for the development of eco-industrial parks. Report for US. Environment Protection Agency［R］．Oakhnd：Indigo Development International，1995.
[82] President's Council on Sustainable Development. In：Eco-industrial park workshop proceedings. Washington（DC），October，1996：17～18.
[83] Ernest Lowe. Introduction to eco-industrial parks［J］．Draft for Asian Development Bank，2001：57～59.
[84] 钟书华．工业生态学与生态工业园［J］．科技管理研究．2003，23（1）.
[85] 张彦素．以产业集群优势促进生态工业园建设［J］．合作经济与科技，2007（5）：53～54.
[86] 秦荪涛．生态工业园系统的演化与调控［D］．南京：河海大学博士学位论文，2007.
[87] Tibbs Hardin. Industrial ecology：an environmental agenda for Industry. Whole Earth Review，Winter，1992：69～74.

[88] Erkman Suren. Industrial Ecology：a historieal view. Journal of Cleaner Production，1997，(4)：4～6.
[89] Cote Raymond. Industrial eco-systems-evolving and Maturing. Journal of Industrial Ecology，1998，(1)：3～6.
[90] Cohen-Rosenthal，Ed. Eco-industrial Development. New frontiers for organizational success proceedings fifth international conference on environmental. Conscious Design and Manufacturing (June)，1999：345～349.
[91] Christensen，Jorgen. The industrial symbiosis at Kalundborg. Presentation to the Eco-industrial development roundtable. Mississippi State University，2000：209～211.
[92] 王兆华．生态工业园工业共生网络研究 [D]. 大连：大连理工大学博士学位论文，2002.
[93] 周宏大，梁书升．农村循环经济 [M]. 北京：中国农业出版社，2006：15.
[94] U. S. Environmental Protection Agency. Superfond redevelopment initiative. Washington，D C：U. S. EPA. 2001. http：//www. epa. gov/superfund/programs/recycle/recycle. htm.
[95] President's Council on Sustainable Development. Eco-industrial park workshop proceedings [M]. Washington D C，1996：17～18.
[96] Cote，Ellison R，Grant J，Hall J，Klynstra P，Martin M，Wade P. Designing and operating industrial parks as ecosystems [C]. Hali-fax (Nova Scotia)：School for Resource and Environmental Studies，Dalhousie University，1995.
[97] Chertow，Marian R. Industrial symbiosis：A multi-firm approach to sustainability. Eighth International Conference of the Greening of Industrial Network.，November，1999，321～325.
[98] 罗宏．生态工业园区的国内外实践 [J]. 中国环保产业，2002 (3)：25～30.
[99] 山东鲁北企业集团总公司 http：//www. lubei. com. cn/company. asp？classid=1.
[100] 石磊．清洁生产的理论与实践 [D]. 北京：清华大学博士后出站报告，2001.
[101] 刘明君．循环经济实践在青岛，2008：182.
[102] 吴一平，段宁，乔琦，刘景洋．全新型生态工业园区的工业共生链网结构研究——新疆石河子国家生态工业（造纸）园区的设计分析 [J]. 中国人口·资源与环境，2004 (2).
[103] 胡振鹏，甘筱青，贾仁安．自主创新与经济社会发展 [M]. 北京：中国经济出版社，2006：3.
[104] 滕藤．生态经济与相关范畴 [J]. 生态经济，2002，18 (12)：6.
[105] [美] 科斯，盛洪译．论生产的制度结构 [M]. 上海：上海三联书店，1994：196～198.
[106] 蔡晓明．生态系统生态学 [M]. 北京：科学出版社，2000：47.

［107］ 刘宁，高良敏，陆根法．关键种理论在宿迁市生态工业园建设中的运用举例［J］．生态经济，2005（3）：98～100.

［108］ Ayres R U. Industrial metabolism：theory and Policy. In：Richards D J，Allenby B R，Frosch R A，editors. The greening of industrial ecosystems. Washington：National Academy of Science，1996：223～229.

［109］ 王兆华，尹建华，武春友．生态工业园中的生态产业链结构模型研究［J］．中国软科学，2003（2）：19.

［110］ 张艳．生态工业园工业共生系统的构建与稳定性研究［D］．武汉：华中科技大学博士学位论文，2006.

［111］ 赵涛，徐凤君．循环经济概论［M］．天津：天津大学出版社，2008：89.

［112］ 韩玉堂，李凤岐．生态产业链链接的动力机制探析［J］．环境保护，2009（2）：30～32.

［113］ 张思锋等．循环经济：建设模式与推进机制［M］．北京：人民出版社，2007：87～107.

［114］ 韩玉堂．循环经济与生态家庭建设［N］．中国海洋大学报（C3 版），2008-05-15.

［115］ 吴海燕．推进我国循环经济发展进程的政策体系研究[J]．经济与管理研究，2004（5）：26～30.

［116］ Odum，Howard T，Odum B. Concepts and methods of ecological engineering［J］. Ecological Engineering，2003，20（5）：339～361.

［117］ Staniskis J K，Stasiskiene Z. Promotion of cleaner production investments：international experience［J］. Journal of Cleaner Production，2003，11（6）：619～628.

［118］ Reijnders L. Policies influencing cleaner production：the role of prices andregulation［J］. Journal of Cleaner Production，2003，11（3）：333～338.

［119］ 徐大伟，王子彦，谢彩霞．工业共生体的企业链接关系的分析比较［J］．工业技术经济，2005，24（1）：63～66.

［120］ 邓南圣．国外生态工业园研究概况［J］．安全与环境学报，2001，1（4）:24～27.

［121］ 赵涛，徐凤君．循环经济概论［M］．天津：天津大学出版社，2008:105～109.

［122］ 唐华，李峻．浅谈企业孵化器建设与发展［J］．林业科技情报，2005，37（4）：4～6.

［123］ 王如松，周鸿．人与生态学［M］．昆明：云南人民出版社，2004：97～100.

［124］ 丁冬梅．跨国公司环境风险与环境政策研究［J］．外国经济与管理，1999（7）：50～55.

［125］ 杜旻．生态工业共生体稳定性研究［D］．哈尔滨：东北农业大学博士学位论文，2003.

［126］ 王国宏．再论生物多样性与生态系统的稳定性［J］．生物多样性，2002，10（1）：126～134.

［127］ Business Council for Sustainable Development. By-product synergy：a strategy for sustainable development，A Primer. Mexico：Business Council for Sustainable Development，1997：145～149.

[128] 肖忠东．工业生态制造中物质剩余理论研究［D］．西安：西安交通大学博士学位论文，2002.
[129] 高丽峰，戴大双．生态工业园投资项目评价研究［J］．管理工程学报，2002 增刊：40～45.
[130] 吴伟，陈功玉，陈明义．生态工业系统的综合评价［J］．科学学与科学技术管理，2002（1）：72～74.
[131] 国家环境保护总局．生态工业示范园区规划指南（试行）［S］．2003（12）．
[132] 元炯亮．生态工业园区评价指标体系研究［J］．环境保护，2003（3）：38～40.
[133] 李有润，沈静珠，胡山鹰．生态工业及生态工业园区的研究与进展［J］．化工学报，2000，52（3）：189～192.
[134] 徐建华．现代地理学中的数学方法［M］．北京：高等教育出版社，2002.
[135] 邱东．多指标综合评价方法的系统研究［M］．北京：中国统计出版社，1991.
[136] 叶文虎，栾胜基．环境质量评价学［M］．北京：高等教育出版社，1994：89.
[137] 赵涛，徐凤君．循环经济概论［M］．天津：天津大学出版社，2008：145～150.
[138] 彭祖赠，孙韫玉．模糊（Fuzzy）数学及其应用［M］．武汉：武汉大学出版社，2002：142～144.
[139] 王兆华，武春友．生态工业园中生态产业链结构模型研究［J］．中国软科学，2003：46～48.
[140] 宋秀杰．发达国家环保产业发展经验及对我国的启示［J］．环境保护，2002（2）：46～48.
[141] 崔晓莹．中国静脉市场发展中的制约因素及对策思考［J］．中国发展，2008，8（1）：22～23.
[142] 吴季松．循环经济综论［M］．北京：新华出版社，2006.
[143] 王如松等．产业生态学基础［M］．北京：新华出版社，2006.
[144] 闫敏．循环经济国际比较研究［M］．北京：新华出版社，2006.
[145] 王军．循环经济的理论与研究方法［M］．北京：经济日报出版社，2007.